Lisbonne

Flottant comme un mirage au-dessus de son fleuve, elle vous en jouera des tours, la "ville blanche", l'autre "ville aux sept collines" : ici, un grand Christ rédempteur pour vous faire croire à Rio ; là, ce pont suspendu, si rouge, si fier, qui se prend pour le Golden Gate ! Et si c'était ce Tage, que l'éclat doré transforme en mer de Paille, qui brouillait les sens ? Ou ce parfum de vieille Europe ? Ce soleil africain ? Laissez-vous troubler. De ses chaudes et vibrantes nuits de fête où se croisent les tendances de demain à ses ruelles d'un autre âge, de ses spots ultra-branchés à ses musées charmants, de ses restaurants pour foodies à ses vieux comptoirs où s'accouder pour un éternel *bica e pastel*, Lisbonne déroute autant qu'elle ensorcelle. Comme au bastingage de ses bacs qui la relient à l'Outra Banda, l'autre rive, vous la sentirez toujours vous échapper un peu... pour mieux vous demander de revenir !

Lisbonne est un lieu où les contraires ne s'opposent jamais. Vie et mort, souvenir et présence se rejoignent comme dans le plus célèbre de ses tableaux, icône suprême d'une ville et d'un peuple.

Eduardo Lourenço

SOMMAIRE

7 **Préparez votre voyage**

8 En un clin d'œil
10 ★ Les incontournables
18 En voilà des idées !
24 Itinéraires
24 - Trois jours à Lisbonne
27 - Deux jours à Sintra et dans sa *serra*
30 - Soyez Tage, une journée au bord de l'eau
32 - Une journée 100% street-art

35 **Le centre et les Avenidas**

36 Plan 1 Le centre
38 Plan 2 Les Avenidas
40 Cinq bonnes raisons...

42 Rendez-vous avec...
44 Le Rossio et la Baixa
54 Les Avenidas

61 **Le Chiado, le Bairro Alto, Campo de Ourique**

62 Plan 3 Le Chiado et le Bairro Alto
64 Plan 4 Campo de Ourique
66 Cinq bonnes raisons...
68 Rendez-vous avec...
70 Le Chiado
76 Le Bairro Alto et ses abords
90 Du Rato à Campo de Ourique

97 **De Lapa à Belém**

98 Plan 5 Lapa et Alcântara
100 Plan 6 Bélem
102 Quatre bonnes raisons...
104 Rendez-vous avec...
106 Lapa et Alcântara
112 Belém

121 **L'Alfama et l'est**

122 Plan 7 L'Alfama, Graça et la Mouraria
124 Plan 8 Les quartiers est et le Parque das Nações
126 Cinq bonnes raisons...
128 Rendez-vous avec...
130 L'Alfama
136 Graça et la Mouraria
142 L'est et le Parque das Nações

151 **Autour de Lisbonne**

152 Plan 9 Autour de Lisbonne
154 Quatre bonnes raisons...
156 Rendez-vous avec...
158 Au sud du Tage
164 Queluz
166 Estoril et Cascais
170 Sintra
178 Ericeira

183 **Pour aller plus loin**

184 Géographie et climat
186 Histoire
191 Économie et société
192 Architecture et urbanisme
196 Fado
198 Lisbonne arty
200 Littérature
201 Le goût de Lisbonne

205 **Carnet pratique**

206 Avant de partir
209 Agenda
210 Transports
212 Sur place

221 **Hébergements**

224 Le centre et les Avenidas
225 Le Chiado, le Bairro Alto, Campo de Ourique
226 De Lapa à Belém
227 L'Alfama et l'est
228 Autour de Lisbonne

232 **Lexique**

236 **Index**

Préparez votre voyage

8 **En un clin d'œil**
10 **Les incontournables**
18 **En voilà des idées !**
24 **Itinéraires**

Place Terreiro do Paço (Praça do Comércio), point de convergence où tout peut commencer

EN UN CLIN D'ŒIL

Lisbonne vue d'un satellite ou par le petit bout de la lorgnette : des chiffres et des données pour cerner l'identité de la capitale portugaise.

1755

1er novembre 1755, 9h40 : estimé à 8,5 sur l'échelle de Richter, un tremblement de terre réduit à néant plus de la moitié de Lisbonne. C'est le "désastre" comme l'écrira Voltaire.

25 JUILLET 1415

Une flotte de 200 navires quitte Belém pour un océan d'aventures, marquées par les Grandes Découvertes qui repousseront les limites du globe.

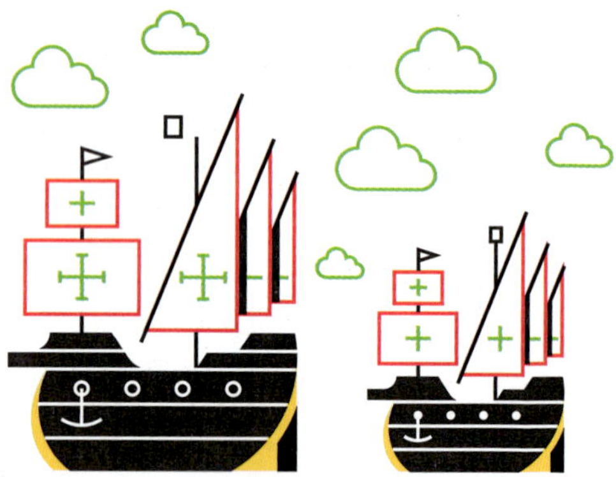

30KM DE PLAGES

À 16km seulement de la ville, la Costa da Caparica vous tend ses paillotes, ses restaurants de poissons et de fruits de mer, ses dunes et... l'Atlantique !

SUR LES PAVÉS, L'IMAGE

140, c'est le (petit) nombre de *calceteiros* qui perpétuent l'art du pavage portugais depuis 1986. C'est à ces artistes-artisans, dont l'école siège à Lisbonne, que l'on doit les magnifiques trottoirs des villes du pays.

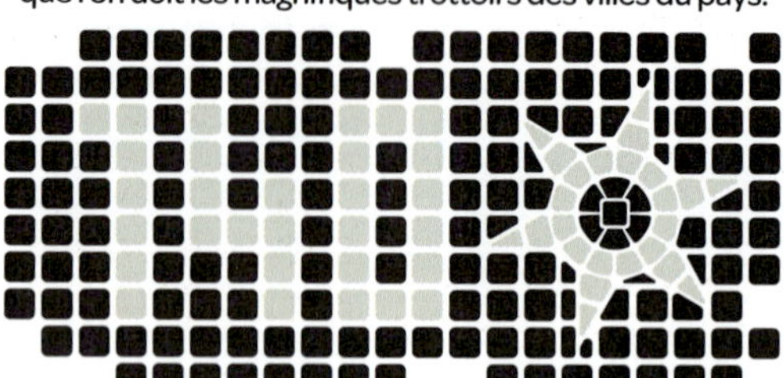

100% CHARME

Lisbonne compte 43 *quiosques* du 19e s. Restaurés, ouverts tard, ils sont l'occasion de pauses délicieusement rétro.

LA VILLE AUX 7 COLLINES

Lisbonne se déploie sur 85km², compte 30 *miradouros* et recèle mille dédales de rues pavées, d'impasses et d'escaliers !

VIVEMENT SAMEDI !

Les jours de la semaine se déclinent à partir du dimanche (*domingo*) : le lundi (*segunda-feira*) est le "deuxième jour" après la fête, le mercredi (*terça-feira*) le "troisième jour" après et ainsi de suite, *quarta-feira*, *quinta-feira* et *sexta-feira* jusqu'au samedi qui reste *sábado*.

OBRIGADO-A

Pour répondre à la gentillesse et à la douceur de vivre lisboètes, sachez que "merci" se dit "je suis votre obligé(e)" et s'accorde selon le genre : une femme dit *ObrigadA*, un homme *ObrigadO*.

F, A, D, O : 4 LETTRES DE NOBLESSE

2011 : le chant urbain de Lisbonne, le fado, est reconnu par l'Unesco "patrimoine de l'humanité comme trésor immatériel.

TOUT COMMENCE PAR DES CHANSONS

25 avril 1974, 0h20 : la chanson (alors interdite) de José Afonso, *Grândola Vila Morena*, passe à la radio. C'est le signal ; les militaires démocrates grimpent dans leurs chars et roulent vers le Rossio, le centre de la capitale. Au petit matin, le pays est libéré de 41 ans de dictature. Les Lisboètes, descendus sur la place où se tient le marché aux fleurs, remercient leurs "capitaines d'avril" en leur lançant des œillets rouges.

LISBONNE, FILLE D'UN ESTUAIRE

Jusqu'à 11km de largeur : le Tage est si large parfois qu'on dirait la mer ; ses miroitements dorés lui ont d'ailleurs donné son nom de mer de Paille...

★ LES INCONTOURNABLES

★ **LES NUITS DU BAIRRO ALTO** (p.84), parce que son tumulte joyeux et vibrant est assez euphorisant pour vous faire oublier que le sommeil vous attend quelque part… Retenez la lune !

★ **VOYAGE À BORD DE L'ELÉTRICO 28** (p.93), une célébrissime petite bombe jaune et blanche qui grimpe cahin-caha à l'assaut des plus jolies rues de la ville.

★ **MUSEU NACIONAL DE ARTE ANTIGA** (p.106), s'il ne fallait visiter qu'un musée, ce serait celui-ci, qui multiplie les chefs-d'œuvre dans un palais du 17e s.

★ **SOIRÉE FADO** (p.139). Après seulement quelques notes, vous savez déjà que vous reviendrez.

★ **LX FACTORY** (p.108), ou l'art de sublimer une friche en un village aux faux airs de Brooklyn-sur-Tage.

★ **L'ALFAMA** (p.130), pour vivre le plus charmant des cache-cache dans un entrelacs de ruelles escarpées.

★ **MOSTEIRO DOS JERÓNIMOS** (p.114), la merveille absolue de la ville blanche, subtile et délicate comme une dentelle, puissante et éternelle comme le Portugal au temps des Grandes Découvertes.

★ **FUNDAÇÃO CALOUSTE GULBENKIAN** (p.43), la richissime collection de "Monsieur 5%", dans un paquebot de béton au cœur d'un somptueux jardin.

★ **MUSEU NACIONAL DO AZULEJO** (p.142). Cela fait des siècles que l'âme lisboète fait le mur au gré de ses mosaïques colorées. Le bonheur est dans le carré !

★ **TRAVERSÉE DU TAGE VERS CACILHAS** (p.79), aussi quotidienne que spectaculaire, pour regarder la ville avec les yeux d'un navigateur sur le point d'accoster. Un voyage dans le voyage.

★ **CCB** en haut (p.113), **MUSEU BERARDO** (p.113), **MAAT** en bas (p.116), les vitrines de l'art contemporain de Belém, pour écumer à contre-courant le quartier historique.

★ **LES *"ELEVADORES"*** des machines à remonter le temps aussi efficacement que les ruelles pentues et la réponse toute lisboète au défi lancé par ses sept collines. En prime, des vues époustouflantes à l'arrivée.

EN VOILÀ DES IDÉES !

Première fois à Lisbonne ? La capitale portugaise offre de quoi satisfaire tous les profils. Suivez vos envies pour mordre à belles dents la douceur de vivre de la "ville blanche".

Lisbonne pour la première fois...

Les bonnes cases "départ" pour se mettre illico à l'heure lisboète.

Versailles (p.58) Dégustez une petite douceur au comptoir d'un café-pâtisserie comme dans ce bijou Belle Époque.

A Vida Portuguesa (p.75) Envisagez autrement la saudade en faisant vos emplettes.

Cacilheiros (p.79) Voguez sur le Tage pour embrasser du regard la ville d'un seul "quai".

Quiosque Príncipe Real (p.82) Faites le tour d'un kiosque pour un agréable saut dans le temps.

***Elétrico* 28** (p.93) Circulez à la lisboète et embarquez dans un tram pittoresque comme l'emblématique Elétrico 28.

Museu Nacional do Azulejo (p.142) Familiarisez-vous avec le street-art d'antan au musée de l'Azulejo.

Esplanadar !

Esplanadar ? C'est le farniente portugais. Un art qui se cultive en terrasse.

Quiosque Praça Luís de Camões (p.73) Un kiosque Art déco ravissant ? Rien de mieux pour s'initier à l'art de l'*esplanadar* !

Miradouro de São Pedro de Alcântara (p.77) Pour une pause au soleil couchant avec une vue sublime sur les toits rougis de la ville basse.

Cais do Sodré (p.80) Terrasse et kiosque y font la joie de tous ceux qui aiment prendre le temps.

Esplanada do Príncipe Real (p.81) Le break idéal sous les arbres de la Praça do Príncipe Real.

Quiosque Príncipe Real (p.82) Un café, un *pastel de nata,* un coquet petit *quiosque* : vous voilà fin prêt pour le farniente à la lisboète.

Miradouro de Santa Catarina (p.82) Envie de *tostas* ? Le *quiosque* du Miradouro de Santa Catarina excelle à les préparer !

Clara Clara Café (p.140) La quiétude du parc du Campo de Santa Clara et une musique choisie avec soin : redoublez de douceur.

Traquez les plus beaux azulejos

Une chasse au trésor dans les rues, les musées, les boutiques et les monuments de la capitale et de ses environs, vous invitant à vous tenir toujours à carreau !

Palácio dos Marqueses de Fronteira (p.57) Un déluge d'azulejos de différents styles, couleurs et époques. Carrément époustouflant !

Fábrica Sant'Anna (p.74) Assistez à la fabrication d'un azulejo made in Lisbonne au 18e s.

Solar (p.86) Des carreaux de céramique à rapporter chez soi – et à ne plus savoir où donner des yeux !

Museu Nacional do Azulejo (p.142) L'as des carreaux n'aura plus aucun secret pour vous !

Palácio Nacional de Sintra (Sintra) (p.170) Sa Sala das Sereias (salle des Sirènes), parmi tant d'autres trésors, saura vous envoûter.

Henrique Teixeira (Sintra) (p.177) Envie d'un souvenir unique ? Offrez-vous des azulejos rares des 16e, 17e et 18e s.

Calaferrim (Sintra) (p.177) Craquez aveuglément pour des azulejos de qualité.

Les meilleurs points de vue

Pour décrocher un horizon, contempler le Tage jusqu'au Cristo Rei et s'élever au-dessus d'une marée de toits roses, voici les meilleurs rooftops et *miradouros* lisboètes, à préférer au crépuscule : en matière de soleil couchant, Lisbonne en connaît un rayon.

Miradouro de Santa Catarina (p.76) Où les amoureux se chuchotent des promesses, le Tage en toile de fond.

Miradouro de São Pedro de Alcântara (p.77) Bluffante, une vue sur les toits de la ville basse qui ne lasse jamais.

Largo das Portas do Sol – Largo de Santa Luzia (p.132) On y devine l'énergie qui s'échappe des ruelles de l'Alfama. Électrisant.

La Baixa vue de l'Elevador de Santa Justa

Castelo de São Jorge (p.132) Du haut de sa terrasse et de son chemin de ronde, un panorama d'exception qui se mérite : à vos marques, feu… grimpez !

Miradouro da Senhora do Monte (p.138) LA vue sur le meilleur des collines lisboètes. À ne pas manquer.

Castelo (Sesimbra) (p.160) Plongez votre regard dans la baie, du haut de quelque 230m. Vertigineux !

Castelo dos Mouros (Sintra) (p.172) Une vue spectaculaire à admirer du chemin de ronde et de la tour royale.

En famille

La plus photogénique des villes se regarde comme un livre d'images, et toujours avec des yeux d'enfant.

Museu da Carris (p.107) Vous deviendrez incollable sur l'emblématique tramway lisboète.

Experiência Pilar 7 (p.108) Pour percer les secrets de la construction du Ponte 25 de Abril.

Museu de Marinha (p.114) Et l'on se rêve grand explorateur au cours d'une visite historique sans égale !

Museu dos Coches (p.115) Petits et grands seront émerveillés par ces carrosses tout droit sortis d'une histoire de princesses.

Parque das Nações (p.144) Espace futuriste confié à des architectes célèbres. Unique !

Oceanário de Lisboa (p.146) C'est l'un des plus grands aquariums d'Europe, et ça ne se refuse pas.

Telecabine Lisboa (p.147) Ou comment frissonner en famille, suspendus à 20m au-dessus du Tage !

Au Parque das Nações

En amoureux

Tout naturellement, les collines lisboètes prêtent leurs flancs aux plus tendres transports amoureux.

Le petit bateau du Tage (p.79) Charmante traversée sur la mer de Paille pour rejoindre Cacilhas.

The Insólito (p.88) Faites-lui tourner la tête avec un verre et une vue sur les toits de Lisbonne au coucher du soleil.

Pensão Amor (p.89) Quoi de plus naturel qu'évoquer l'amour dans une ancienne maison close ?

Chapitô (p.135) Top des lieux romantiques à Lisbonne avec son balcon sur les lumières de la ville.

Ponto Final (Almada) (p.162) Au bord de l'eau, un lieu authentique qui prend une note intime au crépuscule.

Amarra Ó Tejo (Almada) (p.162) Dîner sur le Tage ? Comme si, dans ce restaurant juché au sommet du Miradouro do Castelo.

Allons à la *praia* !

Où étendre sa serviette pour se dorer au soleil et entrer dans l'eau sous la protection rassurante des surveillants de baignade ?

Costa da Caparica (Almada) (p.159) Un ruban de sable de 8km qui compte plusieurs plages. Idéal pour les familles.

Profitez des beautés de l'Atlantique (p.161) Les meilleurs spots de la Costa da Caparica.

Praia da Califórnia et Praia do Ouro (Sesimbra) (p.162) Une plage de sable fin en pleine carte postale urbaine. Insolite mais frisquet.

Ribeira d'Ilhas et São Julião (p.180) Amateurs de sensations fortes, les vagues de ce spot, parmi les plus réputés d'Europe, vous réjouiront !

Lisbonne côté jardins

S'accorder une flânerie contemplative par d'agréables allées plantées ? Les possibilités sont nombreuses !

Parque Eduardo VII (p.54) Serres exotiques et parterres à la française plus classiques régaleront les âmes bucoliques.

Parque Florestal de Monsanto (p.57) Pas moins de 900ha de nature au cœur de Lisbonne, de quoi multiplier les promenades.

Jardim Botânico (p.78) L'un des plus attrayants jardins 19e s. de la péninsule.

Parque da Pena (Sintra) (p.173) Un lieu envoûtant où faire le plein d'essences rares...

Tapada Nacional de Mafra (Mafra) (p.179) Faune exceptionnelle et véhicules tractés du 19e s. animent cet ancien domaine royal. Fascinant !

Les plus belles *casas*

Tout ce que la région compte de palais, de résidences royales, de demeures grandioses et de folies architecturales... pour se rêver en glorieux propriétaire.

Casa do Alentejo (p.45) Un insolite palais mauresque élevé en 1932.

Casa-Museu Dr. Anastácio Gonçalves (p.55) Une surprenante bâtisse Art nouveau qui ne faiblit pas au milieu des immeubles.

Palácio Nacional da Ajuda (p.116) Achevé en 1761, le palais recèle maints trésors : pièces d'orfèvrerie, de joaillerie et objets décoratifs.

Palácio Nacional e Jardins de Queluz (Queluz) (p.164) Une résidence royale de style rococo à nulle autre pareille.

Palácio Nacional de Sintra (Sintra) (p.170) Impossible de manquer ce palais mudéjar, signalé par deux monumentales cheminées.

Palácio Nacional da Pena (Sintra) (p.173) Un palais tout droit sorti d'un conte de fées !

Palácio Nacional de Mafra (Mafra) (p.178) Un édifice majestueux qui fit office de palais-hôpital-bibliothèque.

Pèlerinage fado

Pour se laisser emporter par une déferlante de saudade.

A Tasca do Chico Bairro Alto (p.88) Vivier de nouveaux talents, sa scène ouverte promet des moments intenses.

Casa-Museu Amália Rodrigues (p.91) Authentique, la *casa* de la reine du fado illustre l'épopée de ce genre musical.

Museu do Fado (p.132) Incontournable pour tous les amateurs du genre.

Mesa de Frades, Tasca Bela et Clube de Fado (p.134) Pour s'imprégner de la culture du fado dans le quartier de l'Alfama.

Indispensables *pastelarias*

Les meilleurs endroits où prendre un goûter et s'assurer, à la force du palais, que la pâtisserie portugaise n'usurpe pas sa réputation.

Confeitaria Nacional (p.49) Depuis 1829, cette institution veille sur les trésors sucrés de Lisbonne. Passage obligé.

Santini (p.73) Une glace royale sinon rien.

Manteigaria (p.87) Une fabrique de *pastéis de nata* qui concurrence volontiers l'institution de Belém.

O Melhor Bolo de Chocolate do Mundo (p.94) Le meilleur gâteau au chocolat du monde serait-il lisboète ?

Antiga Confeitaria de Belém (p.118) Plus de 180 ans que la recette du *pastel de nata* y est religieusement suivie. Un monument gourmand.

Casa Piriquita (Sintra) (p.176) LA pâtisserie de Sintra à ne pas manquer : ici, *pastéis de Sintra* et *fofos de Belas* se disputent vos papilles.

Queijadas da Sapa (Sintra) (p.176) Souveraine autoproclamée des *queijadas* de Sintra, elle semble mériter son titre au vu de l'engouement général.

Pastelaria Salvador (Ericeira) (p.180) Ses spécialités, *ouriço de Ericeira* et *salvador*, ont conquis le plus grand nombre.

Se régaler

La ville qui vit partir les glorieux explorateurs vers de lointains horizons regorge d'adresses gastronomiques où les chefs portugais rivalisent de créativité et vous embarquent pour des voyages sensoriels.

Solar dos Presuntos (p.59) Les recettes typiques du Minho (nord du Portugal) y sont mises à l'honneur.

Cantinho do Avillez (p.74) Des plats portugais traditionnels revus par le magicien José Avillez : surprenants et savoureux.

Belcanto (p.74) Ou l'art d'étonner les palais avec une cuisine moléculaire inspirée.

Tasca da Esquina (p.94) *Bife* de Lisbonne, soupe *caldo verde*, palourdes : des classiques lusitaniens divinement revisités.

Nune's Real Marisqueira (p.119) Incontournable ! Vous vous y délecterez de langouste et de homard à moins que la daurade ait votre préférence.

Azenhas do Mar (Azenhas do Mar) (p.177) Comme suspendu au-dessus du rivage, ce restaurant régale d'un cadre magnifique et de délicieux poissons.

Café et croquette de morue

Faire la fête

Au cœur de la ville ou au bord du Tage, bars et clubs illuminés où chiller et danser jusqu'au bout de la nuit : la fête lisboète ne reste jamais à quai.

Ministerium Club (p.53) Dance-floor qui enflamme ce qui était encore, il y a quelques années, les bureaux du ministère des Finances. Déroutant.

Maria Caxuxa (p.89) Une ancienne boulangerie à l'intérieur vintage qui fait tellement d'émules qu'il est difficile de distinguer l'entrée. Noir de monde.

Clube da Esquina (p.89) La musique se fait populaire dans ce dancing lounge renommé.

Musicbox (p.89) Concerts live tendance et piste de danse, le duo invincible pour des nuits sans fin.

LuxFrágil (p.135) Programmation électro et balcon sur le Tage, on ne s'étonne pas du succès du Lux.

ITINÉRAIRES

Quatre itinéraires pour vous laisser guider selon vos inclinations et le temps dont vous disposez.

Le quartier de l'Alfama

Trois jours à Lisbonne

Trois jours pour sept collines, voilà un avant-goût plus que prometteur... Car il faudra revenir battre, en douceur, les jolis pavés lisboètes. Avec ses vieilles façades émaillées d'azulejos, ses venelles pentues dévalant vers le Tage, ses placettes éclaboussées de bougainvillées et le décor pittoresque de sa chaussée, Lisbonne fait assurément partie de ces villes que l'on découvre à pied, au prix de longues marches, et où il ne faut jamais hésiter à se perdre.

JOUR 1

Matinée Afin de vous faire une idée de la géographie escarpée et tortueuse de la ville, commencez par grimper à bord de l'**Elétrico 28** (p.93). Le parcours emprunté par le tortillard est jalonné de sites incontournables où faire étape : la **Basílica da Estrela** (p.91), le **Chiado** (p.70), pour ses boutiques de luxe et ses grands cafés, l'**Alfama** (p.130) et ses ruelles pentues et enfin, l'esplanade de l'**Igreja da Graça** (p.137) et le panorama époustouflant sur l'amphithéâtre lisboète qui s'y dévoile. Avant d'embarquer pour cette inoubliable virée, mettez-vous en jambes en flânant parmi les étals et les irrésistibles échoppes

du **Mercado de Campo de Ourique** (p.94), rendez-vous préféré des foodies lisboètes.
Après-midi Pour vous remettre de vos émotions ferroviaires, dirigez-vous à pied vers les berges du Tage et la monumentale **Praça do Comércio** (p.47), l'un des fleurons de l'architecture pombaline. À mi-chemin, au sommet de la colline de la Mouraria, marquez une pause "histoire" en visitant le **Castelo de São Jorge** (p.132) ; de ses remparts duquel on jouit encore d'une vue merveilleuse sur l'estuaire et la ville.

Soirée Après avoir dîné dans la **Baixa** (p.47), rendez-vous sur le **Cais do Sodré** (p.80) pour admirer la rassurante et lumineuse silhouette du pont du 25-Avril, puis profiter, à proximité, des rues au pied de l'**Ascensor da Bica** (p.71). L'ancien quartier des marins, aux bars interlopes, offre désormais aux noctambules de nombreuses et réjouissantes possibilités de sortie... jusqu'au bout de la nuit !

JOUR 2

Matinée Pour profiter pleinement des charmes du **Bairro Alto** (p.76), il est fort conseillé de se lever tôt. Aux premières heures du jour, le soleil monte lentement derrière les collines de Graça et de la Mouraria, et réveille en douceur la "ville haute", ce haut lieu de la nuit lisboète. Vous apprécierez alors la souriante sérénité de ses riverains au gré de ses ruelles, de ses places (Príncipe Real, Alegria, São Roque) et de ses belvédères (São Pedro de Alcântara, Santa Catarina). Restez-y volontiers jusqu'à l'heure du déjeuner, à prendre par exemple au **Café Buenos Aires** (p.50).
Après-midi Non sans avoir fait un détour par les grandes esplanades pombalines du **Rossio** (p.44) et joué comme à la marelle avec le pavage noir et blanc de ses chaussées, allez contempler la fabuleuse collection d'art contemporain de la **Fundação Calouste Gulbenkian** (p.54). Aimanté par la quête picturale ? Avancez jusqu'à la **Fundação Arpad Szenes-Vieira da Silva** (p.90).
Soirée Au crépuscule, retournez au **Bairro Alto** (p.76) pour prendre l'apéro. Après avoir contemplé le coucher du soleil du **Miradouro Alto de Santa Catarina** (p.76) ou du rooftop branché de l'**Insólito** (p.88), vous trouverez dans cet épicentre de la *movida* lisboète aussi bien de quoi dîner que tout l'éventail des bars tendance. À moins que vous ne souhaitiez découvrir l'une des **casas de fado** perchées dans la ville haute...

JOUR 3

Matinée et après-midi Lieu de départ des grands explorateurs ayant amplement contribué à la fortune de la ville, le **quartier de Belém** (p.112), à l'ouest, demeure une étape indissociable, quoiqu'un peu excentrée, de toute visite à Lisbonne. Prenez donc le large en consacrant votre dernière journée à la découverte de ses sites et monuments incontournables et d'époques distinctes : le **Mosteiro dos Jerónimos** (p.114), le **Padrão dos Descobrimentos** (p.112), la **Torre de Belém** (p.112) ou le **Centro Cultural** (p.113).
Soirée Au coucher du soleil, flânez un moment au fil de l'eau avant de vous laisser aller à un doux moment d'*esplanadar* en terrasse. Puis célébrez l'union de la capitale du Portugal avec la mer en dégustant l'un des remarquables plats de poisson du **Nunes Real Marisqueira** (p.119), à quelques encablures du Tage.

OPTION JOURNÉE À LA PLAGE

Trop chaud pour visiter la ville et ses monuments ? Passez votre journée à la plage sur la **Costa da Caparica** (p.159), celle d'**Estoril** (p.166) ou à **Sesimbra** (p.160).

La plage du Guincho

Le Palácio Nacional da Pena, à Sintra

Deux jours à Sintra et dans sa *serra*

Ancienne résidence royale trônant au milieu d'une montagne à la végétation luxuriante, émaillée de parcs, de jardins et de palais romantiques, "le glorieux Éden" chanté par Lord Byron se prête à une délicieuse escapade. Le charme agit même quand il pleut. Mais évitez le week-end et prenez soin de réserver votre hébergement !

JOUR 1

Matinée

Sintra (p.170) Le soleil se lève tard à Sintra. Enlaçant les montagnes, les nuages venus de l'océan ne se dissipent que lentement, enveloppant la ville d'une brume étrange, y compris en été. Profitez de cette clarté singulière pour parcourir les ruelles escarpées de Sintra.

Palácio Nacional (p.170) C'est dans cette résidence d'été des souverains portugais de la dynastie des Avis que fut importé pour la toute première fois ce qui devint au cours des siècles l'un des fleurons de l'art et de l'artisanat portugais,

Le luxuriant Parque da Pena

l'azulejo (p.145). Se voulant l'égal de l'Alhambra de Grenade, le palais de Sintra comporte de magnifiques salles entièrement décorées de céramiques.
Piriquita (p.176) À déguster en terrasse, des sandwichs et des salades, et surtout les délicieuses pâtisseries de ce qui est une véritable institution nationale. Pour clore cette pause en douceur, accompagnez votre café d'une *queijada*, exquis gâteau à base de fromage frais, spécialité locale.

Après-midi

Admirez l'emblème de Sintra, le **Palácio Nacional da Pena** (p.173), juché sur une colline entourée de forêts à 500m d'altitude. L'œuvre extravagante du roi artiste Fernand de Saxe-Cobourg-Gotha (qui mourut avant qu'elle ne soit terminée) est une exceptionnelle combinaison de styles, de techniques et d'inspirations historiques et géographiques. Vous pourrez ensuite déambuler dans le **Parque da Pena** (p.173), un immense parc de 220ha, aussi luxuriant et fantaisiste que le palais qu'il sertit. Son chalet romantique, construit pour la comtesse d'Edla, en constitue le sommet. Planté d'essences rares, le parc offre aussi de très beaux points de vue sur la ville et la bande côtière.

Soirée

Cantinho de São Pedro (p.176) Dans une charmante impasse, la "cantine de saint Pierre" est un excellent restaurant alliant tradition portugaise et gastronomie française. Copieuse et inventive, la cuisine vous séduira sans peine.

Le Palácio da Pena

JOUR 2

Matinée

Partez à la découverte du **Convento dos Capuchos** (p.174), monument le plus éloigné du centre historique. Austère et magnifique, ce couvent aux allures d'ermitage troglodytique est à l'exact opposé des ors et des fastes des palais de Sintra. De ces hauteurs, le paysage est prodigieux. Comme vous pourrez le constater, la plage n'est pas très loin.
Pour régaler ensuite vos papilles, l'**Adega do Saloio** (p.176), au cœur du village de São Pedro, est une auberge assurément pittoresque, fréquentée par des familles venues de toute la région. Il faut dire que la cuisine y est absolument délicieuse...

Après-midi

Quinta da Regaleira (p.171) La rencontre réussie et surprenante d'un architecte italien et d'un richissime homme d'affaires au tournant des 19 ᵉ et 20ᵉ s. Édifices et jardins forment un ensemble mystico-romantique d'une incroyable richesse.
Cabo da Roca (p.174) C'est ici que finit le continent européen. Le "cap du Rocher" attire, surtout au coucher du soleil, une foule de curieux impressionnés par ces parois minérales dominant une mer démontée, surtout lorsque le vent se déchaîne.

Soirée

Praia da Adraga (p.175) Finissez la journée sur cette très belle plage, la plus proche du Cabo da Roca, au pied des falaises. Lézardez dans le sable chaud à l'abri des rochers et attendez le coucher du soleil en prenant l'apéritif dans le petit bar attenant au Restaurante da Adraga. Le spectacle est somptueux.
Da Adraga (p.177) Clap de fin iodé sur ces deux journées passées au milieu des parcs et des forêts de Sintra. Dans cet endroit de rêve bénéficiant d'une vue sur la plage, les poissons sont les rois de la table.

La Praça do Comércio, ou Terreiro do Paço, grand ouverte sur le Tage

Soyez Tage, une journée au bord de l'eau

"Le Tage est plus beau que la rivière de mon village" écrivait Fernando Pessoa en 1914. De fait, la mer de Paille, immense embouchure du *rio*, donne à Lisbonne, outre son éclat de ville blanche, un caractère de ville-monde. Une glorieuse affinité à découvrir sans s'éloigner du bord de l'eau.

MATINÉE

Terreiro do Paço (p.47), la place du Palais, comme l'appellent les Lisboètes et la station de métro, est aussi connue comme la place du Commerce, Praça do Comércio. Absolument unique cependant, en forme de U, elle est le point de convergence naturelle de la Baixa. Admirez-la du Cais das Colunas.

Découvrez la promenade piétonne qui part de la place vers l'ouest. De la **Ribeira das Naus** (p.81), l'ancien chantier naval de Lisbonne, un grand escalier descend jusqu'au fleuve. Continuez jusqu'à **Cais do Sodré** (p.80).

N'oubliez pas de jeter un coup d'œil au British Bar et à sa pendule qui tourne à l'envers, survivance du quartier des marins.

Le Mercado da Ribeira (p.85), d'un côté un marché classique de fruits et légumes, de l'autre le *foodhall* gourmand de *Time Out*.

Prenez le bus 728 jusqu'au Ponte 25 de Abril (arrêt Hosp. Egas Moniz - Av. Índia), pour faire l'expérience du **Pilar 7** (p.108) : de la pile principale du pont s'offre une vue inédite sur la ville et sur son fleuve ! L'appel du large se

fait sentir ? Cap sur **Belém** que l'on rejoint à pied ou en tram (15 E, arrêt Mosteiro dos Jerónimos).

Arrivée à Belém Arrêt au fameux **monastère des Hyéronimites** (p.114), pour s'imprégner de ce style manuelin, né des voyages au long cours. Les plus endurants pourront marcher jusqu'à la Torre de Belém. Déjeunez à Belém, par exemple au Doca do Bom Sucesso, à proximité de l'écrasant Padrão dos Descobrimentos (p.112) dédié aux "découvreurs" (prendre l'ascenseur pour le point de vue).

APRÈS-MIDI

Rebroussez chemin en direction du centre-ville à pied, toujours au bord de l'eau, pour découvrir l'étonnante et étincelante coquille blanche du **MAAT** (p.116).

Passant au-dessus de la voie ferrée, retrouvez le tramway 15 E (ou prenez le train) jusqu'à Cais do Sodré (p.80), à moins de vous attarder au musée des Carrosses, Museu dos Coches (p.115).

Enfin, il est temps de regarder le Tage en face ; cap sur l'Outra Banda (l'autre rive). Les Lisboètes appellent *cacilheiros*, du nom de la ville de Cacilhas qu'ils desservent de l'autre côté du fleuve, ces petits bacs orange qui font la navette plusieurs fois par heure (p.79). Embarquement à Cais do Sodré, juste derrière la gare ferroviaire (départs toutes les 10min, www.transtejo.pt). Regardez la ville s'éloigner et vous révéler ses plus beaux atours au cours de cette furtive traversée : dix petites minutes seulement, mais l'impression sur la rétine sera persistante et la montée de *saudade* assurée.

Arrivé à Cacilhas, prolongez votre tête-à-tête avec Lisbonne : à la sortie du ferry, engagez-vous tout de suite à droite pour longer le quai. À moins que l'envie ne vous prenne d'aller vous réfugier entre les bras du Cristo Rei (p.158) – en bus, ligne 101, au départ de Cacilhas.

Dînez au Ponto Final (p.162), qui porte si bien son nom, en suivant le Cais do Ginjal jusqu'au bout du bout...

ALTERNATIVE À VÉLO

20km de pistes cyclables longent le Tage, du Parque das Nações à la Torre de Belém, via la Praça do Comércio (où elle reprend une centaine de mètres plus loin). Bon à savoir : le métro et le CP (train qui relie Belém à Cais do Sodré) "acceptent" les vélos (rens., en portugais, sur www.lisboaciclavel.cm-lisboa.pt).

Street-art, graffs et tags habillent tout Lisbonne

Une journée 100% street-art

Lisbonne est une ville reconnue pour son art urbain. Parti du Bairro Alto (p.76) – qui n'en est plus l'épicentre – il se déploie d'Alcântara (p.106) à l'Alfama (p.130). Aujourd'hui, la scène artistique s'"encre" dans les quartiers de l'est et, entre ateliers et galeries, les artistes de street-art trouvent naturellement leur place, comme Bordalo II avec son singe géant sur le mur de son atelier, dans le quartier de Xabregas (p.142), ou le lynx géant du Parque das Nações (p.144).

MATINÉE

Partant du **Rossio** (p.44), prendre la Rua da Madalena et prenez les escaliers de São Cristóvão. Sur des façades, un groupe d'artistes a retracé l'histoire du fado "*vadio*", le fado populaire amateur que l'on chante dans les bars. L'œuvre a été commanditée par le MASC (Movimento os Amigos de São Cristóvão), le "Mouvement des amis de São Cristóvão". De là, on peut crapahuter jusqu'au château (p.132), pour aller à Graça (p.136), ou bien emprunter sagement l'Elétrico 28.

À **Graça** (p.136), suivez le Passeio Literário da Graça, promenade littéraire où EbanoCollective a été invité à réaliser des fresques murales consacrées aux écrivains portugais qui ont habité le quartier. Le parcours peut commencer par la Rua Natália Correia. Le groupe d'artistes compte Eime, Leonor Brilha, Lorenzo Bordonaro, Mariana Dias Coutinho, MrDheo, Pariz et Violant.

Toujours à Graça, le célèbre Shepard Fairey a exécuté en 2017 deux œuvres, dont l'une avec Vhils, le portugais Alexandre Farto, désormais de renommée mondiale (p.109), au 49 Rua da Senhora da Glória et un grand mural, Rua Natália Correia, 11. Vous pouvez reprendre le tramway 28 et vous arrêter sur le **Largo das Portas do Sol** (p.132), non pour contempler une œuvre d'art mais bien l'une des plus belles vues sur le Tage ! Tout près, les ruines du Pátio Dom Fradique sont devenues un terrain d'élection où prolifèrent tags et autres fresques. À proximité, le Français Remed a peint en 2014 un grand lettrage, Rua Regueirão dos Anjos, 67A. Vhils est l'auteur d'un mural d'Amália Rodrigues, Rua de São Tomé, 62.

APRÈS-MIDI

Déjeuner à Alfama, par exemple dans l'ambiance créative du Clara Clara Café (p.140) niché dans le Jardim Botto Machado, Campo de Santa Clara.

Retour en métro de Santa Apolónia jusqu'à **Restauradores** (p.44) par la ligne bleue. Les funiculaires (*elevadores*), l'un des charmants attraits de la ville, et celui de la Rua de Glória se double d'une galerie d'art urbain à ciel ouvert, la **Galeria de Arte Urbana** (p.78). De la même façon, le funiculaire reliant la Praça dos Restauradores et le Jardim de São Pedro de Alcântara, et celui de Lavra (p.47), entre l'Avenida da Liberdade et le Jardim do Torel, sont d'autres espaces d'expression pour les artistes.

Prenez le métro ou le bus pour vous rendre à la station de métro Picoas sur l'Avenida Fontes Pereira de Melo. On y découvre deux blocs d'immeubles inoccupés ayant servi de support à de grandes peintures murales réalisées en 2010, la première par Os Gêmeos, les jumeaux brésiliens de São Paulo en collaboration avec l'Italien Blu, la seconde par l'Espagnol Sam3.

Vous en avez encore sous la semelle ? Rendez-vous au **Village Underground Lisboa** (p.104) pour y admirer le travail de l'artiste suisso-portugais Pedro Campiche qui signe AkaCorleone (2014) et prendre le goûter à la Cafetaria, ou bien à l'Underdogs Art Store (Rua da Cintura do Porto de Lisboa, Armazém A, 20, Cais do Sodré, tlj. sauf le lundi de 10h à 19h). **Underdogs** (p.144) organise des visites guidées du street-art à Lisbonne.

CASA PORTUGUESA DO
PASTEL DE BACALH

Du vieux Rossio aux origines médiévales au quartier des grandes avenues, imposant témoignage de l'urbanisation du 19e s., en passant par l'élégance ordonnée de la Baixa pombaline, les siècles télescopent leurs nobles héritages. S'y laisser transporter dans un *elevador* métallique ressemble parfois fort à un voyage à bord d'une machine à remonter le temps...

Le centre et les Avenidas

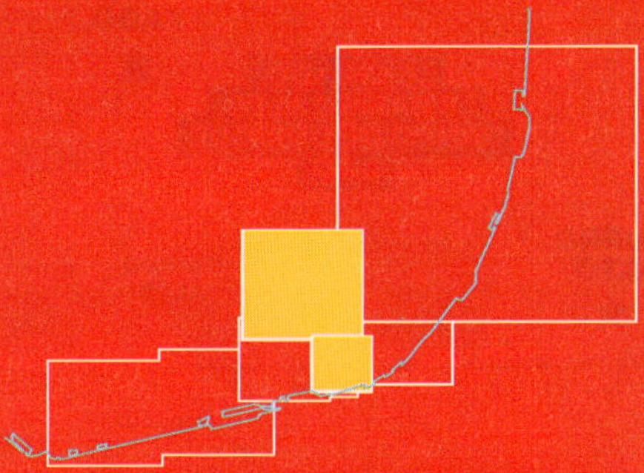

36 **Plan 1**
38 **Plan 2**
40 **Cinq bonnes raisons...**
42 **Rendez-vous avec...**
44 **Le Rossio et la Baixa**
54 **Les Avenidas**

Rua Augusta, Baixa

Plan 1
A
Plan 2
B
1
2
3
4
Plan 4
Plan 4
Rua Dom Pedro V
Rua Eduardo Coelho
Rua de O Século
Rua da Rosa
JARDIM DE SÃO PEDRO DE ALCÂNTARA
MIRADOURO DE SÃO PEDRO DE ALCÂNTARA
Rua São Pedro de Alcântara
Calçada da Glória
ELEVADOR DA GLÓRIA
ELEVADOR DA GLÓRIA
IGREJA DE SÃO LUÍS DOS FRANCESES
Travessia de Santo Antão
Beco de São Luís da Pena
33
CASA DO ALENTEJO
RESTAURADORES
PRAÇA DOS RESTAURADORES
Rua do Jardim do Regedor
13
Travessa do Forno
32
Largo do Regedor
Rua 1º de Dezembro
TEATRO NACIONAL D. MARIA II
CENTRAL DO ROSSIO
ROSSIO
p.44
Largo do Duque do Cadaval
Rua 1º de Dezembro
PRAÇA DOM PEDRO IV PRAÇA DO ROSSIO
IGREJA DE SÃO ROQUE
12
Rua do Duque
Calçada do Carmo
1
Rua do Ouro
SOIRÉE FADO
LE CHIADO, LE BAIRRO ALTO, CAMPO DE OURIQUE
p.60
Rua da Misericórdia
21
IGREJA DO CARMO / MUSEU ARQUEOLÓGICO
hcghcgh
Rua do Carmo
ELEVADOR DE SANTA JUSTA
BAIRRO ALTO
BAIRRO ALTO
Rua da Rosa
SANTA CATARINA
Calçada do Combro
BICA - LARGO DO CALHARIZ
ASCENSOR DA BICA
Rua do Loreto
IGREJA DO LORETO
PRAÇA LUÍS DE CAMÕES
Rua Garrett
BAIXA/CHIADO
BAIXA/CHIADO
R. Nova do Almada
Rua das Chagas
CHIADO
MIRADOURO ALTO DE SANTA CATARINA
CHIADO
Rua do Alecrim
MUSEO NACIONAL DE ARTE CONTEMPORÂNEA
ASCENSOR DA BICA
BICA - RUA DE SÃO PAULO
Rua de São Paulo
LARGO DA ACADEMIA NACIONAL DAS BELAS ARTES
Calçada de São Francisco
RUA DE SÃO PAULO
RUA VITOR CORDON/ RUA SERPA PINTO
Praça do Município
ORDEM DOS ARQUITECTOS
Rua do Arsenal
CORPO SANTO
MARCADO DA RIBEIRA NOVA
CAIS DO SODRÉ
ESTAÇÃO FERROVIÁRIA DO CAIS DO SODRÉ
0
150 m

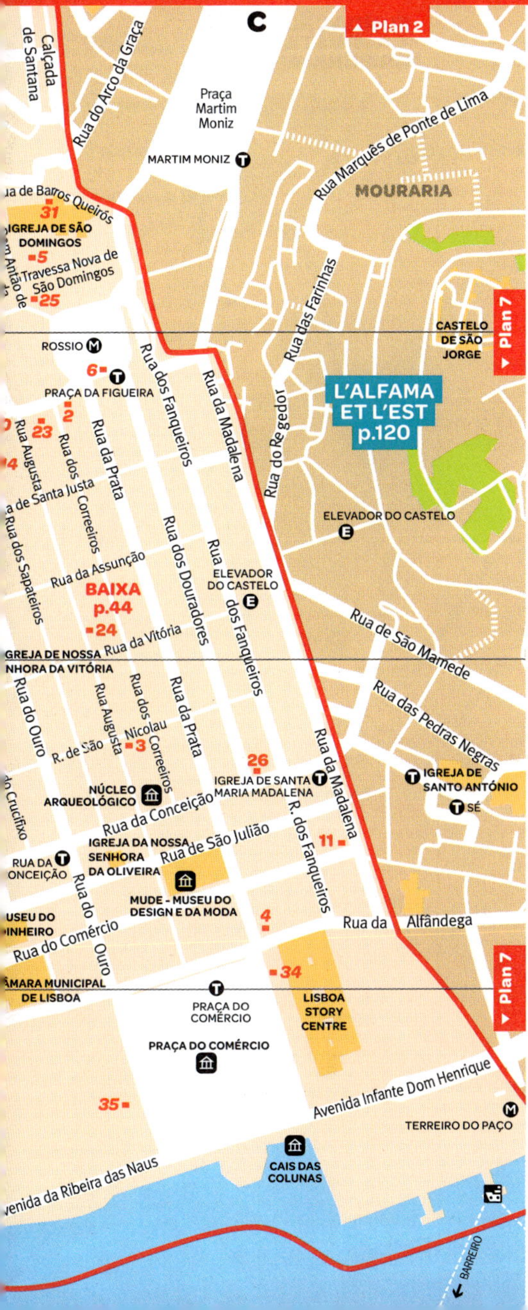

Pauses (n°1 à 6)

- *6* Casa das Bifanas - *p.49* C2
- *3* Casa Portuguesa do Pastel de Bacalhau - *p.50* C3
- *2* Confeitaria Nacional - *p.49* .. C2
- *5* Ginjinha Popular - *p.49* C1
- *4* Martinho da Arcada - *p.49* ... C3
- *1* Nicola - *p.49* B2

Restaurants (n°10 à 14)

- *11* Nova Pombalina - *p.50* C3
- *13* A Provinciana - *p.59* B1
- *12* Café Buenos Aires - *p.50* B2
- *10* Casa Chineza - *p.50* B2
- *14* A Merendinha do Arco - *p.50* B2

Shopping (n°20 à 26)

- *23* Casa Manuel Tavares - *p.52* . C2
- *20* Chapelaria Azevedo Rua - *p.52* B1
- *25* Drogaria São Domingos - *p.51* C1
- *26* Garrafeira Nacional - *p.53* ... C3
- *21* Luvaria Ulisses - *p.52* B2
- *24* Arte Rústica - *p.52* C2

Sorties (n°30 à 35)

- *30* A Tendinha do Rossio - *p.51* . C2
- *33* Casa do Alentejo - *p.53* B1
- *31* Ginjinha Rubi - *p.53* C1
- *32* Ginjinha Sem Rival-Eduardino - *p.53* B1
- *34* Ministerium Club - *p.53* C3
- *35* Viniportugal - *p.53* C4

Plan 2
A
B
1
2
3
4
FUNDAÇÃO CALOUSTE GULBENKIAN
PALÁCIO DOS MARQUESES DE FRONTEIRA
JARDIM DA AMNISTIA INTERNACIONAL
JARDIM ZOOLÓGICO
PRAÇA DE ESPANHA
E. Malta
JARDINS DA FUNDAÇÃO CALOUSTE GULBENKIAN
Avenida José Malhoa
Avenida Calouste Gulbenkian
Rua Ramalho Ortigão
Av. António Augusto Aguiar
Rua Doutor Nicolau Bettencourt
Rua Marquês Sá da Bandeira
Avenida Visconde de Valmor
Avenida Miguel Bombarda
Avenida João Crisóstomo
Avenida Duque de Ávila
Rua Pinheiro Chagas
Avenida Luís Bivar
Rua Filipe Folque
SÃO SEBASTIÃO
REITORIA UNL
NOVA SCHOOL OF BUSINESS AND ECONOMICS
Campolide
Rua de Campolide
Avenida Calouste Gulbenkian
Avenida Miguel Torga
Rua Marquês de Fronteira
IGREJA DE SÃO SEBASTIÃO DA PEDREIRA
R. Tomás Ribeiro
R. Pedro Nunes
JARDIM AMÁLIA RODRIGUES
Avenida António Augusto Aguiar
Alameda Cardeal Cerejeira
Avenida Sidónio Pais
PARQUE
Rua Viriato
CAMPOLIDE
Rua de Campolide
Rua Marquês de Fronteira
Rua Rodrigo da Fonseca
Rua Castilho
PARQUE EDUARDO VII
PARQUE INFANTIL
Avenida Fontes Pereira de Melo
R. Actor Tasso
AQUEDUTO DAS ÁGUAS LIVRES
Avenida Conselheiro Fernando de Sousa
Rua da Artilharia 1
Rua Marquês de Subserra
Arco do Carvalhão
Rua Joaquim António de Aguiar
Praça Marquês de Pombal
MARQUÊS DE POMBAL
Rua do
Avenida Engenheiro Duarte Pacheco
Rua das Amoreiras
Rua Rodrigo da Fonseca
AMOREIRAS
FUNDAÇÃO ARPAD SZENES-VIEIRA DA SILVA
Rua Alexandre Herculano
MÃE D'ÁGUA DAS AMOREIRAS
RATO
LE CHIADO, LE BAIRRO ALTO, CAMPO DE OURIQUE p.60
RATO
Avenida Pedro Álvares Cabral
Rua da Escola Politécnica
JARDIM BOTÂNICO
C
Marçal
0
150 m
Plan 4

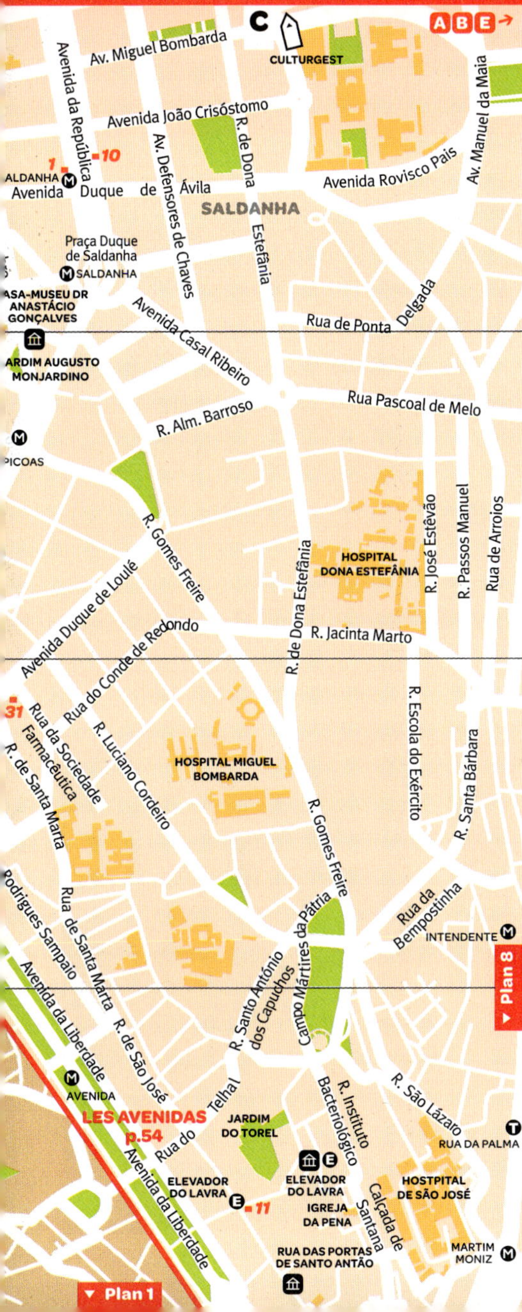

Pauses (n°1)
1 Versailles - *p.58* C1

Restaurants (n°10 et 11)
10 O Galeto - *p.59* C1
11 Solar dos Presuntos - *p.59* ... C4

Sorties (n°31)
31 Chill-Out Limão - *p.59* C3

RENDEZ-VOUS AVEC...
Les adresses de Frederico Duarte

Pauses
B Cafélia - *p.42* C1

Shopping
C Livraria da Travessa - *p.42* ... B4
A Mercado de Alvalade - *p.42* ... C1
E Mercearia Criativa - *p.43* C1

CINQ BONNES RAISONS…

… de s'immerger dans le cœur historique de Lisbonne.

LA PRAÇA DO COMÉRCIO (p.47), pour son ouverture majestueuse sur le Tage qui en fait l'une des plus belles places… du monde !

UNE *GINJINHA* (p.56), pour retrouver le goût du temps des cerises !

L'*ELEVADOR* DE SANTA JUSTA (p.48), pour dominer les toits de Lisbonne.

☀ **LE PALÁCIO DOS MARQUESES DE FRONTEIRA** (p.57), pour son avalanche d'azulejos.

☀ **L'ESTÁDIO DA LUZ** (p.58), "la cathédrale", pour vibrer au diapason des exploits des "lions" du Sporting Clube ou des "diables rouges" du Benfica.

RENDEZ-VOUS AVEC...

Critique, curateur au Portugal et en Grande-Bretagne, **Frederico Duarte** a étudié le design à Lisbonne et a travaillé pour la biennale de design lisboète, Experimenta. Il est aussi l'un des auteurs du livre *Fabrico Próprio*, un exercice de style sur la pâtisserie portugaise. Installé dans le nord de la ville, la Lisbonne sans colline où l'on peut circuler à vélo, il aime particulièrement "son" Avenida de Paris, "courbe et cinématographique" selon lui.

Mon marché

A Mercado de Alvalade

L'un des plus grands et des plus authentiques marchés de Lisbonne.

Av. Rio de Janeiro, 25 M° Alvalade ⌚ Lun.-ven. 7h-15h, sam. 7h-18h

Ma boutique historique

B Cafélia

Un marchand de cafés et de thés sur l'Avenida de Roma. La boutique, où les clients s'appellent par leur prénom et où l'on revient, fait partie des *"Lojas com História"* (les "commerces avec une histoire", programme de préservation des lieux de charme qu'a développé la mairie de Lisbonne). On la repère à son enseigne de néon, l'une des plus remarquables de la ville.

Av. de Roma, 55C ☎ 217 961 930 ⌚ 9h-19h, lun.-ven. 9h-13h et 15h-19h, sam. 9h-13h

Ma librairie indépendante

C Livraria da Travessa

Ouverte en 2019, la première succursale européenne de la librairie phare de Rio de Janeiro propose 300m² d'une sélection pointue de littérature brésilienne non publiée au Portugal, mais également d'auteurs portugais et internationaux. Les amateurs d'art, de

photographie, de design, d'architecture, de sciences humaines... auront tout autant de quoi se réjouir.

Rua da Escola Politécnica, 46 - Príncipe Real M° Rato ☎ 213 460 553 www.travessa.com.br ⌚ Lun.-sam. 10h-22h, dim. 11h-20h

Mon clin d'œil moderne

D Carrefour des *avenidas* de Roma et dos Estados Unidos da América

Les quatre blocs dus aux architectes Filipe Nobre de Figueiredo et de José Segurado, en 1952, sont parfaitement représentatifs de l'audace d'une Lisbonne moderne et cosmopolite.

M° Roma

À la fondation Calouste Gulbenkian

Mon épicerie

E Mercearia Criativa

Une épicerie où acheter et déguster le meilleur de ce qui se mange et se boit au Portugal. Les patrons, Carlos, Rita et Patrícia sont l'âme de cette boutique "créative".

Av. Guerra Junqueiro, 4A M° Alameda
21 848 5198 Lun.-sam. 10h-19h

Mon endroit préféré

F Fundação Calouste Gulbenkian

Un lieu de vie essentiel pour les Lisboètes ! De la collection unique qu'elle présente à la bibliothèque d'art, et du grand auditorium (que je fréquentais étudiant) au "self" du Centro de Arte Moderna (l'un des bons endroits de la ville pour le déjeuner), sans oublier son parc finement dessiné et habité quotidiennement par l'amour et la gaîté de ses promeneurs, c'est vraiment l'un de mes lieux favoris.

Av. de Berna, 45A M° São Sebastião
217 823 000 Mer.-lun. 10h-18h Parc Tlj. Aube-crépuscule

Mon oasis de verdure

G Jardim e Parque Hortícola Aquilino Ribeiro Machado

Un tout nouveau jardin avec une place ouverte sur l'Avenida do Brasil, des potagers urbains et un observatoire des avions, l'aéroport est si proche. Belle balade à pied ou à bicyclette.

Entrée par l'Avenida do Brasil, par un portail entre le LNEC et la Rua das Murtas Oct.-mars : tlj. 7h-18h ; avr.-sept. : tlj. 7h-21h

SI MON QUARTIER ÉTAIT...

Un parfum Ce serait celui des marrons chauds grillés sur du gros sel, qui embaument toute la ville en automne !

LE ROSSIO ET LA BAIXA

Sillonner le Rossio et la Baixa, c'est sentir le cœur de Lisbonne palpiter, plonger dans son centre névralgique et prendre part au bouillonnant mélange de touristes et d'autochtones qui s'y recompose sans cesse, de jour comme de nuit. Berceau médiéval côté Rossio, symbole de la reconstruction pombaline côté Baixa, ces deux quartiers imbriqués déroulent une longue page d'histoire.

À VOIR

LE ROSSIO

Il doit son nom à l'appellation originelle de la Praça Dom Pedro IV, pôle d'attraction du quartier depuis des siècles, au centre du quotidien lisboète. Essentielle à tout séjour dans la capitale, la découverte du Rossio pourra être émaillée de quelques emplettes irrésistiblement rétro.

ACCÈS ET INFOS

- Passez sans effort de la ville basse à la ville haute pour embrasser tout Lisbonne de l'un de ses célèbres *miradouros*. Des petits trains à crémaillère jaunes qui ne gravissent la pente que d'une seule rue, celui de la Calçada da Glória (Elevador (p.76)) est le plus célèbre et le plus fréquenté. Il mène de la Praça dos Restauradores (p.44) au cœur du Bairro Alto (p.76).

Médiévale malgré les apparences

Praça Dom Pedro IV / Praça do Rossio (plan 1, B1-B2)

Le ballet insouciant des promeneurs qui la traversent ferait presque oublier qu'elle fut le théâtre des grandes turbulences historiques de la ville. Au Moyen-Âge, les autodafés y étaient courants. Cœur battant de la Lisbonne ancienne, la place garde pour beaucoup d'habitants sa dénomination médiévale, Praça do Rossio, bien qu'elle soit placée sous la protection tutélaire du premier souverain du Brésil, Pedro IV, dont la statue de bronze coiffe une magistrale colonne centrale. Réunissant, avant le séisme de 1755, quelques-uns des plus imposants bâtiments de la ville, la place exhibe désormais deux fontaines baroques, ainsi qu'une des façades néoclassiques du Teatro Nacional D. Maria II.

Sur les pavés, les terrasses Sur le pavage noir et blanc, parmi les plus beaux exemples de chaussée portugaise, règnent les plus belles terrasses de la ville.

M° Rossio, Restauradores

Entre deux âges

Praça dos Restauradores (plan 1, B1)

Vous êtes ici à la jonction entre la vieille ville (Rossio) et la Lisbonne des grands travaux du marquis de Pombal (vers l'Avenida da Liberdade). De l'obélisque centrale, érigée en 1886 en souvenir de la révolte de 1640 qui libéra le Portugal de soixante ans de domination espagnole, vous aurez un point de vue privilégié sur ses deux attraits majeurs. Au sud-ouest, l'**Estação do Rossio**, la gare d'où

À NE PAS MANQUER

- Praça Dom Pedro IV / Praça do Rossio
- Praça dos Restauradores
- Praça do Comércio
- Elevador de Santa Justa ★
- Les *ginjinhas*

La Praça do Rossio et le théâtre national Dona Maria II

IL ÉTAIT UNE FOIS...
25 avril 1974. La foule se masse sur la Praça do Rossio pour encourager les insurgés après la mutinerie des capitaines qui a éclaté dans la nuit. C'est le printemps, et le marché aux fleurs qui se tient sur la place déborde d'œillets (*cravos*). Un soldat en reçoit un bouquet, d'autres en ornent leur fusil : en quelques heures, une **révolution pacifique** vient de balayer quarante années de dictature.

partent les trains en direction de Sintra et de Leiria, affiche son étonnante façade de style néomanuélin, avec ses entrées en forme de fer à cheval. À l'ouest se dresse le **Palácio Foz**, haut lieu de la culture qui accueille désormais le **Museu Nacional do Desporto** (musée national du Sport).

M° Restauradores, Rossio

Plaisante flânerie

Rua das Portas de Santo Antão (plan 1, B1)

Très vivante le soir, cette rue piétonne prête ses nombreux restaurants et bâtiments anciens à d'agréables déambulations.

Surprenant palais des 1 001 nuits

Casa do Alentejo (plan 1, B1)

La région alentejane a sa maison. Ne manquez pas d'en pousser la porte et de gravir l'escalier menant à un surprenant palais mauresque, absolument insoupçonnable depuis la rue. Fondé en 1932, ce curieux pastiche d'architecture arabisante s'articule autour d'un magnifique patio. À l'étage, les parquets cirés et grinçants remplacent le carrelage jusque dans la salle de bal Dr Victor

FLÂNER COMME PESSOA…

À la façon de Fernando Pessoa, qui aimait composer ses promenades dans la capitale, sa “maison”, tracez un itinéraire à partir de la **Praça de Figueira** pour quadriller l’harmonieux damier de la **Baixa**, quartier où le piéton est roi ! Dans la **Rua des Douradores**, marquez l’arrêt devant le **n°190** – jadis un restaurant où l’écrivain se fit photographier en “flagrant-délitre”. **Rua de Ouro**, prenez l’**Elevador de Santa Justa** (p.48), puis la passerelle pour gagner la **Praça do Carmo**, où le jeune Fernando décrocha son premier emploi en 1908. Vous aurez alors bien mérité de vous asseoir pour méditer sur cette flânerie et tenter de saisir, à la manière du poète, l’âme de la ville. Replongez dans le tumulte urbain et concluez par un verre sous les arcades de la **Praça do Comércio**, au **Martinho da Arcada** (p.49), café-restaurant sur lequel plane le souvenir de l’auteur de *Lisbonne*.

Café da Martinho, Praça do Comércio

Santos, dotée d'une petite scène où les Alentejanos ont l'habitude de se retrouver en fin de semaine. On peut aussi s'y mettre à table (p.53).

Rua das Portas de Santo Antão, 58 213 405 140 www.casadoalentejo.pt Mar.-dim. 9h30-23h

Transport d'un autre âge

Ascensor do Lavra (plan 2, C4)

Reliant le Largo da Anunciada (au bout de la Rua das Portas de S. Antão) à la Rua Câmara Pestana sur la colline de Sant'Ana, le plus ancien funiculaire urbain du monde (1884) a le mérite d'être peu fréquenté.

Calçada do Lavra Lun.-ven. 7h50-19h55, w.-e. et j. fér. 9h-19h55 3,80€ AR à bord

LA BAIXA

Sobre et monumentale, la Baixa "Pombalina" se distingue par son plan rectiligne et le parfait parallélisme de ses rues qui relient le Rossio au Tage. Ce tracé au cordeau répondait à des critères de fonctionnalité à la fois logiques et économiques. Ainsi, chaque rue fut consacrée à un corps de métier particulier ainsi que l'évoque encore leur nom : rues des orfèvres (do Ouro), des doreurs (dos Douradores), des cordonniers (dos Sapateiros)...

SUR LES TRACES DE...

Sur le quartier plane le souvenir de **Fernando Pessoa** (1888-1935) qui, travaillant pour des entreprises d'import-export, prenait un café sous les arcades de la Praça do Comércio (p.49) en sortant du bureau.

Pan d'histoire

Museu do Dinheiro (plan 1, B3-C3)

Dans l'ancienne Igreja de São Julião, ce musée de l'Argent expose les riches collections de la Banque du Portugal. On y voit aussi des pans de la muraille du roi Dinis Ier (13e s.) que le séisme de 1755 avait ensevelis et qui ont été mis au jour en 2010, lors de la rénovation de la banque.

Largo de São Julião 213 213 240 www.museudodinheiro.pt Mer.-sam. 10h-18h

Sévère, noble et élégante

Praça do Comércio (plan 1, C3-C4)

La place du Commerce, ancienne terrasse du palais royal da Ribeira, disparu lors du séisme de 1755, porte encore le nom de Terreiro do Paço ("terrasse du palais"). Majestueuse au bord de l'eau, symbole de la puissance fluviale de la cité, elle représente aussi, avec son plan géométrique, l'apogée de la nouvelle Lisbonne dessinée au 18e s. par Pombal. Bordée d'édifices classiques et d'arcades alignant cafés, restaurants et glaciers, elle constitue un ensemble d'une élégante rigueur, qui abrite aujourd'hui la Bourse et différents ministères. En son centre trône la majestueuse statue équestre du roi José I, bronze du sculpteur Joaquim Machado de Castro (1732-1822). Un cadre à contempler du haut de l'arc de triomphe (19e s.) de style baroque !

Vue sur le Tage

Cais das Colunas (plan 1, C4)

Au sud de la Praça do Comércio, on profite d'une belle vue sur le Tage, alors que se détachent à l'ouest le Ponte 25 de Abril et, sur la rive opposée, la colossale silhouette du Cristo Rei.

Évasion archéologique

Núcleo Arqueológico da Rua dos Correeiros (plan 1, C3)

Une plongée dans le temps ! Dans les années 1990, les travaux d'agrandissement du siège de la banque BCP ont mis au jour des vestiges archéologiques s'étendant sur plus de 2 500 ans d'histoire, de l'époque préromaine au 20e s. Objets du quotidien, débris de verre, monnaies, statuettes de dates et d'origines diverses s'ajoutent aux installations romaines d'une fabrique de *garum*, un condiment à base de chair de poisson fermentée apprécié à Rome.

Fundação Millennium BCP Rua Augusta, 96 (quand le siège est fermé, entrée par la Rua dos Correeiros, 21 ; inscriptions au n°9) 211 131 070 Visites du lun. au sam. à 10h, 11h, 12h, 14h, 15h, 16h et 17h Fermé dim. et j. fériés

L'Elevador de Santa Justa

Étrange mécanique

Elevador de Santa Justa ★ (plan 1, B2)

Seul véritable ascenseur urbain de Lisbonne, ce mirador de métal domine de ses 45m la ville basse (entrée en bas de l'escalier à droite). Conçu par l'architecte Raoul Mesnier du Ponsard, inauguré en 1902 et classé monument national pour ses 100 ans, il fait désormais office de "monte-touristes" vers sa plate-forme supérieure, d'où la vue embrasse pratiquement toutes les collines de la ville. Pause-café possible au sommet, avant de rejoindre par une audacieuse passerelle le Largo do Carmo et l'Igreja de São Roque (p.77).

Rua Áurea / Rua de Santa Justa Mai-oct. : tlj. 7h30-23h ; nov.-avr. : tlj. 7h30-21h € 5,30€

BON À SAVOIR
Empruntez l'ascenseur de Santa Justa. Sur la plateforme supérieure, chaussez les lunettes de Pessoa pour vous émerveiller, comme lui, de l'enchevêtrement des maisons vers la colline du château. En achetant votre ticket au guichet de la Carris, à mi-escalier, vous pouvez effectuer l'aller-retour pour le prix d'un seul trajet.

NOS ADRESSES

PAUSES

Une institution
Nicola
Depuis son lever de rideau (18e s.), ce repaire de l'intelligentsia lisboète a vu défiler nombre d'écrivains, d'artistes et de personnalités politiques. Il en conserve une ambiance affairée, dans un cadre typiquement art déco. Dans l'annexe, le Nicola Gourmet sert des cafés de toutes provenances, fraîchement torréfiés. Cuisine traditionnelle : env. 16€ le plat et 1€ le petit café.

ROSSIO (plan 1, B2 n°1) Praça D. Pedro IV, 25-26 213 460 579 Café et restaurant Tlj. 8h-0h

AUSSI POPULAIRE QUE GOÛTEUSE, LA *BIFANA*
Servi traditionnellement lors des fêtes populaires et à déguster debout, ce sandwich à la viande de porc – nature, à la moutarde ou à la sauce pimentée – est un encas idéal dans toutes les occasions (env. 2€). Encore faut-il connaître les bonnes adresses ! On les repère souvent à la poêle qui trône en devanture, et dans laquelle un brouet mijote la journée entière. Le quartier du Rossio en recèle de fameuses. Suivez le guide !
Ginjinha Popular ROSSIO (plan 1, C1 n°5) Rua das Portas de Santo Antão, 61 213 427 419 Tlj. 8h-0h **Casa das Bifanas** ROSSIO (plan 1, C2 n°6) Praça da Figueira, 7A 213 423 184 Lun.-sam. 6h30-0h

Belle Époque
Confeitaria Nacional
Depuis 1829, on pousse sa porte avec enthousiasme, dans la délectable perspective d'y engloutir un *queijada de Sintra* (petit gâteau à base de fromage blanc), des *doces de ovos de Aveiro* (cornets sucrés à la pâte d'amande) ou des *bolas de Berlim* (beignets fourrés de marmelade). À Noël, les Lisboètes y achètent leur *bolo rei* (gâteau des rois aux fruits confits et au sucre). On y mange sur le pouce, au comptoir dans un décor de stuqué 1900, ou à l'étage, avec vue sur la place.

ROSSIO (plan 1, C2 n°2) Praça da Figueira, 18B-C 213 424 470 Tlj. 8h30-20h

Le café du poète disparu
Martinho da Arcada
Pas de flânerie dans Lisbonne sans une halte sous les arcades de la Praça do Comércio, pour siroter un *bica* en compagnie du fantôme de Fernando Pessoa, qui y avait ses habitudes à la sortie du bureau – voyez sa table réservée. En revanche, préférez les

nourritures spirituelles à celle que sert l'établissement.

BAIXA (plan 1, C3 n°4) Praça do Comércio, 3
Lun.-sam. 7h-23h

100% portugais
Casa Portuguesa do Pastel de Bacalhau

Mariant deux icônes de la gastronomie portugaise, le *pastel de bacalhau* (acra de morue) et le fromage de brebis Serra da Estrela (appellation d'origine contrôlée) produit par la Quinta da Lagoa, ces petits beignets sont l'occasion d'une pause aussi gourmande qu'authentique !

BAIXA (plan 1, C3 n°3) Rua Augusta 106
211 648919 www.pasteldebacalhau.pt
Tlj. 10h-22h

RESTAURANTS

La cuisine du *cozido*
A Merendinha do Arco €

Restaurant populaire et familial où l'on peut se retrouver au coude-à-coude avec des inconnus. Les produits de grande fraîcheur entrent dans une cuisine traditionnelle goûteuse : large variété de poissons grillés, frits ou bouillis, têtes de maigres (25€ pour deux), *ovas* (œufs de morue ou de colin) et plats de viande. Le jeudi, le *cozido* (pot-au-feu) envahit les tables. En accompagnement, ne manquez pas de goûter à l'*arroz de feijão* ("riz aux haricots"). Plat 7-13€.

BAIXA (plan 1, C2 n°14) Rua dos Sapateiros, 230 213 425 135 Lun.-ven. 12h-20h, sam. 12h-15h

Pause girly
Casa Chineza €

Vestiges ornementaux d'une ancienne boutique de vaisselle, des figurines chinoises et japonaises gardent l'entrée de cette "maison à en-cas". À l'heure de la pause-déjeuner, une clientèle très féminine se presse devant le long comptoir pour une soupe ou une pâtisserie.

BAIXA (plan 1, B2 n°10) Rua Áurea, 274 (près de la Praça D. Pedro IV) 213 423 680 ou 927 965 945 Lun.-sam. 7h-23h, dim. 8h-23h

En collé-serré
Café Buenos Aires ♥€€

C'est l'excellente pièce de bœuf argentin, spécialité de la maison, qui vous expédie tout droit à Buenos Aires, mais le voyage est tout aussi délicieux avec les fleurs de courgettes croustillantes et chaque autre proposition de la carte créative et irréprochable. Rien d'étonnant à ce que la petite salle au charme suranné déborde souvent de gourmets affamés. Comptez 20-25€ à la carte.

ROSSIO (plan 1, B2 n°12) Calçada do Duque, 31B 213 420 739 www.cafebuenosaires.pt Lun.-sam. 18h-1h

Pour les petits budgets
Nova Pombalina ♥€

En plein cœur de la Baixa, une bonne adresse où manger sur le pouce. Il règne toujours la même agitation dans ce vieil établissement bien entretenu. Très affable, le personnel s'active pour restaurer un maximum d'employés des bureaux avoisinants. Vaste gamme de sandwichs (env. 4€) généreusement garnis de produits portugais, tels que le *queijo da Serra* (fromage à pâte molle de brebis, produit dans la Serra da Estrela), le *leitão* ("cochon de lait", typique de la région

Délicieux sandwich chez Tindinha do Rossio

de Bairrada) ou le *choco frito* ("seiche frite"). Soupe, jus de fruits frais et *arroz doce* ("riz au lait"). Repas 10€ tout compris.

BAIXA (plan 1, C3 n°11) Rua do Comércio, 2-4 218 874 360 Page Facebook Lun.-sam. 7h30-17h30

La meilleure *ginjinha*

A Tendinha do Rossio ♥€

Minuscule mais vaillante, l'ultime *tasca* du Rossio a pignon sur la place Dom Pedro IV depuis 1840. Faufilez-vous jusqu'au comptoir pour une *ginja* ou attablez-vous à l'extérieur pour déguster de savoureux beignets de morue (env. 4€) et autres *petiscos* (comptez 1,5-3€).

ROSSIO (plan 1, C2 n°30) Praça Dom Pedro IV, 6 Lun.-ven. 7h-19h, sam. 8h-19h

SHOPPING

Une droguerie d'antan

Drogaria São Domingos

Fondée en 1930, cette droguerie est envahie sur toute sa hauteur de produits ménagers, d'articles de beauté et des accessoires indispensables à toute famille portugaise attachée aux traditions : Confiança, Ach Brito, Couto, Benamor... des marques qui ont connu plusieurs générations. Cédez à la tentation et offrez-vous un petit savon au lait d'ânesse ou au goudron (1,50€ env.).

ROSSIO (plan 1, C1 n°25) Rua D. Antão de Almada, 4A 213 426 636 www.drogariasaodomingos.pt Lun.-ven. 9h-19h ; sam. 9h-18h

Le feutre de Pessoa

Chapelaria Azevedo Rua

Ouverte en 1886 par un ancien viticulteur, la chapellerie est restée une affaire de famille qui affiche fièrement son enseigne au-dessus de la porte. Fernando Pessoa y trouvait son célèbre feutre.

ROSSIO (plan 1, B1 n°20) Praça Dom Pedro IV, 69 213 427 511 www.azevedorua.pt Lun.-sam. 10h-19h, sam. 10h-19h

La boîte à gants

Luvaria Ulisses

Blottie entre deux grosses colonnes corinthiennes, la plus petite boutique de Lisbonne vend les plus beaux gants de la capitale ! Depuis 1925, elle ne désemplit pas et il faut parfois faire preuve de patience avant de pouvoir glisser sa main dans l'un de ses nombreux modèles.

ROSSIO (plan 1, B2 n°21) Rua do Carmo, 87A 213 420 295 www.luvariaulisses.com Lun.-ven. 10h-19h ; sam. 10h-13h et 14h30-19h

Un tour à l'épicerie

Casa Manuel Tavares

Cette épicerie fine soigne sa réputation depuis 1860, grâce à une sélection rigoureuse des meilleures spécialités régionales (cochonnailles, pâtisseries, vins et huiles d'olive). Les vitrines délicieusement garnies rivalisent avec une cave recelant des bouteilles de porto presque centenaire.

ROSSIO (plan 1, C2 n°23) Rua da Betesga, 1A et 1B 213 424 209 www.manueltavares.com Lun.-sam. 9h30-19h30

Typique

Arte Rústica

Cette boutique qui semble défier le temps s'est spécialisée dans l'artisanat traditionnel de qualité : panneaux

Casa Manuel Tavares

d'*azulejos*, vaisselle en céramique et broderies typiques du Portugal, de quoi rapporter un peu du pays dans vos valises.

BAIXA (plan 1, C2 n°24) Rua Augusta, 196 21 346 1004 https://arterustica.pt/

Vins, portos, liqueurs…

Garrafeira Nacional

Dans cette maison ancienne bien fournie, vous trouverez des bouteilles à tous les prix et pourrez vous fier aux conseils d'un personnel attentif. Vins des différentes régions vinicoles du Portugal, large choix de portos, de liqueurs et d'eaux-de-vie nationales. La sélection de whiskys et de gins est également impressionnante. L'enseigne tient une autre boutique Rua de Santa Justa, 18 (horaires plus restreints).

BAIXA (plan 1, C3 n°26) Rua da Conceição, 20-26 218 852 395 www.garrafeiranacional.com Tlj. 9h30-19h30 ; tlj. 9h30-23h boutique TIME OUT

SORTIES

Dans son jus de cerise

Ginjinha Rubi ♥

Azulejos au mur et *ginjinha* au comptoir, cette maison fondée le 24 janvier 1931 attire une clientèle principalement composée d'habitués. L'occasion de vous fondre dans le décor et de sentir battre le cœur populaire de Lisbonne.

ROSSIO (plan 1, C1 n°31) Rua Barros Queiróz, 27 213 463 264 Lun.-sam. 7h-22h

Authentique ou revisitée

Ginjinha Sem Rival - Eduardino ♥

Une devanture vintage invite à passer le seuil de ce micro-bar pour siroter une *ginjinha* le long de son minuscule comptoir. À moins que vous ne préfériez sortir des sentiers battus et tenter l'expérience de l'*Eduardinho*, la variante liquoreuse de la maison, à base d'anis et de caramel.

ROSSIO (plan 1, B1 n°32) Rua das Portas de Santo Antão, 7 213 426 976 Lun.-ven. 8h-0h, w.-e. 9h-0h

Escale mauresque

Casa do Alentejo ♥

On s'y attable moins pour le contenu de l'assiette, assez roboratif, que pour l'ambiance des Tardes Alentejanas, présentations de musique traditionnelle de l'Alentejo (gratuit), tous les samedis à 15h30 (sauf juin-août) et pour les bals folkloriques (5€) le dimanche (sept.-mai : 15h et 19h).

ROSSIO (plan 1, B1 n°33) Rua das Portas de Santo Antão, 58 Taverne Ouvert tlj. 11h-22h Restaurant Tlj : 12h-15h, 19h-22h

Piste sélecte

Ministerium Club

Un dance-floor a pris la place des bureaux du ministère des Finances en 2012. Depuis, des DJ internationaux viennent chauffer les platines de cette boîte à la solide réputation dans l'univers house-électro.

BAIXA (plan 1, C3 n°34) Praça do Comércio, 72 218 888 454 ministerium.pt 23h-6h Horaires variables selon le programme

LES AVENIDAS

Née au bord du Tage, Lisbonne a grandi et s'est modernisée selon une irrésistible poussée vers le nord. À mesure que l'on s'éloigne du fleuve, on découvre ainsi une autre facette de la ville, plus conforme à l'image que l'on se fait d'une capitale : des avenues rectilignes, des parcs gigantesques, des jardins à la française et des rues jalonnées d'édifices remarquables. L'obélisque de la Praça dos Restauradores marque le point de départ de cette promenade dans la ville du 19e s., avec l'Avenida da Liberdade pour axe principal.

ACCÈS ET INFOS

- Les avenues des quartiers nord sont un peu longues pour se prêter à la marche. Préférez les transports en commun. Pour la Fundação Calouste Gulbenkian (p.43), privilégiez le métro. Du centre-ville (station Terreiro do Paço ou Baixa-Chiado), prenez la ligne bleue jusqu'à la station Praça de Espanha ou São Sebastião.

À VOIR

LES AVENIDAS

Champs-Élysées à la mode portugaise, l'Avenida da Liberdade tient le haut du pavé des Avenidas Novas, témoins de l'urbanisation pombaline (fin 19e s.). Ses généreuses proportions (90m de large pour 1km de long), lui accordent plusieurs voies, contre-allées, squares et amples trottoirs. Les grandes marques du luxe y ont trouvé une adresse à leur démesure. C'est à partir de 1879 que la spacieuse avenue ouvrit la voie de la modernisation, permettant à la capitale d'étendre son plan vers le nord, une tendance qui n'a jamais cessé.

La coulée verte

Parque Eduardo VII (plan 2, B2-B3)

Au terme de votre douce ascension vers le nord le long de l'Avenida da Liberdade, cueillez la récompense d'un grand tapis de verdure et d'une fantastique perspective sur le Tage. Vous traversez le Parque Eduardo VII, plus attrayant pour ses deux serres exotiques des années 1930 que pour ses classiques parterres à la française. À l'opposé, le Pavilhão Carlos Lopes est recouvert de panneaux d'azulejos relatant les grandes batailles portugaises.

Parque Eduardo VII 🕒 **Tlj. 9h-17h ; été : 10h-19h** € **3,10€, gratuit dim. et j. fér. jusqu'à 14h**
Estufa Fria e Estufa Quente 🕒 **Avr.-oct. : tlj. 10h-19h ; nov.-mars : tlj. 9h-17h** € **3,10€**

Une magistrale leçon d'art

Fundação Calouste Gulbenkian ★ (plan 2, B1)

L'application avec laquelle elle honore son excellente réputation est partout palpable. Dans ce temple des arts sont réunies plus de 6 000 splendeurs. Le musée s'articule en deux parties – la collection du fondateur et la collection moderne – aux deux extrémités d'un parc paysager parsemé de sculptures. Harmonie de béton (1969), le musée principal abrite une collection

À NE PAS MANQUER

- Fundação Calouste Gulbenkian ★
- Palácio dos Marqueses de Fronteira

En chemin vers les serres tropicales du Parque Edouardo VII

extraordinaire mêlant arts égyptien, classique, de l'Orient islamique, d'Extrême-Orient et d'Europe, ainsi que des pièces d'art décoratif. Dans les jardins, la collection moderne présente un bel aperçu de l'art portugais du 20e s. et un florilège de pop'art britannique. La fondation, qui possède son propre orchestre et son chœur, programme également concerts et spectacles riches et variés.

Naissance de la fondation La fondation doit son nom à Calouste Sarkis Gulbenkian (1869-1955). Négociateur redoutable mais philanthrope patenté, ce richissime homme d'affaires arménien, magnat du pétrole, choisit de s'établir à Lisbonne en 1942. Grâce à son juste flair, cet esthète a réuni quarante ans durant une collection unique au monde qu'il a léguée au Portugal à sa mort.

Av. de Berna, 45A (M° Praça de Espanha ou São Sebastião, bus 713, 716, 726, 742, 746, 756) 217 823 000 www.gulbenkian.pt Mer.-lun. 10h-18h 10€

BON À SAVOIR

Cap sur le large ! Après un petit tour par la "Gulbenkian", prenez le bus 207 (compagnie TST) sur la Praça de Espanha, juste en face, direction Sesimbra, pour un petit bain de mer et du *choco frito* (p.157) !

Délicate comme sa porcelaine

Casa-Museu Dr. Anastácio Gonçalves (plan 2, B1-B2)

Cette petite folie Art nouveau qui fait de la résistance au milieu des immeubles, bâtie pour le peintre José Malhoa (1855-1933), abrite le musée du Dr. Gonçalves (porcelaines chinoises, mobilier et peintures portugais des 19e-20e s.).

Avenida 5 de Outubro, 6 Av. 5 de Outubro 6 213 540 823 Mar.-sam. 10h-12h30 et 14h-17h ; 10h-14h et 15h-17h 3€

LE GOÛT DE LA CERISE ★

Addictive tant elle est douce au palais, mais à consommer avec modération avec ses 20° au compteur, la *ginja* ou *ginjinha* s'avale d'un trait, à l'heure de l'apéritif, au comptoir des *ginjinhas*, pittoresques bars de poche concentrés dans le quartier du Rossio. Parfumée à la cannelle, cette liqueur sucrée à base de griottes macérées dans l'eau-de-vie se consomme avec ou sans les fruits. De quoi préparer votre réplique lorsque le tenancier, invariablement, vous demandera *"com elas"* ou *"sem elas"* ("avec" ou "sans"). Pour sacrifier à ce rituel typiquement lisboète, on pourra faire une halte chez A Tendinha do Rossio, Ginjinha-Rubi ou Ginjinha Sem Rival - Eduardino (p.53). Il vous en coûtera environ 1€ le verre.

À consommer avec modération !

Parle-moi d'elle !

Museu de Lisboa – Palácio Pimenta (hors plan 2 par B1)

Lisbonne révélée au travers d'un panorama complet de l'évolution de la cité depuis ses origines jusqu'à aujourd'hui.

Palácio Pimenta Campo Grande, 245 (M° Campo Grande, bus 701 ou 36) 217 513 200 www.museudelisboa.pt Mar.-dim. 10h-18h Dernière admission 17h30 Fermé 1er janvier, 1er mai et 25 décembre 3€

À L'OUEST

Presque sauvage

Parque Florestal de Monsanto (hors plan 2 par A1)

Il faut plus d'une promenade pour faire le tour de ce gros morceau de nature en pleine ville : 900ha plantés d'eucalyptus, de chênes, de platanes et de cèdres, par la volonté de Salazar, en 1934. Du restaurant-belvédère, un télescope permet d'admirer la rive sud du Tage, le Ponte 25 de Abril et la statue du Cristo Rei. Dans ce vaste terrain de jeu boisé, notre préférence va au Montes Claros avec son petit lac et ses jolies plantations.

Azulejos mania

Palácio dos Marqueses de Fronteira (hors plan 2 par A1)

Un déluge d'azulejos inonde l'intérieur et les jardins de ce pavillon de chasse construit en 1640. Aujourd'hui habité par le douzième descendant de João de Mascarenhas, premier marquis de Fronteira, il se visite partiellement. Pascal Quignard y a trouvé matière à son livre *La Frontière, azulejos du palais Fronteira*.

Largo de São Domingos de Benfica, 1 Bus 770 217 782 023 www.fronteira-alorna.pt Juin-sept. : mar.-ven. 10h30-12h : visite guidée - français- 10h30, 12h00, 15h00 et 16h30 ; oct.-mai : lun. 10h-15h30 : visite guidée - anglais - 10h00,11h30,14h30, 16h00, mar.-ven. 10h30-12h visite guidée-français - 10h30 , 11h30 ; lun. et ven. 10h-17h jardin palais + jardin 13€

Aqueduto das Águas Livres

Un grand écart sur la vallée d'Alcântara

Aqueduto das Águas Livres (plan 2, A3)

Sur près de 1km, une œuvre d'ingénierie et d'architecture du 18e s., destinée à acheminer vers la capitale les eaux des sources de la Serra de Sintra, et que l'on peut aujourd'hui parcourir à pied par tronçons. La plus impressionnante de ses 127 arches mesure 65m de haut.

Calçada da Quintinha, 6 218 100 215 www.epal.pt Musée Ouvert mar.-dim. 10h-17h30 4€

À FAIRE

Assistez à un match de *futebol* !

Le football ? Une seconde religion. Le ballon rond ? Un objet de dévotion. À Lisbonne, les jours de match, les bars s'enflamment et les transistors hurlent à tue-tête. Pour être vraiment aux premières loges et partager la ferveur des supporters, allez vous asseoir directement dans les tribunes de l'Estádio da Luz. Vous pouvez réserver vos billets en ligne sur www.viagogo.fr. Le calendrier des matchs est disponible sur le site Internet du club du Benfica.

Estádio da Luz Avenida General Norton de Matos Dans le quartier de Luz, en périphérie nord de Lisbonne. Accès en métro, station Colégio Militar Luz (ligne bleue) www.slbenfica.pt € 20 à 45€ (selon le match) **Estádio José Alvalade** Rua Professor Fernando da Fonseca M° Campo Grande www.sporting.pt

Emmenez-les au zoo

Jardim Zoológico (hors plan 2 par A1)

Les chimpanzés virevoltent, les reptiles se faufilent, les tigres rugissent et les dauphins pirouettent dans ce zoo peuplé de 300 espèces ! Les attractions ne manquent pas : spectacle de dauphins et d'otaries, démonstration de rapaces, temple des primates, nourrissage des pélicans, fermette, train miniature... En prime, une télécabine survole le zoo et vous révèle des recoins cachés aux passants.

Praça Marechal Humberto Delgado 217 232 900 www.zoo.pt Été : tlj. 10h-20h ; hiver : tlj. 10h-18h Dernière admission 1h avant la fermeture Horaires des différentes attractions disponibles sur le site

Au parc !

Parque Infantil – Parque Eduardo VII (plan 2, B2)

Situé en contrebas de la "serre froide" du Parque Eduardo VII (p.54), cette aire de jeux offre aux familles un agréable moment de détente. Pelouses ombragées encadrant une tyrolienne, des balançoires et, pour les plus petits, un grand bateau de pirate. Un kiosque avec terrasse propose également d'excellentes pizzas (de 8 à 9,50€), salades et *tostas*.

Parque Eduardo VII Été : tlj. 10h-20h ; hiver : tlj. 10h-coucher du soleil

NOS ADRESSES

RESTAURANTS

Le roi des cafés Belle Époque

Versailles €€

Ambiance Belle Époque dans ce café mythique fondé en 1922, dont certains esprits grognons regrettent le lustre d'antan, mais qui conserve un charme indéniable. Sa gourmandise ? Le fameux chocolat chaud, décliné en trois versions différentes (à la portugaise, à la française et à l'espagnole).

(plan 2, C1 n°1) Av. da República, 15A 213 546 340 Tlj. 7h15-21h

Éloge de la simplicité
A Provinciana €

Des tonneaux et quelques jambons suspendus plantent le décor de cette adresse populaire, qui connaît la chanson de la sardine grillée et de la morue à la mode *minhota* (relevée de paprika et d'oignons frits). Prix modique et palais satisfait : entre 4 et 6€ le plat.

(plan 1, B1 n°13) Tv do Forno, 23-25 (une ruelle au début de la Rua das Portas de Santo Antão et derrière le Théâtre national) 213 464 704 Lun.-sam. 12h30-15h30 et 19h-22h

Kitsch kitchen
O Galeto €

Pour une pause seventies entre deux musées. Attablé au comptoir géant, au milieu de Lisboètes toujours pressés, on avale sur le pouce des brochettes de foie de volaille ou le classique *francesinha* de la maison : un croque-monsieur à la portugaise. Repas de 10 à 20€.

(plan 2, C1 n°10) Av. da República, 14 21 354 44 44 Tlj. 7h30-3h30

Grands classiques du Minho
Solar dos Presuntos €€€

Artistes et politiciens aiment y refaire le monde ? Vous aimerez goûter la saveur unique de leurs bavardages autant que celle des plats typiques du Minho (nord du Portugal), parfaitement maîtrisés : *feijoada de marisco* (cassoulet de fruits de mer), *cabrito no forno* (chevreau au four), et même lamproie et alose en février-mars. Comptez environ 40€ à la carte.

(plan 2, C4 n°11) Rua das Portas de Santo Antão, 150 213 424 253 www.solardospresuntos.com Lun.-sam. 12h-15h et 18h30-23h

Indétrônables sardines grillées

SORTIES

Faites salon
Casa Independente

Un centre culturel avec plusieurs salons. Après les expositions éclectiques, on file au bar se restaurer de tapas, jus de fruits frais et petits plats.

(hors plan 2 par C3 n°30) Largo do Intendente Pina Manique, 45 casaindependente.com Lun.-ven. 16h-22h

Au soleil jusqu'au coucher
Chill-Out Limão

Sur le toit de l'hôtel H10, une très belle vue et une déco recherchée, en bleu et blanc, façon azulejos.

(plan 2, C3 n°31) Av. Duque de Loulé, 83 213 182 000 Mai-sept. : tlj. 13h-22h

O GLORIOSO
E PLURIBUS UNUM
S L B
14 B

Authentique et vibrant, voici le cœur pulsant de Lisbonne. C'est dans ce triangle d'or, porté par une émulation populaire permanente, que vous pourrez vous mettre à l'heure lisboète, régler vos pas sur ceux des habitants et adopter leur douceur de vivre, au comptoir d'un *quiosque*, dans un fauteuil de barbier, à bord d'un *cacilheiro*, sur un rooftop ou la piste d'un dance-floor.

Le Chiado, le Bairro Alto, Campo de Ourique

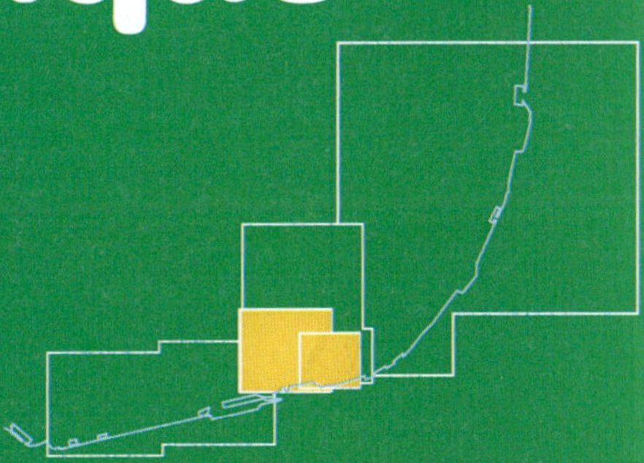

62 **Plan 3**
64 **Plan 4**
66 **Cinq bonnes raisons…**
68 **Rendez-vous avec…**
70 **Le Chiado**
76 **Le Bairro Alto et ses abords**
90 **Du Rato à Campo de Ourique**

Jour de match à Lisbonne dans le Bairro Alto

Plan 3
A
B
Plan 4
1
2
3
4
Praça das Flores
R. Nova da Piedade
Travessa da Piedade
Rua da Palmeira
Rua Adelas
Rua do Jasmim
Rua da Palmeira
Rua Eduardo Coelho
Travessa da Conceição
Travessa da Horta
Travessa do Arco a Jesus
Rua de São Marçal
Rua da Academia das Ciências
ACADEMIA DAS CIÊNCAS / MUSEU GEOLÓGICO
HOSTPITAL DE JESUS
IGREJA DE NOSSA SENHORA DE JESUS
Travessa do Conde de Soure
Rua de O Século
Calçada do Tijolo
Rua Nova do Loureiro
Rua da Vinha
Calçada do Cabra
R. de São Boaventura
Rua da Rosa
Rua Luisa Todi
Travessa de São Pedro
R. dos Mouros
Rua do Teixeira
Rua São Pedro de Alcântara
JARDIM DE SÃO PEDRO DE ALCÂNTARA
MIRADOURO DE SÃO PEDRO DE ALCÂNTARA
GAU
ELEVADOR DA GLÓRIA
IGREJA DE SÃO ROQUE
Travessa da Cara
Trav. da Boa-Hora ao Bairro Alto
Travessa da Água-da-Flor
R. do Grémio Lusitano
HOSTPITAL ST. LOUIS
Travessa da Queimada
Rua da Misericórdia
Rua João Pereira da Rosa
R. dos Caetanos
Rua da Atalaia
Rua da Barroca
Rua do Diário de Notícias
Rua do Norte
Rua das Gáveas
Travessa do Poço da Cidade
Travessa dos Fiéis de Deus
Travessa da Espera
SOIRÉE FADO
LE BAIRRO ALTO ET SES ABORDS p.76
BAIRRO ALTO
Rua do Vale
Travessa do Convento de Jesus
Travessa das Mercês
CALÇADA DO COMBRO
Calçada do Combro
SANTA CATARINA
BICA - LARGO DO CALHARIZ
R. das Salgadeiras
RUA DOS POIAIS DE SÃO BENTO
Rua dos Poiais de São Bento
Rua do Poço dos Negros
R. João Brás
Travessa do Alcaide
Rua do Sol a Santa Catarina
Rua da Hera
Travessa de Santa Catarina
ASCENSOR DA BICA
Rua do Loreto
PRAÇA LUÍS DE CAMÕES
Praça Luís de Camões
Travessa do Sequeiro
Rua do Almada
Rua de Duarte Belo
Rua das Chagas
Rua da Horta Sêca
Rua da Emenda
Travessa das Laranjeira
Travessa da Portuguesa
LARGO DO BARÃO DE QUINTEL
Travessa Guilherme Cossoul
RUA DO POÇO DOS NEGROS
Travessa do Caldeira
Rua de Fernandes Tomás
Calçada de Salvador Correia de Sá
Rua dos Cordoeiros
MIRADOURO ALTO DE SANTA CATARINA
Rua da Bica
Calçada da Bica Pequena
Rua das Flores
Rua do Alecrim
CONDE BARÃO
Rua de Boavista
ASCENSOR DA BICA
Rua do Ataide
BICA - RUA DE SÃO PAULO
Rua de São Paulo
LE CHIADO p.70
Rua da Moeda
Travessa do Carvalho
IGREJA DE SÃO PAULO
ORDEM DOS ARQUITECTOS
RUA DE SÃO PAULO
Praça de São Paulo
DE LAPA À BELEM p.96
Rua Dom Luís I
Rua Dom Luís I
Rua da Ribeira Nova
Travessa dos Remolares
Praça Dom Luís I
MERCADO DA RIBEIRA
Rua Bernardino Costa
Praça do Duque da Terceira
Avenida 24 de Julho
CONDE BARÃO/ AVENIDA 24 JULHO
Avenida 24 de Julho
CAIS DO SODRÉ
ESTAÇÃO FERROVIÁRIA DO CAIS DO SODRÉ
CAIS DO SODRÉ
Cais do Sodré
Cais do Sodré
Cais do Sodré
BATEAUX VERS CACILHAS
0
150 m
50
15
61
36-53
55
38
54
56
16
57
37
2
13
4
31
59
58
14
A
B
C
E
F
G

Pauses (n°1 à 4)

3 A Brasileira - *p.74* C2

4 Miradouro de Santa Catarina - *p.82* . A3-B3

2 Quiosque Praça Luís de Camões - *p.73*............ B2

1 Santini - *p.73* C2

Restaurants (n°10 à 17)

12 Belcanto - *p.74* C3

17 Bistro 100 Maneiras - *p.85*... B2

11 Cantinho do Avillez - *p.74*.... C3

10 Cervejaria da Trindade - *p.74* C2

14 Mercado da Ribeira – Time Out Market - *p.85*............ B3-B4

16 Tasca do Manel - *p.85*....... B2

15 The Decadente - *p.85*........ B1

13 Toma Lá Dá Cá - *p.82*....... B2

Shopping (n°30 à 38)

35 A Vida Portuguesa - *p.75*. C2-C3

38 Claus Porto - *p.87* B2

34 Discoteca Carmo - *p.75*...... C2

37 Manteigaria - *p.87*............ B2

30 Mercearia Pérola do Arsenal - *p.75*............. C3

31 Sant'Anna/showroom - *p.74*. B3

36 Solar do Vinho do Porto - *p.87*................ B1

Sorties (n°50 à 61)

54 A Tasca do Chico Bairro Alto - *p.88* B2

56 Clube da Esquina - *p.89* B2

61 Fábrica de Pão - *p.89* B1

57 Maria Caxuxa - *p.89* B2

58 Musicbox - *p.89*............... B3

59 Pensão Amor - *p.89* B3

55 Portas Largas - *p.89* B2

50 The Insólito - *p.88* B1

53 Palácio Ludovice Wine Experience - *p.89*............ B1

RENDEZ-VOUS AVEC...

Les adresses de Namalimba Coelho

Restaurants

A Água Pela Barba - *p.68*....... B3

G Pap'Açorda - *p.69* B4

F Pharmácia - *p.69* B2-B3

Sorties

C B.Leza - *p.68*................. C4

B Park - *p.68*.................... A2

E Zé dos Bois (ZDB) - *p.69* B2

Plan 4
A
B
Plan 2
1
2
3
4
Plan 5
Plan 5
7
Rua do Sol ao Rato
MÃE D'ÁGUA DAS AMOREIRAS, FUNDAÇÃO ARPAD SZENES-VIEIRA DA SILVA
RATO
Largo do Rato
16
RATO p.90
Rua da Escola Politécnica
Rua Correia Teles
R. Tomás da Anunciação
Rua Ferreira Borges
Rua Silva de Carvalho
Rua de Dom Dinis
Avenida Pedro Álvares Cabral
Rua de São Bento
JARDIM DA PARADA
R. Almeida e Sousa
R. Ten. Ferreira Durão
6
CAMPO DE OURIQUE p.60
CASA FERNANDO PESSOA
Rua Saraiva de Carvalho
Rua do Arco a São Mamede
Rua Coelho da Rocha
Rua Coelho da Rocha
4
MERCADO DE CAMPO DE OURIQUE
13
8
CEMITÉRIO DOS INGLESES
HORTA BIOLÓGICA DO CNN
EMBAIXADA DO REINO UNIDO
Rua Saraiva de Carvalho
RUA SARAIVA CARVALHO
ESTRELA
Rua de São Jorge
Rua João Anastácio Rosa
Travessa de São Plácido
CASA-MUSEU AMÁLIA RODRIGUES
IGREJA DO SANTO CONDESTÁVEL
Rua Saraiva de Carvalho
14
Rua Domingos Sequeira
RUA DOMINGOS SEQUEIRA
Rua da Estrela
JARDIM DA ESTRELA
Rua de São Bernardo
Rua de Santo Amaro
ELÉTRICO 28
Rua do Patrocínio
ESTRELA - RUA DOMINGOS SEQUEIRA
JARDIM ELISA BAPTISTA SOUSA PEDROSO
Praça da Estrela
ESTRELA
PRAÇA SÃO BEN
BASÍLICA DA ESTRELA
R. da Imprensa à Estrela
PALÁCIO DA ASSEMBLEIA NACIONAL
CALÇADA DA ESTRELA/ RUA BORGES CARNEIRO
CALÇADA DA ESTRELA/ RUA DOUTOR TEÓFILO BRAGA
Calçada da Estrela
Avenida Infante Santo
RUA DE BUENOS AIRES
RUA DE SÃ BENTO/ CALÇAD DA ESTREL
MADRAGOA
Avenida Infante Santo
DE LAPA À BELEM p.96
RUA DE SÃO DOMINGOS À LAPA
Rua de São Domingos
LARG VITORI DAMÁS
LAPA
RUA GARCIA DA ORTA
RUA DE SÃO OÃO DA MATA
SANTOS-O-VELHO
Avenida 24
SANTOS
Rua de São Domingos
Avenida 24 de Julho
MUSEU NACIONAL DE ARTE ANTIGA
JARDIM NOVE DE ABRIL
0
200 m

Pauses (n°1 à 9)

- 8 A Tentadora - *p.92* A2
- 9 Doce Real - *p.82* C2
- 1 Esplanada do Príncipe Real - *p.81*.......... C1
- 5 Gelateria Nannarella - *p.92* .. C2
- 4 O Melhor Bolo de Chocolate do Mundo - *p.94*.......... A1
- 3 Pão de Canela - *p.82* C2
- 6 Pastelaria Aloma - *p.92* A1
- 2 Quiosque Príncipe Real - *p.82*.......... C1-C2
- 7 Chasing Rabbits - *p.92*.......... B1

Restaurants (n°10 à 16)

- 11 A Cevicheria - *p.85* C2
- 12 Tascardoso - *p.83* C2
- 10 Lost in - *p.83* C2
- 13 Mercado de Campo de Ourique - *p.94*.......... A1-A2
- 15 Boavista Social Club - *p.85* .. C3
- 16 Cervejaria Real Fábrica - *p.94* B1
- 14 Tasca da Esquina - *p.94* A2

Shopping (n°21 à 34)

- 31 Bettina & Niccolò Corallo - *p.86*.......... C1
- 21 Depósito da Marinha Grande - *p.95*.... B2
- 34 Embaixada - *p.87*.......... C1
- 33 Galeria Tereza Seabra, Jóias de Autor - *p.86* C2
- 30 Panificação São Roque - *p.86* C2
- 32-10 Solar - *p.86* C2
- 22 Stró - *p.95*.......... C1

Sorties (n°50)

- 50 Pavilhão Chinês - *p.89* C2

RENDEZ-VOUS AVEC...
L'adresse de Namalimba Coelho
Restaurant

- D Café de São Bento - *p.68*.... C2

CINQ BONNES RAISONS...

... de vivre au rythme de l'authentique Lisbonne.

LE MERCADO DA RIBEIRA (p.85), pour ses tablées à rallonge et ses airs de banquet urbain.

L'ASCENSOR DA BICA (p.71), rua de São Paulo, pour remonter le temps.

L'IGREGA DE SÃO ROQUE (p.77), pour son déluge de pierres précieuses.

☀ **LES SALONS** (p.73) de (toute) beauté, pour leur déco vintage qui font tourner toutes les têtes !

☀ **LE KIOSQUE DE LA PLACE LUÍS DE CAMÕES** (p.73), pour un verre d'*orchetà* au bon goût d'antan.

RENDEZ-VOUS AVEC...

Née à Luanda (Angola), **Namalimba Coelho** a étudié à Paris et vit à Lisbonne où elle gère les relations presse du musée Berardo et d'évènements culturels. Sa plus grande collection personnelle, elle la doit aux nombreuses versions de son prénom, pas évident à prononcer. Renseignement pris, il vient d'une légende de la province angolaise de Huambo.

Mon resto convivial

A Água Pela Barba

Partager et grignoter sont les mots d'ordre dans cette cabane de pêcheurs où les spécialités sont les plats de poissons, servis en petites portions, dans un espace chaleureux. Je conseille le risotto de *lingueirão*, le ceviche de poisson, ainsi que les tacos. Une grosse faim ? Commandez l'*Ouro*, un riz crémeux aux crevettes et au safran. Tout est délicieux ! Pensez à réserver : c'est petit et demandé.

BICA Rua do Almada, 29/31 Tram 28E et bus 53E (arrêt Calhariz) 213 461 376 Lun. 19h30-0h30, mar.-jeu. et dim. 12h30-15h et 18h-0h30, ven.-sam. 12h30-15h et 18h-1h

Mon coucher de soleil

B Park

Le plus beau coucher de soleil de tout Lisbonne a pour décor un jardin suspendu au 7e étage d'un park(ing) de stationnement. La vue à 180° sur la ville et le Tage est absolument éblouissante. Les soirées hip-hop et des *DJ's live acts* quotidiens sont une autre particularité de cet incontournable des soirées lisboètes.

BAIRRO ALTO Calçada do Combro, 58 Arrêt du tram, n°28 : Santa Catarina 215 914 011 Été : lun.-mar. et jeu.-sam. 13h-2h ; hiver : mar.-sam. 13h-2h, dim. 13h-20h

Mes sons africains

C B.Leza

Goûter l'âme africaine de Lisbonne est obligatoire, et ce club mythique, dans un ancien entrepôt au bord du Tage, garde vivant l'esprit de la musique noire, avec les rythmes capverdiens pour se déhancher sans limites.

CHIADO Cais Gás 1, Armazém B M° Cais do Sodré 210 106 837 Ven. 20h-2h15, mer.-jeu. et sam.-dim. 22h30-4h

Le meilleur *bife* de Lisbonne

D Café de São Bento

C'est un espace unique, par le décor comme par la qualité de l'accueil et du service. Une référence depuis 1982 et une fois qu'on a mordu dans le meilleur *bife* de Lisbonne,

Au Park, pour prendre de la hauteur et profiter du coucher du soleil

on sacrifie au rituel à chaque fois que l'on revient en ville !

BAIRRO ALTO Rua de São Bento, 212
213 952 911 www.cafesaobento.com
Tlj. 19h-2h

Ma sortie culturelle

E Zé dos Bois (ZDB)

Ce collectif organise des expositions, des concerts et autres dans l'ancien palais de la baronne de Almeida !

BAIRRO ALTO Rua da Barroca, 59
213 430 205 www.zedosbois.org
Lun.-ven. 18h-22h exposition et librairie, lun.-jeu. 18h-2h terrasse, ven.-sam. 18h-3h terrasse - entrée libre

Mon restaurant avec vue

F Pharmácia

Figurez-vous un restaurant installé au cœur d'une ancienne école de pharmacie des années 1950. Au menu, une cuisine traditionnelle portugaise et des cocktails qui portent le nom de médicaments. Imaginez encore une agréable terrasse dans un jardin avec une vue à couper le souffle, sur l'un des belvédères historiques de la ville, le Miradouro de Santa Catarina...

BAIRRO ALTO Rua Marechal Saldanha, 2
213 462 146 Tlj. 12h-0h

Mon resto gastronomique

G Pap'Açorda

Je n'ai pas besoin d'en dire beaucoup plus... Juste vous inviter à monter au 1er étage du Mercado da Ribeira (p.85), à vous asseoir à la table que vous aurez réservée et à commander : des *pastéis de massa tenra*, l'*açôrda* en plat principal et la *mousse de chocolate*. Plus qu'une expérience gastronomique lisboète, un repas inoubliable.

CHIADO Mercado da Ribeira
Av. 24 de Julho, 49 M° Cais do Sodré
213 464 811 papacorda.com
Mar.-jeu. 12h30-0h, ven.-dim. 12h30-2h

SI MON QUARTIER ÉTAIT...
Une couleur Ce serait la lumière dorée de mon quartier de Santa Catarina, celle du reflet du soleil dans le Tage...

LE CHIADO

Sous une apparente désinvolture, entretenue par le ronron des commerces qui, chaque jour, lèvent et baissent leur rideau de fer à heure fixe, le Chiado dissimule des cicatrices que seul un regard attentif peut discerner. Si les vestiges de l'église du Carmo évoquent la violence du séisme de 1755, le clinquant des façades trahit un récent mais respectueux toilettage.

ACCÈS ET INFOS

- Le Chiado s'étend du Bairro Alto à l'ouest à la Baixa à l'est, et le Cais do Sodre le sépare de la rive du Tage au sud.
- En métro, descendre à Largo Chiado ; en tram (28), à l'arrêt Chiado.

À VOIR

Dans la nuit du 25 août 1988, un gigantesque incendie ravage une grande partie du Chiado. Pour panser cette plaie brûlante, deux camps s'opposent : les partisans d'une reconstruction fidèle renouant avec l'ambiance Belle Époque de ce quartier chic et intellectuel, et ceux qui entendent saisir l'opportunité d'une émancipation architecturale. L'équation sera résolue par Álvaro Siza Vieira, qui imposera une subtile dialectique entre le respect des volumétries et des éléments décoratifs de l'époque pombaline et l'intégration d'une écriture plus contemporaine, comme dans les rues du Carmo, Nova do Almada et Garrett.

Réunion de vieilles pierres

Museu Arqueológico do Carmo (plan 3, C2)

Rescapé du tremblement de terre de 1755, le squelette gothique de l'ancien couvent des Carmes (1389) délimite l'emplacement d'un musée archéologique à ciel ouvert, qui offre une belle vue des Terraços do Carmo. Objets préhistoriques, trésors précolombiens, pièces d'époque romaine et azulejos puisent dans ces ruines magistrales une nouvelle jeunesse.

Largo do Carmo ☏ 213 478 629 ⌚ Mai-oct. : lun.-sam. 10h-19h ; nov.-avr. : lun.-sam. 10h-18h Semaine pascale : 10h-19h 5€

Bien logés

MNAC – Museu Nacional de Arte Contemporânea do Chiado (plan 3, C3)

Romantique, naturaliste, symboliste, moderniste... les grands courants de l'art moderne portugais ont trouvé un lieu d'exposition à la hauteur de leur prestige, dans cet ancien couvent réhabilité en 1994 par l'architecte français Jean-Michel Wilmotte. Le programme d'expositions temporaires, quant à lui, s'ouvre au multimédia.

Rua Serpa Pinto, 4 Rua Capelo, 13 ☏ 213 432 148 museuartecontemporanea.gov.pt
⌚ Mar.-ven. 10h-13h et 14h-18h, w.-e. et j. fér. 10h-14h et 15h-18h € 4,50€

À NE PAS MANQUER

- Ascensor da Bica
- Ordem dos Arquitectos

L'Ascensor da Bica et ses 120 ans de service

Voyage en cabine

Ascensor da Bica (plan 3, B3)

Ce monument national mobile (classé en 2002) "fait des allers-retours entre le linge qui sèche aux fenêtres et les conversations de porte à porte" (C. Pires). Inauguré en 1892, il relie, depuis sa reconstruction en 1926, les 283m séparant la Rua de São Paulo (près du Cais do Sodré), du Largo Calhariz, à l'orée du Bairro Alto. En dépit de ses presque 130 ans au compteur, il demeure le benjamin de la famille des *ascensores*.

Rua de São Paulo, 234 Lun.-sam. 7h-21h, dim. et j. fér. 9h-21h 3,80€ AR à bord

BON À SAVOIR

Même si le langage courant les confond, les termes "*ascensor*" et "*elevador*" ne désignent pas le même "procédé d'élévation". Ainsi, tous les funiculaires sont des *ascensores* tandis que l'ascenseur de Santa Justa relève de la famille des *elevadores*. Prenez garde aux faux-amis !

Somptueuse mise en abyme

Ordem dos Arquitectos (plan 3, B3)

Une habile et révérencieuse réhabilitation des anciens bains publics de São Paulo a donné asile au siège de l'Ordre des architectes portugais. En conservant la façade extérieure et l'atrium central, Manuel Graça Dias et Egas José Vieira ont créé un espace unique en son genre, donnant la réelle impression d'un bâtiment à l'intérieur d'un autre bâtiment. L'espace très ouvert intègre une salle d'exposition, un petit café, une bibliothèque et une librairie.

Tv. do Carvalho, 23 (entre le pied du funiculaire de Bica et la gare de Cais do Sodré)
213 241 110 ou 213 421 927 (librairie) Lun.-ven. 10h-19h

LA NUIT INCANDESCENTE

Ce soir du 25 août 1988, l'étincelle fatidique se produit dans les infortunés grands magasins Grandella, dont le bâtiment avait déjà été réduit en cendres plus de cent ans auparavant. Très rapidement, le feu se propage jusqu'aux abords du Chiado, dans les rues do Carmo, Nova do Almada et Garrett qui délimitent le triangle d'or du commerce chic. Le feu détruit plus d'une quinzaine d'immeubles avant que les pompiers parviennent à le circonscrire. Lisbonne est atteinte en plein cœur. Comme une énorme plaie béante, les édifices éventrés balafrent le centre-ville. Pourtant, après bien des vicissitudes, le quartier se relèvera grâce à la détermination et au talent de l'architecte Álvaro Siza Vieira, relayé par Gonçalo Byrne : ce sera le Novo Chiado.

Le Chiado Novo ? Un style pombalin flambant neuf !

À FAIRE

Remontez le temps chez un barbier

Barbearia Campos ♥ (plan 3, B2)

On avait eu très peur car dans le cadre de la rénovation de l'immeuble, cet antique salon, un barbier et coiffeur pour hommes, ouvert en 1886 par José Augusto Campos, avait fermé. En fait, il avait trouvé un refuge provisoire et s'est réinstallé dans ses murs et surtout dans l'esprit et la déco de toujours.

Largo do Chiado, 4 Chiado 213 428 476 Lun.-sam. 9h-19h

Figaro's (plan 3, B3)

De jeunes barbiers de magazine dans un décor hallucinant qui joue avec les codes des *barbershops* d'autrefois, pour se faire raser de près ou coiffer selon les canons des années 1920 à 1950. Comptez 30€ pour une coiffure ou un rasage traditionnel à la serviette chaude et au rasoir, 50€ pour les deux. Sur réservation le lundi.

Rua do Alecrim, 39 Chiado 213 470 199 www.figaroslisboa.com Lun.-jeu. 9h-20h, ven. 12h-21h, dim. 12h-19h

NOS ADRESSES

PAUSES

Glaces en costume rayé

Les rayures rouges et blanches de ce glacier de Cascais font des émules jusque dans le Chiado. Les parfums aux fruits caracolent en tête de cornet, tandis que les créations originales (gingembre, thé vert notamment) ravissent les plus audacieux. *Cone de gelado* à partir de 2,90€ environ.

CHIADO (plan 3, C2 n°1) Rua do Carmo,88 213 468 431 www.santini.pt Tlj. 11h30-23h30

Terrasse à l'ancienne

Quiosque Praça Luís de Camões

Comme ses semblables qui trônent sur nombre de places de Lisbonne, ce kiosque Art déco a bénéficié d'une rénovation à la faveur d'une politique municipale volontaire.

CHIADO (plan 3, B2 n°2) Praça Luís de Camões, 576 www.quiosquelisboa.pt Tlj. 9h-0h

OFFREZ-VOUS UNE PAUSE AU KIOSQUE

Bien loin du folklore, les vieux kiosques, réhabilités en 2009, ont été redécouverts par les Lisboètes, qui en usent au quotidien pour s'y désaltérer d'un verre de *limonada*, d'*orchata* (boisson aux amandes) ou de *leite perfumado* (lait parfumé au citron, sucre et cannelle servi frais), ou encore pour avaler un café avant de filer au bureau. Ouverts 7 jours sur 7, ils ne font pas seulement partie du décor, mais constituent d'authentiques espaces de convivialité, où vivre à l'heure locale.

Bu et approuvé par Pessoa

A Brasileira ♥

On y sirote un divin *bica* (expresso) en compagnie du fantôme de bronze de Fernando Pessoa qui, attablé en terrasse pour l'éternité, tente, en vain, de rester incognito. Dans ce café emblématique et historique de Lisbonne, la torréfaction est une tradition maison.

CHIADO (plan 3, C2 n°3) Rua Garrett, 120-122 213 469 541 Tlj. 8h-0h

RESTAURANTS

La brasserie aux azulejos

Cervejaria da Trindade €€

Nul besoin de tonsure pour s'asseoir dans le réfectoire décoré d'azulejos de l'ancien couvent des moines de la Trinité et commander une bière. Autoproclamée "plus belle et plus ancienne brasserie du Portugal", cette maison de la bière inaugurée en 1836 sert l'alentéjane *açorda de gambas*, que le serveur touillera devant vous. Comptez env. 25€.

CHIADO (plan 3, C2 n°10) Rua Nova da Trindade, 20C 213 423 506 ou 939 900 844 www.cervejariatrindade.pt Ven.-sam. 12h-1h ; dim.-jeu. 12h-0h

Bistronomiquement vôtre !

Cantinho do Avillez €€

Dans sa cantine simple et chic, l'insatiable trublion de la gastronomie portugaise José Avillez revisite avec brio ses classiques, mariant le *nisa* (fromage de brebis) avec du jambon cru et du miel de romarin ou les coquilles saint-jacques avec la patate douce d'Algarve et les asperges vertes. Comptez de 5 à 12€ l'entrée, de 16 et 22€ le plat.

CHIADO (plan 3, C3 n°11) Rua dos Duques de Bragança, 7 211 992 369 www.cantinhodoavillez.pt Tlj. 12h30-15h et 19h-0h, 12h30-0h

Inspiré !

Belcanto €€€

Le versant gastronomique du Cantinho do Avillez (p.74), où le chef star José Avillez exerce son goût pour la cuisine moléculaire, héritée de l'école espagnole. Des créations originales et gourmandes qui restent en mémoire longtemps après la dernière bouchée. Menus dégustation 165 et 185€ sans les vins.

CHIADO (plan 3, C3 n°12) Largo de São Carlos, 10 213 420 607 belcanto.pt Mar.-sam. 12h30-15h et 19h-23h

SHOPPING

De si jolis carreaux

Sant'Anna/showroom

Dernière en Europe à perpétuer le savoir-faire "purement artisanal" du 18ᵉ s., cette fabrique établie en 1741 se visite et permet de faire son choix parmi une grande variété d'azulejos (à partir de 5€) ainsi que d'objets en céramique. Tout y est fait main, de la préparation de l'argile à la peinture.

CHIADO (plan 3, B3 n°31) Rua do Alecrim, 95 213 422 537 www.santanna.com.pt Lun.-ven. 9h30-19h ; sam. 10h-19h
Fábrica Sant'Anna (plan 6, C3 n°20) Calçada da Boa-Hora, 96 213 638 292 www.fabrica-santanna.com

Le goût des traditions 100% portugaises chez A Vida Portuguesa

⏱Lun.-ven. 9h30-12h30 et 13h30-18h
Visite sur rés. par mail

Fado truck
Discoteca Carmo

Un vieux tacot vert bouteille garé dans la Rua do Carmo et d'où s'échappent des airs de fados. Depuis la fermeture de la Discoteca Carmo, il a pris le relais pour approvisionner les amateurs de musique portugaise en disques “tombés du camion”. Grand choix de CD de fado de 10 à 15€.

CHIADO (plan 3, C2 n°34) Rua du Carmo

Du 100% rétro portugais
A Vida Portuguesa ♥

Des icônes du quotidien portugais en édition originale ou réédités : savons naturels dans leurs ravissants emballages, coquettes conserves de sardines, jouets traditionnels en bois, céramiques d'autrefois (Bordalo Pinheiro), sans oublier les indispensables ustensiles de cuisine. Une sélection signée Catarina Portas à qui l'on doit le formidable revival des traditions artisanales et industrielles lusitaniennes.

CHIADO (plan 3, C2-C3 n°35) Rua Anchieta, 11
☎213 465 073 www.avidaportuguesa.com
⏱Lun.-sam. 10h-19h30, dim. 11h-19h30

Le filet à provisions
Mercearia Pérola do Arsenal

Fromages, charcuteries, conserves, haricots, huiles, sans oublier l'incontournable *bacalhau* (env. 13€/kg) sous toutes ses formes... Ouvrez le grand placard de la cuisine portugaise !

CAIS DO SODRÉ (plan 3, C3 n°30) Rua do Arsenal, 94-96 ☎213 427 938
⏱Lun.-ven. 9h-19h, sam. 9h-13h

LE BAIRRO ALTO ET SES ABORDS

Quand le Chiado s'éteint à la nuit tombée, le Bairro Alto, la ville haute, reprend le flambeau. L'ancien quartier rouge est devenu le refuge de l'avant-garde artistique et intello avec ses bars alternatifs où refaire le monde jusqu'à plus soif. Vibrante, contagieuse, son atmosphère bohème a gagné les petits palais du chiquissime Príncipe Real, dont les boutiques de créateurs "coolent" des jours heureux. La *doce vida* !

ACCÈS ET INFOS

- Toisant le Rossio et le Chiado à l'ouest des rues do Alecrim, da Misericórdia et de São Pedro de Alcântara, le Bairro Alto donne accès, au nord de la rue Dom Pedro V, au microquartier de Príncipe Real. Au bas de la colline, au bord du Tage, Cais do Sodré boucle le périmètre au sud.

À VOIR

BAIRRO ALTO

Remontons le temps jusqu'aux origines d'un quartier né de l'expansion de la ville au-delà de son enceinte d'origine pour absorber l'explosion démographique de l'époque des Grandes Découvertes. Vous foulez ici la première cité-dortoir de Lisbonne, dont la mise en œuvre date de 1613 ! Très novateur pour l'époque, son plan, l'un des plus anciens tracés d'urbanisme encore visibles en Europe, dessine des rues assez larges pour laisser passer un carrosse, et les hiérarchise entre voies principales et *travessas*. À partir de 1540, les jésuites s'installent à São Roque et la noblesse entreprend la construction de palais dans le quartier. Après le tremblement de terre de 1755, le Bairro Alto voit arriver les sièges des journaux en plein essor et une société anticonformiste... qui ne le quittera plus.

La vue est belle !

Miradouro de Santa Catarina (plan 3, A3-B3)

Un romantique point de vue sur l'estuaire du Tage, face au Cristo Rei, en compagnie d'une bohème marginale et paisible qui aime à y lanterner. Le kiosque, qui a repris du service grâce à la politique de réhabilitation menée par la municipalité, invite à prolonger la contemplation avec un café.

Rua de Santa Catarina, 401 Au bout de la Rua Marechal Saldanha (accès par l'elétrico 28 ou le funiculaire de Bica)

Un petit remontant jaune et blanc

Ascensor da Glória (plan 3, B1)

Le funiculaire le plus célèbre, mais aussi le plus convoité, à en croire la file des aspirants passagers qui attendent d'y grimper pour remonter sans effort (mais en abondante compagnie) la pente reliant la Praça dos Restauradores (p.44) au Miradouro de São Pedro de Alcântara.

Miradouro de São Pedro de Alcântara ⏲ Lun.-jeu. 7h15-23h55, ven. 7h15-0h25, sam. 8h45-0h25, dim. et j. fér. 9h15-23h55 € 3,80€ AR à bord

À NE PAS MANQUER

- Miradouro de Santa Catarina
- Miradouro de São Pedro de Alcântara
- Igreja de São Roque
- Praça do Príncipe Real
- Mercado da Ribeira – Time Out Market
- Embarquer dans un *cacilheiro*
- Les nuits du Bairro Alto ★

Ambiance colorée dans les rues du Bairro Alto

BON À SAVOIR

Vous avez décliné le secours de l'Ascensor da Glória (p.76) pour gravir la Calçada du même nom à la force du mollet ? Sachez que vous bénéficiez, à mi-pente, d'une halte artistique. Ce spot de street-art officiel vous est gracieusement offert dans le cadre du programme GAU (p.78), élaboré par le service du patrimoine culturel de la municipalité en 2008 (page FB galeriadearteurbana).

Balcon sur les collines

Miradouro de São Pedro de Alcântara (plan 3, B1)

Sur les flancs du Bairro Alto, tutoyant la colline de São Jorge, et son superbe château, en vis-à-vis, il offre une vue époustouflante sur la ville basse et les autres collines lisboètes. Un kiosque vert où prendre un café – ou mieux, l'apéritif, pour profiter du coucher du soleil – et de grands arbres émaillent ce long belvédère que prolongent deux escaliers descendant vers un idyllique petit jardin à la française...

Rua de São Pedro de Alcântara (accès par l'Ascensor da Glória et les bus 758 et 202)

Opulence cachée

Igreja de São Roque (plan 3, B1)

La construction de cette église, en 1565, parachève celle du Bairro Alto. Il faut en franchir le seuil pour saisir toute l'étendue du contraste entre sa façade presque austère et la débauche ornementale de son intérieur. Le joyau absolu de cette église du 16e s. occupe la quatrième chapelle à droite. Avec son décor précieux de lapis-lazuli, d'albâtre, d'améthyste et de marbre de Carrare, la Capela de São João Batista est un véritable chef-d'œuvre du baroque italien, miraculeusement épargné par le séisme de 1755. Le Museu de São Roque attenant est dédié à l'art sacré. Programmation de concerts en automne.

Largo Trindade Coelho 213 235 444 www.mais.scml.pt/museu-saoroque Hiver : mar.-dim. 10h-18h ; été : mar.-dim. 10h-19h, mar.-dim. 12h30 Messe : 2,5€

COULEUR LOCALE

Roi de la nuit et du shopping pointu, le Bairro Alto dévoile son charme provincial au petit matin, quand les habitants cultivent l'art de la *doce vida* lusitanienne et profitent de l'atmosphère encore calme...

La galerie qui monte

GAU (plan 3, B1)

En 2008, dans le cadre d'un plan de réhabilitation de la ville, la mairie lance une Galeria de Arte Urbana : des panneaux de bois incitant à la débauche de formes et de couleurs sont installés le long de la voie de l'*ascensor* de la Calçada da Glória (p.76). Aujourd'hui, cette galerie à ciel ouvert, régulièrement renouvelée, est l'un des spots les plus connus de Lisbonne. De la fresque au collage, en passant par le *yarn bombing* (tricot-graffiti), le pochoir ou le tag, toutes les formes d'art urbain s'y côtoient. Pour vous hisser haut et avec style !

Calçada da Glória, 6

PRÍNCIPE REAL

Le repaire de la faune chic et cool ! Un récent coming-out a métamorphosé cet ancien quartier d'aristocrates et de petits palais en un havre de paix *gay friendly* où LGBT et bobos viennent chiner chez les antiquaires, décrypter les tendances dans les concept-stores dernier cri, goûter au fin du fin trendy dans les belles épiceries et faire leur footing au jardin botanique.

Un parasol pour 50 personnes et +

Praça do Príncipe Real (plan 4, C1-C2)

Ce petit jardin tire sa gloire d'un immense cyprès du Portugal (*Cupressus lusitanica*). Tel une pieuvre, il déploie ses branches-tentacules, retenues par un élégant dispositif de tonnelle, sur un diamètre de 25m. Un peu plus loin, la cafétéria, avec terrasse, de l'Esplanada do Príncipe Real (p.81) désaltère et sustente les habitants du coin, notamment à leur retour du marché bio qui se tient tous les samedis matin sur la place.

Visite du réservoir sam-dim. 10h-17h30

Réserve de belles plantes

Jardim Botânico (plan 4, C1)

Sa luxuriance exotique et le soin apporté à ses parterres en font l'un des plus beaux jardins 19e s. de la péninsule. On pourra prolonger la promenade avec une leçon d'histoire naturelle au **Museu Nacional de la Ciência e de História Natural**, ou chercher l'inspiration dans la Rua da Escola Politécnica.

Rua da Escola Politécnica, 56-58 Été : tlj. 10h-20h ; hiver : tlj. 10h-17h 5€

LE PETIT BATEAU DU TAGE ★

Comme Venise a son *vaporetto*, Lisbonne a son *cacilheiro*. Indissociable du paysage de la capitale, ce petit ferry orange relie les deux rives du Tage toutes les 5 à 30 minutes. Il permet de gagner **Cacilhas** tout en offrant le charme d'une paisible traversée de la mer de Paille, avec, vus du bastingage, les contours de la ville se détachant à l'horizon, et ceux du Christ Rédempteur se profilant sur l'autre rive. Une expérience suffisamment spectaculaire et unique pour figurer au catalogue des incontournables de tout séjour à Lisbonne ! Trois embarcadères principaux (*estações fluviais*) jalonnent les quais du Tage : de Cais do Sodré, les bacs rallient Cacilhas ; de Terreiro do Paço (Praça do Comércio), ils vont desservir Montijo et Barreiro ; de Belém, les ferrys, les seuls à être équipés pour transporter les véhicules, sont à destination de Porto Brandão et Trafaria.

213 500 115 www.ttsl.pt Tlj. 5h20-1h40

Un *cacilheiro* traversant le Tage

COULEUR LOCALE
Si vous n'êtes pas du soir, faites provision de sommeil avec une sieste au Jardim Botânico (p.78) ou sous le fameux cyprès de la Praça do Príncipe Real (p.78), afin de vous préparer pour une folle nuit dans le Bairro Alto ou à Cais do Sodré. Une fois que vous aurez plongé dans l'ambiance euphorisante des bars et boîtes de nuit du quartier, vous ne pourrez plus répondre à l'appel de votre *quarto*.

Plongée dans l'abysse des sciences

Academia das Ciências et Museu Geológico (plan 3, A1)

La très calme Rua da Academia das Ciências abrite sur presque toute sa longueur un ancien couvent franciscain de la fin du 16e s. devenu le siège de l'Académie des sciences, aussitôt après l'abolition des ordres religieux en 1834. Vous pourrez y visiter un petit musée ethnographique, le **Museu Maynense**, et surtout demander à voir la majestueuse bibliothèque de l'Académie, l'une des plus riches du Portugal.

Museu Geológico Le même édifice accueille également depuis 1851 le Museu Geológico, dont les trois collections (minéralogie, archéologie et paléontologie) totalisent plus de 4 000 pièces. Le décor vaut qu'on s'y attarde avec ses armoires murales d'époque et ses divers autres trésors. Si le temps vous manque, allez droit aux vingt-sept "merveilles" du musée, dont une gigantesque tête de crocodile découverte à Lisbonne (doublée du dessin qu'en a fait le célèbre artiste moderniste Almada Negreiros) et un fragment de météorite.

Rua da Academia das Ciências, 19
www.acad-ciencias.pt Lun.-sam. 10h-18h
Museu Maynense Rua Academia das Ciências, 19 213 219 730 Lun.-ven. 14h-17h **Museu Geológico** Rua Academia das Ciências, 19, 2e étage 213 463 915
Lun.-sam. 10h-18h Tarif 5€

Rua Nova do Carvalho, Cais do Sodré

CAIS DO SODRÉ

Au petit matin, les guillerets marchands de poisson frais croisent les noctambules échevelés qui rentrent se coucher après une longue nuit de fête au bord du Tage. L'ancien quartier louche et sulfureux, où venaient s'encanailler les marins, a muté en une plateforme branchée de la nuit qui attire dans son grand filet maillé de gargotes et de boîtes de nuit toute la jeunesse lisboète. Une conversion due à l'emblématique Pensão Amor (p.89), ancien hôtel de passe transformé en bar à cocktails.

Terrasse sur le Tage

Ribeira das Naus (plan 3, C4)

De la Praça do Comércio au Cais do Sodré, la Ribeira das Naus invite à une flânerie ensoleillée entre le Tage et les vestiges des chantiers navals de l'époque mythique des Grandes Découvertes. Vous pourrez vous délasser sur la pelouse auprès de la grande ruine de la cale sèche, aujourd'hui réaménagée en jardin, ou bien les pieds dans l'eau, en bas des escaliers le long du fleuve.

Av. da Ribeira das Naus Cais do Sodré

À FAIRE

Mettez vos pas dans ceux de Pessoa

Fernando Pessoa aimait à prodiguer ses bons conseils aux étrangers de passage. Ses écrits en regorgent d'ailleurs ! Relevons celui-ci par exemple, qui invite à s'accouder au parapet du *miradouro* de São Pedro de Alcântara (p.77) pour rêver en contemplant la ville et ses collines, le château fort et la belle église de Graça, mais aussi pour mesurer le contraste entre la ville du sud qui se laisse couler jusqu'au Tage et celle du nord, dense et ponctuée d'îlots de verdure. Repu par ce spectacle ? Faites volte-face pour terminer votre pèlerinage à l'hôpital São Luiz, où Pessoa poussa son dernier soupir le 30 novembre 1935.

Revoyez un classique dans une salle de cinéma rétro

Cinema Ideal (plan 3, B2)

Jadis menacée par un imminent clap de fin, la plus ancienne salle de cinéma de Lisbonne (1904) a remis en service son projecteur à la suite d'une réhabilitation complète en 2014. Elle n'a rien perdu de son charme et sa programmation de films d'auteur et de grands classiques sied parfaitement à son tempérament de vieille dame élégante.

Rua do Loreto, 15-17 Chiado 210 998 295 www.cinemaideal.pt

NOS ADRESSES

PAUSES

Salon de jardin

Esplanada do Príncipe Real ♥

Un havre parfait pour engloutir un petit-déjeuner, combler un petit creux de *salgados*, dîner léger d'une grillade ou d'une planche de cochonnailles portugaises... et s'adonner à l'*esplanadismo* (équivalent du farniente) au milieu des arbres de la Praça do Príncipe Real. Plat env. 10-15€.

PRÍNCIPE REAL (plan 4, C1 n°1) Praça do Príncipe Real 965103912 Tlj. 9h-0h

Charme rétro

Quiosque Príncipe Real

Le plus ravissant des deux *quiosques* du Príncipe Real est le fruit d'un pouponnage signé Catarina Portas, à qui l'on doit les boutiques rétro A Vida Portuguesa (p.75). Les Lisboètes y cultivent la nostalgie en douceur(s), autour d'un café accompagné d'un *pastel de nata*, ou d'un verre de moscatel.

PRÍNCIPE REAL (plan 4, C1-C2 n°2)
Praça do Príncipe Real

Avec ou sans pain
Pão de Canela

Spécialité de cette maison discrète à l'écart de la circulation, le pain à la cannelle se déguste l'après-midi, tout juste sorti du four. Bonnes salades, plats variés (entre 10 et 15€) et jus de fruits pressés complètent la liste des bonnes raisons d'y faire escale, en terrasse ou à l'intérieur.

PRÍNCIPE REAL (plan 4, C2 n°3) Pão de Canela Praça das Flores, 25-29 ☎ 213 972 220 ⌚ Tlj. 8h30-23h

Divin casse-croûte
Miradouro de Santa Catarina

Il faut le goûter pour le croire ! Le kiosque du Miradouro de Santa Catarina sert parmi les meilleurs *tostas* de la capitale. En prime, la vue sur le Tage et le Cristo Rei décuple le plaisir de la dégustation.

BAIRRO ALTO (plan 3, A3-B3 n°4)
Rua de Santa Catarina, 401 Au bout de la Rua Marechal Saldanha (accès par l'elétrico 28 ou le funiculaire de Bica)

Excellentes *empadas*
Doce Real

Un charmant petit café occupant un angle de la Rua Dom Pedro V, à côté du Príncipe Real. L'espace est exigu, mais sent bon l'activité des fourneaux. Tout y est fait maison ! Spécialisée dans les *empadas*, ces petits chaussons habituellement fourrés au poulet, la maison les décline à l'*alheira* (saucisse de volaille fumée), aux crevettes, au veau, aux champignons, aux épinards et aux pousses de soja et légumes (1,20€ l'*empada* au poulet, 1,50€ pour les autres). Un régal, à n'importe quelle heure de la journée.

ROSSIO (plan 4, C2 n°9) Rua Dom Pedro V, 119 ☎ 213 465 923 ⌚ Lun.-sam. 7h30-19h30

RESTAURANTS

Comme pour le Chiado, les (bonnes) tables du Bairro Alto et de Príncipe Real sont désormais si prisées qu'il faut réserver pour être sûr d'y trouver de la place !

Comme à la *casa*
Toma Lá Dá Cá ♥€

Dans cette taverne familiale, le patron use d'une cuisine succulente et généreuse pour dessiner un sourire sur tous les visages de ses convives. La viande y tient une place de choix : *naco de vitela barrosã* (veau de race barrosã), *cataplana de carne de porco com amêijoas*, spécialité alentéjane à base de porc et de palourdes. Très bon rapport qualité-prix.

BAIRRO ALTO (plan 3, B2 n°13) Tv do Sequeiro, 38 ☎ 213 479 243 ⌚ Lun.-sam. 12h-15h et 19h30-23h

Bollywood-sur-Tage
Lost in €

Insoupçonnable de la rue, la vue dont bénéficie cette adresse vaut à elle seule qu'on y consacre un repas.

Au Time Out Market

On en oublierait presque son curry de crevettes ou son hamburger maison, tant le panorama sur la colline du Castelo, le Tage et la Mouraria est rassasiant. Salades 7-11€, *tostas* 6-9€, plats 11-19€. Menu (en semaine) 10€.

PRÍNCIPE REAL (plan 4, C2 n°10) Rua Dom Pedro V, 56D 917 759 282 www.lostinesplanada.com Tlj. 12h30-0h

Simple, et bon !
Tascardoso

Comme son nom l'indique (*tasca*), c'est le lieu idéal où déguster une cuisine rustique et traditionnelle dans un décor simple mais authentique. Possibilité de dîner en terrasse avec vue vers le jardin du Principe Real.

ROSSIO (plan 4, C2 n°12) Rua d'O Século, 242 213 427 578 www.facebook.com/pages/Tascardoso/308477135842472 Lun.-sam. 12h-15h et 19h-23h

Festin urbain
Mercado da Ribeira – Time Out Market ♥€

Imaginé par la franchise portugaise du magazine *Time Out*, ce *foodhall* fait fureur et attire jusqu'à 500 visiteurs en même temps. Sous la verrière de l'un des plus anciens marchés couverts de Lisbonne, le concept repose sur le principe du take-away : on vient commander les mets les plus divers à l'un des comptoirs derrière lesquels officient les meilleurs chefs

FAIRE LES MARCHÉS

Profitez du banquet urbain du Time Out Market au Mercado da Ribeira (p.85), sauf le samedi. Et pour faire le plein de bonnes trouvailles, passez l'après-midi aux puces vintage de la LX Factory jusqu'à 19h (p.108).

LE BAIRRO ALTO BY *NOITE* ★

Plutôt Reine de la Nuit que Cendrillon, la *noite* du Bairro Alto attend les douze coups de minuit pour ouvrir le bal. Si cet épicentre de la vie nocturne lisboète se veut volontiers insomniaque, il a cependant dû composer avec une loi exigeant la fermeture des bars à 2h du matin. Les clubs prennent alors le relais pour tenir les noceurs en haleine jusqu'au petit matin. Les endroits à la mode se dénichent à l'instinct ou en se fiant aux attroupements formés devant leur entrée. D'autres bars, anonymes, drainent une clientèle plus marginale à partir d'une certaine heure. Vous les trouverez Rua Diário de Notícias, 3-4-6 ou Rua da Atalaia, 45. Anges gardiens du quartier, les policiers y patrouillent jusqu'aux premières lueurs de l'aube pour que la *noite* reste une fête.

La Travessa dos Fiéis de Deus, bien au chaud dans la nuit lisboète

portugais du moment. Au centre, des rangées de tables en bois où l'on s'installe en enfilade et tout autour, des cuisines bouillonnantes où sont envoyés à tour de bras poulpes grillés, burgers revisités, pizzas au poids et assiettes créatives. Un endroit idéal pour découvrir les produits les plus emblématiques du Portugal, tels que les sardines, la morue, etc., de la Conservaria de Lisboa (p.134), les chocolats d'Arcadia et les glaces de Santini (p.73) ou encore les concepts de restauration dernier cri, tels que **Sea Me** (poissonnerie-restaurant chic). Plats entre 7 et 11€.

CAIS DO SODRÉ (plan 3, B3-B4 n°14) Av. 24 de Julho / Praça D. Luís I ◷ Lun.-ven. 10h-0h, w.-e. 10h-1h

Table de jeunesse
The Decadente ♥€

Une cuisine fusion, inventive mais dans les limites de l'écoresponsabilité, servie dans l'ambiance "bobohème" de l'auberge de jeunesse hype de Lisbonne. Également un lounge-terrasse où picorer de savoureux *petiscos* autour de cocktails 100% portugais.

BAIRRO ALTO (plan 3, B1 n°15) Rua de São Pedro de Alcântara, 81 ☎ 213 461 381 www.thedecadente.pt ◷ Tlj. 12h-16h et 19h-23h30

Le bistrot du coin
Tasca do Manel €€

Les nombreux habitués du quartier y reviennent toujours pour l'*arroz de garoupa malandrinho* (riz au poisson), l'*arroz de pato* (riz au canard) et l'*empada de lebre* (sorte de feuilleté de lièvre). Une adresse si attachante qu'elle ne désemplit jamais. Comptez env. 20€.

BAIRRO ALTO (plan 3, B2 n°16) Rua da Barroca, 24 ☎ 213 463 813 ◷ Lun.-sam. 12h-15h et 18h30-23h

Jeune star
A Cevicheria €€

Dominée par un poulpe géant suspendu au plafond, cette salle est la deuxième ouverte par Kiko Martins. Le jeune chef déjà star y propose toutes les saveurs d'Amérique du Sud, notamment des ceviches… Attention, le lieu ne reçoit que 25 convives, sans réservation. Comptez entre 17 et 40€.

PRÍNCIPE REAL (plan 4, C2 n°11) Rua Dom Pedro V, 129 ☎ 218 038 815 www.acevicheria.pt ◷ Lun.-sam. 12h-23h, dim. 12h-0h

Vin(yle)
Boavista Social Club €

Design soigné mais ambiance décontractée pour ce restaurant-bar au son soul/disco distillé par une belle collection de vinyles. Petit menu à partager avec options vegan et végétarienne et, surtout, une grande sélection de vins naturels, spiritueux et cocktails. Une adresse incontournable ! Plats entre 9 et 12€.

CAIS DO SODRÉ (plan 4, C3 n°15) Rua da Boavista, 16 ☎ 212 446 373 Instagram boavista.socialclub ◷ Mar. et sam. 19h-2h

Vibrant
Bistro 100 Maneiras €€

La version poche du restaurant haut de gamme 100 Maneiras a été désignée en 2017 par le magazine *Monocle* meilleur restaurant de la planète ! Le chef Ljubomir Stanisic défend une cuisine proposant aussi bien un *burek* yougoslave qu'un authentique *arroz de cabidela* (littéralement, riz de poule au sang). Son concept ? Provoquer l'émotion du "monde qui s'émulsionne". Comptez 12€ pour une entrée et à partir de 18€ pour un plat.

BAIRRO ALTO-CHIADO (plan 3, B2 n°17) Largo da Trindade, 9 ☎ 910 307 575 www.100maneiras.com ◷ Lun. et jeu.-ven. 18h-2h, sam.-dim. 12h30-15h30 et 18h30-2h

SHOPPING

À l'exception de quelques institutions inoxydables bien vissées à leur pas-de-porte, la roue tourne vite au manège des enseignes du carré formé par la Travessa da Queimada et les rues das Gáveas, Luz Soriano et do Loreto. Ici, la mode fait la pluie et le beau temps et détermine la longévité de boutiques-comètes, qui ne brillent parfois que le temps d'une saison. De quoi devancer la tendance... suivante !

La "cathédrale du pain"

Panificação São Roque

Sous l'incroyable coupole ellipsoïdale à demi-colonnade de l'une des plus belles boulangeries de la ville, on se fait servir l'immanquable "pão de Deus" de la maison. Dommage que le mobilier sans qualité fasse un peu injure à la majesté du lieu.

PRÍNCIPE REAL (plan 4, C2 n°30) Rua Dom Pedro V, 57 210 119 283 Tlj. 7h-19h

La fève à goût sûr

Bettina & Niccolò Corallo ♥

Bettina et ses deux fils, Niccolò et Amedeo, "veillent toujours au grain", qu'il soit de café ou de cacao, et ont décidé de conquérir la capitale en ouvrant ce petit magasin face au jardin du Principe Real. Ils vous serviront un petit shot de chocolat chaud (sans lait), un sorbet 100% cacao ou un expresso composé d'un assemblage maison de plusieurs cafés, accompagné comme il se doit d'un carré noir à 70% ou 85% de cacao. La quintessence du chcooclat et du café !

PRÍNCIPE REAL (plan 4, C1 n°31) Rua da Escola Politécnica, 4 213 862 158 Lun.-sam. 10h-19h, dim. 14h-19h

Le temple de l'azulejo

Solar

La vitrine n'augure pas de la profusion des célèbres carreaux de céramiques qui remplissent les trois salles de cette adresse reconnue de l'azulejo (de 8 à plus de 500€ selon l'époque, du 16e au 20e s.). Également des meubles, images religieuses et *talhas douradas* (boiseries sculptées et dorées).

PRÍNCIPE REAL (plan 4, C2 n°32) Rua Dom Pedro V, 70 213 465 522 www.solar.com.pt Lun.-ven. 10h-13h et 14h-18h ; sam. 10h-13h

"Bijoux d'auteur"

Galeria Tereza Seabra, Jóias de Autor

Il y a plus de vingt ans, la bijoutière Tereza Seabra a posé ses valises (et sa réputation internationale) dans la Rua da Rosa. Depuis lors, dans son atelier-magasin, elle mêle ses créations en or, papier, verre ou tissu, à celles d'autres artistes portugais et étrangers.

BAIRRO ALTO (plan 4, C2 n°33) Rua da Rosa, 158-160A 213 425 383 www.terezaseabra.com Mar. et jeu.-sam. 11h-13h et 14h-19h, mer. 14h-19h

Emplettes au palais

Embaixada ♥

Un prodigieux concept-store aménagé dans un palais du 19e s. à l'architecture arabisante, et où chaque ancienne pièce d'habitation est convertie en boutique ! On y butine en appartement, de showrooms design en espaces de créateurs et de rayons cosmétiques en corners gastronomiques.

PRÍNCIPE REAL (plan 4, C1 n°34) Praça do Príncipe Real, 26 965 309 154 www.embaixadalx.pt Lun.-ven. 12h-20h, sam.-dim. 11h-19h Restauration jusqu'à 2h (jeu.-sam.) ou 1h (dim.-mer.)

SHOPPING ALTERNATIF
Si les dandys demeurent fidèles au Rossio, les bobos et la jeunesse branchée ont trouvé leur nouvel Eldorado dans le quartier résidentiel du **Príncipe Real.** Pour leur plaisir, les hôtels particuliers mutent en épiceries fines, tandis que les Rua da Escola Politécnica et Rua D. Pedro V alignent les boutiques tendance et les concept-stores pointus.

Siroter un verre de Porto
Solar do Vinho do Porto
Installée dans un luxueux palais du 18e s., le Palácio Ludovice Wine Experience (p.89), cette institution fondée après la guerre vous dévoilera une kyrielle de vins de Porto. Sa cave compte plus de 300 références issues d'une soixantaine de marques, à savourer à la carte.

BAIRRO ALTO (plan 3, B1 n°36) Rua de São Pedro de Alcântara, 45 221 071 693 www.ivdp.pt Lun.-ven. 11h-13h et 14h-19h

L'Embaixada

L'autre reine des *pastéis*
Manteigaria
Dans une ancienne crèmerie, d'où le nom "Manteigaria União" qui subsiste sur sa façade, cette fabrique de *pastéis de nata* s'érige en sérieuse concurrente de la célèbre maison de Belém. Les délicieux petits gâteaux sont entièrement préparés sous vos yeux (plus de 5 000 par jour !). Le lieu ferme à minuit : un bon but de balade après le dîner !

BAIRRO ALTO (plan 3, B2 n°37) Rua do Loreto, 2 213 471 492 Tlj. 8h-0h

Le Portugal dans un flacon
Claus Porto
Magasin très soigné qui vend les articles de la célèbre marque de Porto, créée en 1887. Savonnettes aux jolis emballages, crèmes, eaux de Cologne et même un parfum édition limitée aux senteurs d'agrumes, de figue de Barbarie et de cèdre. Bref, "tout le Portugal dans un flacon" (160€) !

BAIRRO ALTO (plan 3, B2 n°38) Rua da Misericórdia, 135 917 215 855 clausporto.com Tlj. 10h-19h

SORTIES

Pour vivre le meilleur de la *noite* du Bairro Alto, préférez le très chaud Cais do Sodré au trop commercial Doca de Santo Amaro qui, même si ses bars et restaurants restent ouverts tard, demeure artificiel et surfait.

Bien perché

The Insólito ♥

Une petite folie de la fratrie aux manettes de The Independente/ Decadente (p.85) qui vous expédie tout droit sur les toits de Lisbonne pour un drink au coucher du soleil, et même plus, si la faim vous gagne.

BAIRRO ALTO (plan 3, B1 n°50) Rua de São Pedro de Alcântara, 83 211 303 306 www.theinsolito.pt Restaurant Ouvert mar.-sam. 19h-23h Bar Ouvert mar.-sam. 18h-1h

En mode *speed listening*

A Tasca do Chico Bairro Alto

Perpétuant la tradition du *fado vadio* (*vadio* signifiant vagabond, libre, errant), la Tasca do Chico ouvre sa scène aux chanteurs amateurs et semi-amateurs, priés de s'en tenir à trois chansons maximum pour conquérir leur auditoire.

BAIRRO ALTO (plan 3, B2 n°54) Rua do Diário de Notícias, 39 961 339 696 Tlj. 19h-1h30 (fado à partir de 20h30)

Cabinet de curiosités

Pavilhão Chinês ♥

On se croirait chez un collectionneur anglais loufoque mais ce décor improbable (et ultra-chargé) est l'œuvre d'un designer excentrique, vraisemblablement bien approvisionné par les antiquaires du quartier. Entre un bataillon de soldats de plomb et une batterie d'éventails, on consulte la très libertine carte des boissons, dont une ribambelle de cocktails à 7,50€, concoctés de main de maître par de flegmatiques barmen. Une expérience en soi.

PRÍNCIPE REAL (plan 4, C2 n°50) Rua Dom Pedro V, 89-91 213 424 729 Lun.-sam. 18h-2h, dim. 21h-2h

Ambiance langoureuse au Pensão Amor

POUR LES COUCHE-TARD OU LES LÈVE-TÔT

Tous les matins, vers 4h, l'ouverture de sa petite porte bleue déclenche le même défilé de matinaux ou de noctambules affamés, venus s'y approvisionner en croissants, sandwichs au fromage ou à la saucisse. On est à la fabrique de pain, Fábrica de Pão, et c'est bien.

(plan 3, B1 n°61) Rua da Rosa, 186 Lun.-ven. 1h-5h30

Pause au palais

Palácio Ludovice Wine Experience

La façade jaune citron de ce palais du 18e s., résidence privée de Federico Ludovice, architecte du roi João V, abrite aujourd'hui une boutique-hôtel cinq étoiles mais aussi des commerces, dont l'un est consacré aux vins de Douro et de Porto. Un lieu unique pour un moment inoubliable autour d'un verre de vin à déguster côté restaurant, sous une verrière...

ROSSIO (plan 3, B1 n°53) Rua de São Pedro de Alcântara, 39 211 513 850 www.palacioludovice.com Tlj.

Le plein de chaleur humaine

Portas Largas

Un établissement très prisé du quartier, assidûment fréquenté par une clientèle locale métissée, volontiers gay et toujours cosmopolite.

BAIRRO ALTO (plan 3, B2 n°55) Rua da Atalaia, 105 213 466 379 Ven.-sam. 20h-3h, dim.-jeu. 20h-2h

Comme dans une fourmilière

Maria Caxuxa

Signe extérieur de succès, on parvient en général à grand-peine à en distinguer l'entrée, tant le trottoir et la rue sont noirs de monde. L'intérieur vintage de cette ancienne boulangerie gagne pourtant à ce qu'on s'y fasse une place, adossé à l'une de ses colonnes de pierre, pour se remplir de musique indé'.

BAIRRO ALTO (plan 3, B2 n°57) Rua da Barroca, 6/12 914 944 222 Lun.-jeu. 19h-2h, ven.-sam. 19h-3h Lun.-sam. 19h-2h

Positivement populaire

Clube da Esquina

Une ambiance de dancing-lounge qui sied particulièrement à une clientèle issue des milieux du cinéma et du théâtre.

BAIRRO ALTO (plan 3, B2 n°56) Rua da Barroca, 30 Ven.-sam. 19h-3h, dim.-jeu. 19h-2h

Danse en direct live

Musicbox

Le concept associe la programmation de concerts de musiques très tendances à une piste de danse parmi les plus rafraîchissantes de la capitale. Ne manquez pas les nuits "Príncipe", rencontres toujours vivifiantes avec les musiciens des banlieues de Lisbonne.

CAIS DO SODRÉ (plan 3, B3 n°58) Rua Nova do Carvalho, 24 213 473 188 www.musicboxlisboa.com Tlj. 23h-6h

Temple de l'amour

Pensão Amor

Dans cette ancienne maison close transformée en un lieu à entrées multiples (bar, club, librairie, cabaret, restaurant), démonstrations de burlesque et de pole-dance font fureur. Mais le décor reste conforme à celui d'un cocon érotico-baroque qui invite à s'encanailler et à se parler d'amour.

CAIS DO SODRÉ (plan 3, B3 n°59) Rua do Alecrim, 19 213 143 399 www.pensaoamor.com Lun.-mar. 14h-3h, mer.-jeu. 14h-22h30, ven.-sam. 14h-4h

Voir aussi **Park** (p.68) et **Zé dos Bois (ZDB)** (p.69).

DU RATO À CAMPO DE OURIQUE

L'écran que dressent, entre cette zone et le Tage, les quartiers de Lapa et d'Alcântara, est soluble devant l'évidence de ses charmes. En effet, le bandeau qui s'étend du Rato à Campo de Ourique n'a rien d'une seconde zone. La preuve par Fernando Pessoa et Amália Rodrigues qui y élirent domicile. La preuve aussi par l'Elétrico 28 qui y débute sa pittoresque course !

ACCÈS ET INFOS

- Vous voulez avoir une chance de vous poser sur une banquette de l'Elétrico 28 (p.93) ? Nous vous conseillons de l'attendre en fin de journée à sa station de départ, près du cimetière du Largo dos Prazeres, avant qu'il ne cueille trop de voyageurs sur son trajet.

À VOIR

LE RATO

Le Rato doit son nom à un certain M. Raton. Industriel français exilé à Lisbonne après la Révolution, il fit ouvrir ici plusieurs fabriques de céramiques, garantes de la prospérité du quartier pour des décennies.

Curiosité aquatique

Mãe d'Água das Amoreiras (plan 2, B4)

Appelé la "mère des eaux", cet immense réservoir d'eau limpide est un chef-d'œuvre de l'ingénierie hydraulique ayant marqué son époque (1745-1834). S'il a perdu sa vocation initiale, la beauté intrinsèque de ses voûtes et des reflets changeants de la Mãe d'Água, suffit à justifier sa transformation en lieu d'exposition où photos et peintures, essentiellement, sont mises à l'honneur. À gauche du bassin, un escalier mène à une terrasse, avec vue plongeante sur la ville.

Praça das Amoreiras, 10 ☎ 218 100 215 ⏲ Mer.-dim. 10h-13h30, mar. 10h-13h30 et 14h30-17h30

IL ÉTAIT UNE FOIS

Avant de terminer sa course à la Mãe d'Água, l'**Aqueduto das Águas Livres** déroule ses 109 arches sur plus de 18km, jusqu'à Caneças. Érigée de 1728 à 1835 sur décision du roi João V, ce magistral ouvrage d'ingénierie permit d'alimenter Lisbonne en eau potable.

Preuves d'amour

Fundação Arpad Szenes-Vieira da Silva 👍 (plan 2, B3)

Cette ancienne fabrique de soieries abrite des centaines d'œuvres des peintres Maria Helena Vieira da Silva (1908-1992) et Arpad Szenes (1897-1985), couple fusionnel magyaro-portugais, uni par la même quête picturale et représentatif de la Seconde École de Paris. Au rdc, expositions temporaires d'art moderne.

Praça das Amoreiras, 56-58 ☎ 213 880 044 www.fasvs.pt ⏲ Mar.-dim. 10h-18h € 7,5€, gratuit dim. 10h-14h

À NE PAS MANQUER

- Fundação Arpad Szenes-Vieira da Silva
- L'*Elétrico* 28 ★
- Mercado de Campo de Ourique

Casa Fernando Pessoa : la chambre de l'écrivain

Chez Amália

Casa-Museu Amália Rodrigues (plan 4, B2)

Amoureusement mise sous cloche, la dernière résidence de LA star mondiale du fado s'ouvre désormais aux curieux. Tout est resté intact autour du splendide hall d'entrée recouvert d'azulejos à motifs floraux du 18e s.

Rua de São Bento, 193 ☎ 213 971 896 www.amaliarodrigues.pt ⏲ Tlj. 10h-18h 7€

ESTRELA

Faire-part de naissance

Jardim e Basílica da Estrela (plan 4, B2)

Toute à sa joie d'enfanter, la reine Dona Maria I commanda cette majestueuse basilique dont le style mêle baroque tardif et néoclassique (1779-1790). On admire la crèche peuplée de 500 statuettes sculptées, avant de gravir les 212 marches vers la coupole pour contempler le Tage et, en contrebas, le Jardim da Estrela, totalement hors du temps.

Praça da Estrela ☎ 213 960 915 ⏲ Lun.-sam. 9h-13h et 15h-18h30, dim. 15h-18h30
Jardins Tlj. 7h-0h € 4€ (accès à la coupole)

Cadre bucolique

Jardim da Estrela (plan 3, B2)

Un écrin de verdure à deux pas de la Basílica da Estrela, parsemé d'étangs où pataugent canards et autres. D'immenses arbres offrent des coins d'ombre, bienvenus en été. Deux petits cafés ouverts toute l'année déploient leur terrasse près d'aires de jeux qui raviront les enfants. Certains week-ends, le jardin accueille un marché d'artisanat, tandis qu'à la belle saison petits concerts et festivals animent les abords du kiosque en fer forgé. Après avoir traversé le jardin, prolongez la balade jusqu'au coquet **Cemitério dos Ingleses**, le plus ancien cimetière de la capitale, dernière demeure depuis le 18e s des citoyens de la Couronne britannique (Rua de São Jorge, 6).

Praça da Estrela ⏲ Tlj. 7h-0h

CAMPO DE OURIQUE

La chambre du poète

Casa Fernando Pessoa (plan 4, A1)

De la maison qu'occupa l'écrivain les quinze dernières années de sa vie, on n'a conservé que la chambre, empreinte d'une élégante simplicité. Les autres pièces lui rendent un hommage permanent depuis qu'elles ont été transformées, en 1993, en Maison de la poésie. Expos temporaires et lectures.

Rua Coelho da Rocha, 16 ☎ 213 913 270 casafernandopessoa.pt ⏲ Mar.-dim. 10h-17h 5€

NOS ADRESSES

PAUSES

Rome vient à Lisbonne

Gelateria Nannarella

En bel hommage à l'actrice italienne Anna Magnani, surnommée Nannarella, ce glacier propose de véritables *gelati*, comme à Rome, mais à base de produits locaux et sans colorants ni conservateurs ! Le plus ? On paie la quantité de glace, et non le nombre de parfums.

RATO (plan 4, C2 n°5) Rua Nova da Piedade, 64A ☎ 926 878 553 www.nannarella.pt ⏲ Juin-sept. : tlj. 12h-0h ; oct.-mai : tlj. 12-22h

Tout pour la musique

Chasing Rabbits

Un lieu trois en un où l'on peut aussi bien dénicher un bon vinyle (neuf ou d'occasion) ou un livre sur son groupe de musique préféré que couper une petite faim avec de plaisants rafraîchissements et amuse-bouches (options végétariennes et vegan).

RATO (plan 4, B1 n°7) Rua do Sol ao Rato, 61 A ☎ 964 541 823 www.chasingrabbitsrecordstore.com ⏲ Mer.-sam. 12h30-20h, dim. 12h-17h

Pâtisserie emblématique

Pastelaria Aloma

Cette pâtisserie a ouvert ses portes en 1943, face au cinéma Europa, dont on peut voir quelques éléments décoratifs sur la façade. Elle doit son nom à un film américain à succès, *Aloma of the South Seas* (1941), en salle à Lisbonne cette année-là. En mordant dans le feuilleté de l'excellent *pastel de nata* de la maison (élu le meilleur de Lisbonne aux concours de 2012, 2013 et 2015), vous pourrez laisser flotter votre regard sur la photo de Dorothy Lamour, la belle Aloma...

CAMPO DE OURIQUE (plan 4, A1 n°6) Rua Francisco Metrass, 67 ☎ 213 963 797 www.aloma.pt ⏲ Tlj. 8h-20h

Pause café Art nouveau

A Tentadora

Situé à l'entrée d'une engageante rue arborée, ce café est l'un des plus fréquentés du quartier, surtout l'été. Vous apprécierez la fraîcheur de sa terrasse que protègent un large auvent et d'amples micocouliers.

UN TRAMWAY NOMMÉ PLAISIR ★

Sa course débute invariablement près du cimetière du Largo dos Prazeres, à Campo de Ourique (plan 5, B1). À vos marques, prêt ? C'est parti pour un voyage à bord de sa vieille carcasse brinquebalante, à travers certains des quartiers les plus pittoresques de la capitale (Chiado, Baixa, Alfama, Graça), jusqu'à la Praça Martim Moniz. Bien cramponné pour soutenir sa cadence de train fantôme, on adore les incessants changements de perspective qu'offre sa course cahotante. Ne vous fiez pas à sa progression parfois hésitante, il se faufile partout, frôlant parfois audacieusement les maisons, tous freins grinçants ! Mais gare aux pickpockets, qui profitent de la distraction des touristes subjugués.

Lun.-ven. 6h20-23h30, sam. 6h20-23h10, dim. et j. fér. 7h25-23h10

Coup de foudre garanti pour l'Elétrico 28 !

L'établissement, l'un des plus vieux de Campo de Ourique, conserve les attraits de son architecture très 1900, rehaussée de panneaux d'azulejos Art nouveau sur la façade et dans la salle.

CAMPO DE OURIQUE (plan 4, A2 n°8)
Rua Ferreira Borges, 1 213 966 059
Tlj. 7h-19h30

À peine exagéré !
O Melhor Bolo de Chocolate do Mundo

"Le meilleur gâteau au chocolat du monde" ? Ou comment un supposé ratage culinaire mène à un succès mondial. En essayant de reproduire une pâtisserie dégustée à Paris, Carlos Braz Lopes a inventé cette merveille de meringue croquante enrobée de mousse au chocolat Valrhona nappée de ganache. À se damner ! 2,60€ la part.

CAMPO DE OURIQUE (plan 4, A1 n°4)
Rua Tenente Ferreira Durão, 62A
213 965 372 Lun.-sam. 9h-19h

GOÛTEZ AU PITTORESQUE SAUF LE SAMEDI

À deux pas du célèbre tram 28, le Mercado de Campo de Ourique (p.94) abrite des échoppes et stands culinaires de tous les horizons, du steak argentin aux huîtres portugaises. Toujours très couru, il devient presque inaccessible le samedi. Pour ne pas devoir patienter au point d'en perdre l'appétit, prévoyez d'y faire un saut en semaine.

RESTAURANTS

Retour de marché
Mercado de Campo de Ourique ♥€

Parmi les étals de l'une des plus anciennes halles de la ville, ces petites *tasquinhas* (stands de traiteurs) permettent de se régaler, sur le pouce, de délicatesses du monde entier : huîtres portugaises, steak argentin, sushis, hamburgers, sans oublier les fameux plateaux de fromages et de charcuteries portugais. Les tables sont peu nombreuses et les prix plutôt moyens, mais le marché vaut le détour. Très couru et donc à éviter le samedi midi, si vous ne voulez pas attendre longtemps qu'une table se libère. De 7 à 20€ le plat.

CAMPO DE OURIQUE (plan 4, A1-A2 n°13)
Rua Coelho da Rocha 211 323 701
mercadodecampodeourique.pt
Dim.-jeu. 10h-23h, ven.-sam. 10h-1h

La valeur sûre
Cervejaria Real Fábrica €€

Une institution, et ce depuis des années ! Cette brasserie de quartier, avec sa terrasse de 100 personnes en été, passe inaperçue derrière sa façade indus' un peu vieillotte, mais on y sert un vrai bon *bife* et un délicieux *arroz de gambas*. Env. 50€ pour 2 personnes.

RATO (plan 4, B1 n°16) Rua da Escola Politécnica, 275-283 213 852 090
Lun.-ven. 8h30-0h, sam. 10h-0h

Le *bife* de Lisbonne
Tasca da Esquina €€€

Aidé de deux jeunes acolytes, Hugo Nascimento et Luís Espadana, Vitor Sobral revisite les classiques lusitaniens avec impertinence : la *soupe caldo verde* devient onctueuse et légère, les palourdes exceptionnelles, à l'égal du *bife* de Lisbonne. Réserver. Repas complet env. 30-35€.

CAMPO DE OURIQUE (plan 4, A2 n°14) Rua Domingos Sequeira, 41C 919 837 255 www.tascadaesquina.com Jeu.-lun. 12h30-15h30 et 19h30-23h30

SHOPPING

Fioles et flacons

Depósito da Marinha Grande

Attention fragile ! Dans cette boutique centenaire, le verre est décliné sous ses plus diverses formes : flacons et fioles pharmaceutiques, bouteilles de toutes tailles et couleurs, bocaux à confiture ou à bonbons croisent globes, verres de lampes à pétrole et... cloches qui protégeront peut-être votre objet fétiche. Ces beaux articles usinés ou artisanaux sont tous issus de la fabrique de Marinha Grande, dans le centre du pays.

ESTRELA (plan 4, B2 n°21) Rua de São Bento, 234 213 963 096 www.dmg.com.pt Tlj. 9h-19h,

Laine des montagnes

Stró

Pedro et Cláudia se sont associés aux artisans et aux petites usines de la zone de la Serra da Estrela, dans le centre du pays, et ont développé une gamme de produits en laine de qualité : pantoufles (25€ la paire), casquettes, écharpes ou couvertures, tout à la fois colorées et douces à porter. Pour l'été, Stró propose aussi une gamme fraîche et soignée en paille, lin et coton.

RATO (plan 4, C1 n°22) Rua da Escola Politécnica, 80A 212 497 130 www.by-stro.com Lun.-sam. 10h30-13h30 et 14h30-19h30

Café gourmand chez Tasca da Esquina

Cap à l'ouest, le long du Tage, là où l'appel du large se fait plus pressant, sur les traces des explorateurs partis affronter les mers inconnues pour de grandes découvertes. En chemin, de glorieux monuments, une pléiade de musées majeurs, des jardins luxuriants, un pont écarlate comme à San Francisco et un village aux allures de Brooklyn !

De Lapa à Belém

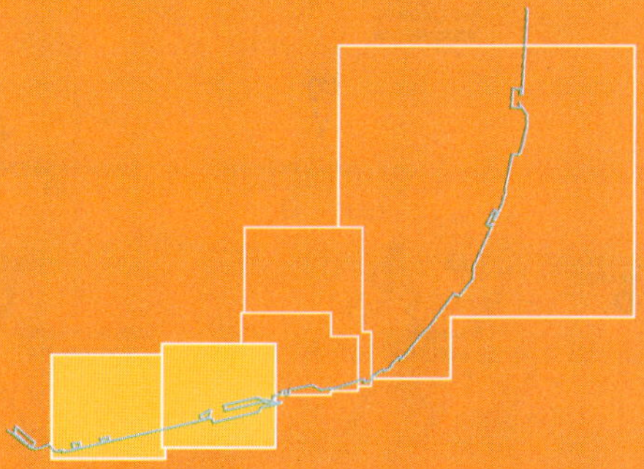

98 **Plan 5**
100 **Plan 6**
102 **Quatre bonnes raisons...**
104 **Rendez-vous avec...**
106 **Lapa et Alcântara**
112 **Belém**

Les échauguettes de la tour de Belém : l'air du large

Plan 5
A
B
1
2
3
4
Plan 6
Plan 6
BAIRRO DO ALVITO
Estrada do Alvito
Estrada do Alvito
Autoestrada do Sul IP7
Avenida de Ceuta
Rua Maria Pia
CEMITÉRIO DOS PRAZERES
TAPADA DA AJUDA
Rua da Fábrica da Pólvora
Rua Maria Pia
Rua do Bor
Rua Feliciano de Sousa
Rua do Alvito
Avenida de Ceuta
Rua Maria Pia
Rua Capitão Afonso Pala
ALCÂNTARA-TERRA
PALÁCIO NECESSIDADES
BAIRRO DA QUINTA DO JACINTO
U.T.L. INSTITUTO SUPERIOR DE AGRONOMIA
Avenida da Ponte 25 de Abril
PAVILHÃO DESPORTIVO DA AJUDA
CALÇADA DA TAPADA
IGREJA PAROQUIAL DE ALCÂNTARA
ALCÂNTARA p.106
Calçada da Tapada
Rua dos Lusíadas
Rua das Fontainhas
Rua João de Oliveira Miguens
Rua Prior do Crato
RUA JOÃO DE BARROS
Rua da Indústria
ALTO DE SANTO AMARO
Rua Jau
Rua Pedro
Rua Gil
Rua Luís de Camões
Rua Leão de Oliveira
CALVÁRIO
Rua Fradesso da Silveira
JARDIM AVELAR BROTERO
Elísio
IGREJA DE NOSSA SENHORA DA QUIETAÇÃO
Rua da Cozinha Económica
ALCÂNTARA - AVENIDA 24 DE JULHO
Rua Soares de Passos
Rua Jau
Rua Filinto
Calmon
Vicente
Rua dos Lusíadas
LX FACTORY
Rue de Cascais
R. Maria Isabel Saint-Léger
20
Avenida da Índia
Avenida Brasília
Calçada de Santo Amaro
ESTAÇÃO DE SANTO AMARO
Rua Rodrigues Faria
ALCÂNTARA MAR
MUSEU DO ORIENT
Rua da Cintura do Porto de Lisboa
CAPELA DE SANTO AMARO
Rua Primeiro de Maio
21
Rua Filipe Vaz
D
VILLAGE UNDERGROUND LISBOA
MUSEO DA CARRIS
Travessa do Conde da Ribeira
Doca de Alcântara
SANTO AMARO
Conde da Ponte
Travessa do
Travessa da Galé
Avenida da Índia
Rua General Gomes Araújo
RUA DA JUNQUEIRA (CENTRO DE CONGRESSOS)
Rua da Junqueira
EXPERIÊNCIA PILAR 7 – CENTRO INTERPRETATIVO DA PONTE 25 DE ABRIL
HOSPITAL DE EGAS MONIZ
CENTRO DE CONGRESOS DE LISBOA
Travessa da Guarda
Praça das Indústrias
DOCA DE SANTO AMARO
HOSPITAL EGAS MONIZ
Avenida da Índia
ESTAÇAO MARITIMA DE ALCÂNTARA
Avenida Brasília
RIO TEJO
Ponte 25 de Abril

Shopping (n°20 à 23)

- 21 Amazingstore - *p.111* B3
- 22 Gleba – Moagem e Padaria - *p.111* C2
- 20 Livraria Ler Devagar - *p.110* .. B3
- 23 Boutik - *p.111* C2

RENDEZ-VOUS AVEC...

Les adresses de Paula Leitão

Restaurants

- B O Mercado - *p.104* B2
- A Último Porto - *p.104* C3

Sorties

- D Village Underground Lisboa - *p.104* B3
- C Drogaria - *p.104* C2

Plan 6
A
B
1
2
3
4
CARAMÃO
Avenida Doutor Mário Moutinho
Rua José Pinto Bastos
Rua Pedro Augusto
Rua Raúl Proença
Estrada Pedro Teixeira
Rua dos Marcos
Rua José Luís Garcia Rodrigues
Rua 2
Rua Colágio de São José
Avenida das Descobertas
Rua Antão Gonçalves
R. Carlos Calisto
Rua Gregório Lopes
Estrada da Cruz
Avenida Helen Keller
Estrada de Caselas
CEMITÉRIO AJUDA
PARQUE RECREATIVO DOS MOINHOS DE SANTANA
Rua Tristão Vaz
Calçada do Galvão
Rua das Açucenas
RUA DAS AÇUCENAS
CEMITÉRIO DA AJUDA
Rua Antão Gonçalves
Estrada Forte do Alto Duque
HOSPITAL SÃO FRANCISCO XAVIER
Rua Mem Rodrigues
Avenida Ilha da Madeira
R. Ângelo Frondoni
BAIRRO DO ALTO DA AJUDA
Rua António Saldanha
Rua João Dias
Rua Pedro de Sintra
Rua Diogo de Silves
Rua Gonçalo Nunes
Rua Gonçalo Velho Cabral
Rua Tristão Vaz
Rua Conselheiro Martins de Carvalho
JARDIM BOTÂNICO DA AJUDA
Avenida das Descobertas
JARDIM FERNANDA DE CASTRO
Rua Luís Castanho de Almeida
R. do Jardim Botânico
Rua Pero de Alenquer
R. João Fernandes Labrador
MUSEU NACIONAL DE ETNOLOGIA
Rua Gonçalves Zarco
AJUDA
Rua Dom Constantino de Bragança
Rua António Saldanha
R. Pedro de Barcelos
Rua Rui Pereira
Avenida Ilha da Madeira
Calçada do Galvão
Calçada da Memória
Calçada da Ajuda
Rua do Galvão
Rua Pero de Alenquer
BAIRRO DO RESTELO
Rua das Terras
R. de Domingos Tendeiro
IGREJA DA MEMÓRIA
Rua da Paz
ESTÁDIO DO RESTELO
Rua de Alcolena
Rua Pêro da Covilhã
Rua das Pedreiras
Travessa da Memória
Rua João de Castilho
Rua General Massano de Amorim
ERMIDA DE SÃO JERÓNIMO
Rua Gil Eanes
Rua 15
Rua 11
Rua 21
Rua General João de Almeida
Rua de Alcolena
Avenida do Restelo
Avenida do Restelo
Rua Dom Francisco de Almeida
Rua dos Jerónimos
Rua 8
Rua 7
Rua 6
Rua 4
Rua 1
Calçada do Galvão
JARDIM DO ULTRAMAR, JARDIM AGRÍCOLA TROPICAL
PRAÇA DE DAMÃO
PALACIO NATIONAL DE BELÉM
Calçada da Ajuda
Rua Dom Francisco de Almeida
PRAÇA DE DIO
Rua Dom Lourenço d'Almeida
PLANETÁRIO CALOUSTE GULBENKIAN
MUSEO NACIONAL DE ARQUEOLOGIA
IGREJA DE SANTA MARIA
PRESIDENCIA DA REPUBLICA
Rua São Francisco Xavier
MUSEU DE MARINHA
CLAUSTRO
Tv. Ferreiros a Belém
1
Rua de Belém
2
Rua Tristão da Cunha
Avenida da Torre de Belém
Rua São Francisco Xavier
Rua Vila Correia
MOSTEIRO DOS JERÓNIMOS
MOSTEIRO DOS JERÓNIMOS
Praça Afonso de Albuquerque
Rua Dom Cristóvão da Gama
CENTRO CULTURAL DE BELÉM
Praça do Império
JARDIM VASCO DA GAMA
11
MUSEU COLEÇÃO BERARDO DE ARTE MODERNA E CONTEMPORÂNEA
CENTRO CULTURAL DE BELÉM
Avenida da Índia
Avenida Brasília
LARGO DA PRINCESA
Rua Bartolomeu Dias
Rua Praia de Pedrouços
DOCA DE BELÉM
10
Doca de Belém
Avenida da Índia
Avenida Brasília
BELÉM p.112
E
DOCA DE BOM SUCCESSO
Doca do Bom Sucesso
12
MONUMENTO (OU PADRÃO) DOS DESCOBRIMENTOS
JARDIM DA TORRE DE BELÉM
TORRE DE BELÉM

Pauses (n°1 et 2)
1 Antiga Confeitaria de Belém - *p.118* B3
2 Manteigaria - *p.119* B3

Restaurants (n°10 à 12)
10 Clube Naval de Lisboa - *p.119* B4
11 Nune's Real Marisqueira - *p.119* A4
12 Bar 38°41' - *p.119* A4

Shopping (n°20)
20 Fábrica Sant'Anna - *p.74* C3

RENDEZ-VOUS AVEC...
Les adresses de Paula Leitão

Sorties
E Espaço Espelho d'Água - *p.105* B4

QUATRE BONNES RAISONS...

... d'explorer Belém, Lapa et Alcântara.

LA LX FACTORY (p.108) et le **VILLAGE UNDERGROUND LISBOA** (p.104) pour faire le plein d'inspiration dans la fabrique à rêves urbains...

LE PONT DU 25-AVRIL (p.108), pour prendre des couleurs en flânant à ses pieds !

LES CÉLÈBRES PÂTISSERIES DE BELÉM (p.118), pour un vrai goût de Lisbonne.

☀ **LA TORRE DE BELÉM** (p.112), pour revivre l'époque des grands explorateurs...

RENDEZ-VOUS AVEC...

Paula Leitão a vécu près de Lyon avant de rejoindre son pays natal pour travailler au ministère de la Culture en 1999. En 2007, elle intègre l'atelier de Joana Vasconcelos. Depuis, elle sillonne la planète pour assurer la production des expositions de l'artiste, du château de Versailles (2012) à l'événement BEYOND, en Angleterre (2021), en passant par le Guggenheim Bilbao (2018).

Mon déjeuner dans le port

A Último Porto

C'est l'un des meilleurs endroits où déjeuner de poisson frais (fermé en soirée). Ce "dernier port" est un coin un peu perdu, entouré d'imposants conteneurs avec vue sur le Tage.

ALCÂNTARA Rua General Gomes Araújo, 1 Estação Marítima da Rocha de Conde de Óbidos 213 979 498 Lun.-sam. 12h-16h

Mon restaurant de marché

B O Mercado

Il est situé dans le marché Rosa Agulhas. L'ambiance y est chaleureuse et familiale. J'y vais pour son *arroz de lingueirão*, mais tout est délicieux, comme les *pasteis de bacalhau* qui, servis en entrée, sont frits minute !

ALCÂNTARA Rua Leão de Oliveira, 19 213 649 113 www.restauranteomercado.pt Mar.-sam. 12h30-15h et 19h30-22h, dim. 12h30-15h

Mon resto "tradi"

C Drogaria

Dans une ancienne pharmacie au décor typique du Lisbonne des années 1930, la cuisine revisite nos plats traditionnels. Elle offre, toujours servi avec élégance, un équilibre parfait des saveurs.

LAPA Rua Joaquim Casimiro 8, 210 145 528 www.drogaria-restaurante.pt/index.php/en/ Mar.-jeu. 18h30-22h30, ven.-sam. 18h30-0h

Ma source d'énergie créatrice

D Village Underground Lisboa

C'est un incubateur d'industries créatives : des conteneurs et de vieux autocars transformés en espace de co-working pour artistes, designers, écrivains, graphistes, DJ,

SI MON QUARTIER ÉTAIT...

Une chanson Ce serait *Sei de um Rio* ; Camané y chante un "fleuve où le mensonge a le goût de la vérité". Je travaille avec mes fenêtres ouvertes sur le Tage, cette chanson est en même temps une déclaration d'amour et un vague à l'âme lancinant. Je suis portugaise, française, les deux à la fois, j'ai l'impression qu'il faut partir pour mieux revenir.

Le charme particulier de LX Factory

cuisiniers, etc. C'est aussi un lieu très vivant, propice aux rencontres, avec des événements, des concerts... J'y passe souvent le week-end pour déjeuner ou boire un verre avec des amis à la Cafetaria Village.

ALCÂNTARA Av. da Índia, 52 ☎ 911 115 533
www.vulisboa.com ⏱ Tlj. 11h-20h
hiver Discothèque hiver 0h-6h

Mon moment de détente

E Espaço Espelho d'Água

J'aime y boire un verre en fin de journée en sortant du travail avec des collègues. C'est notre moment de détente. Juste en face du Centre culturel de Belém, avec une terrasse au bord de l'eau et sa vue dégagée sur le Tage, des petits plats à partager inspirés des traditions portugaise, africaine ou brésilienne, parfois des expos et des concerts de jazz et surtout, dans la salle du fond, une très belle peinture murale de Sol LeWitt, redécouverte lors des travaux et qui a été restaurée !

BELÉM Av. de Brasília ☎ 213 010 510
www.espacoespelhodeagua.com
⏱ Ven.-sam. 11h-1h, dim.-jeu. 11h-0h

LAPA ET ALCÂNTARA

Voisins de la trépidante Baixa, ces quartiers résidentiels sont bien plus paisibles. Les façades revêtues d'azulejos bordent des rues fleuries, les places s'égaient de terrasses, tandis qu'antiquaires et galeristes occupent le rez-de-chaussée de bâtiments cossus. Ici et là, cependant, au pied de l'iconique pont du 25-Avril, quelques poches de vie "underground" électrisent l'atmosphère et font souffler un bel esprit arty.

ACCÈS ET INFOS

- Seuls les trains et les voitures peuvent emprunter le Ponte 25 de Abril. Pour l'admirer, préférez la romantique traversée en *cacilheiro*, cf. Le petit bateau du Tage (p.79). Et pour l'approcher, bravez le vide du haut du belvédère vitré accroché à l'une de ses gigantesques piles, cf. Experiência Pilar 7 (p.108) !

À VOIR

Le roi du Portugal

Museu Nacional de Arte Antiga ★ (plan 5, C2)

Le plus grand musée portugais, à ne manquer sous aucun prétexte ! Pour la noblesse de ses murs d'abord (un palais du 17e s.), mais surtout pour sa foisonnante collection de peintures, sculptures, dessins, argenterie, céramiques, etc. Formé à l'origine par les biens spoliés aux couvents et autres institutions religieuses en 1834, ce fonds s'est considérablement enrichi depuis grâce à des donations. Les chefs-d'œuvre se bousculent aux cimaises : le polyptyque de São Vicente, signé du Portugais Nuno Gonçalves, le *Saint Jérôme* d'Albrecht Dürer, le *Saint Augustin* de Piero della Francesca, *Les Tentations de Saint Antoine* de Jérôme Bosch, sans compter les paravents japonais namban (16e s.) figurant l'arrivée des Portugais en terres nipponnes. Pour une pause, faites un tour à la cafétéria qui s'ouvre sur les jardins d'où la vue sur le port est magnifique.

Rua das Janelas Verdes, 9. Autre entrée par le Jardim 9 de Abril. 213 912 800 www.museudearteantiga.pt Mar.-dim. 10h-18h Tarif 6€, réduit 3€

Escapade dans le monde de la marionnette

Museu da Marioneta (plan 5, C2)

Une collection de marionnettes et de masques uniques, originaires du monde entier ! Spectacles et activités... dont la fabrication de marionnettes. Attardez-vous notamment sur la mystérieuse collection personnelle d'Helena Vaz, la fondatrice de l'institution.

Rua da Esperança, 146 213 942 810 www.museudamarioneta.pt Mar.-dim. 10h-18h Dernière entrée à 17h30 Tarif 5€, réduit 3€, gratuit dim.et j. fér. jusqu'à 14h (seulement residents lisbonne)

Précieuses chinoiseries

Museu do Oriente (plan 5, B3)

Intégralement réhabilité, cet ancien entrepôt de morues des années 1940 est devenu le gardien des liens ancestraux entre le Portugal et l'Asie. La Fundação

À NE PAS MANQUER

- Museu Nacional de Arte Antiga ★
- Experiência Pilar 7
- LX Factory ★

Rouge flamboyant comme le Golden Gate, ou les œillets de la Révolution, le pont du 25-Avril

Oriente y veille sur des pièces d'une extrême rareté en provenance du continent asiatique. La pénombre quasi totale qui les enveloppe invite au recueillement et canalise l'attention sur ces trésors : estampes japonaises, paravents chinois, porcelaines Ming, miniatures et autres objets précieux.

Av. de Brasília, Doca de Alcântara 213 585 200 www.museudooriente.pt
Mar.-dim. 10h-18h 6€

Un rêve d'enfant

Museu da Carris (plan 5, A3)

Il a fêté ses cent ans en 2001 : le vénérable tramway lisboète valait bien un musée ! Au garage des véhicules de la régie des transports urbains de la ville (Carris), à l'ombre des piliers du Ponte 25 de Abril, vous pourrez l'admirer sous toutes les coutures sans peur qu'il vous file sous le nez.

Rua Primeiro de Maio, 101 213 613 087 museu.carris.pt Lun.-ven. 10h-12h30 et 14h-17h30, sam. 10h-13h et 14h-18h Dernière entrée 30min avant fermeture.

Déjeunez sur l'herbe

Tapada das Necessidades (plan 5, B2-C2)

D'une harmonieuse élégance avec sa façade rose, l'ancienne résidence royale, installée dans les murs d'un monastère du 18e s. érigé quelques années avant le tremblement de terre de 1755, a été totalement épargnée par la catastrophe. Abritant aujourd'hui le siège du ministère des Affaires étrangères, elle veille encore sur les anciens potagers et le parc chéris de la dynastie des Bragance. Désormais ouverts à tous, jardins à l'anglaise délicieusement ombragés et clairières lumineuses se prêtent à d'agréables flâneries. On vient y visiter l'un des plus vieux jardins de cactus d'Europe, observer les régatiers et les allées et venues des ferries sur le Tage, pique-niquer et, l'été, se mêler aux hipsters attirés par les soirées musicales...

Calçada das Necessidades ⏲ Avr.-sept. : lun.-ven. 8h-19h, w.-e. 10h-19h ; oct.-mars : lun.-ven. 8h-18h, 10h-18h

Le petit frère du Golden Gate

Ponte 25 de Abril (plan 5, B3-B4)

Toute ressemblance avec le célèbre pont de San Francisco ne serait que pure... évidence ! Rouge comme son modèle et comme les œillets de la révolution, cette réplique, réalisée de 1962 à 1966 par la même entreprise que celle qui livra le fameux Golden Gate en 1937, est un exploit dans l'histoire des ponts et chaussées : 2,27km de longueur, 70m de hauteur et des fondations à près de 80m de profondeur. Axe majeur reliant Lisbonne à Cacilhas, il voit passer 160 000 véhicules par jour et se double d'une voie ferroviaire (sous le tablier).

SENSATIONS FORTES

Pour ses cinquante ans, le pont du 25-Avril s'est offert une véritable attraction. À vous de jouer : un ascenseur vous hisse à l'intérieur de l'un de ses piliers jusqu'à la hauteur du tablier (et des voitures). Suspendu à 80m de hauteur, le belvédère – un cube de verre – réserve une belle vue sur l'estuaire du Tage... tandis que le vide se déploie sous vos pieds ! Pilar 7 da Ponte 25 de Abril, ⏲ Dernière entrée 30min avant fermeture

Expérience culminante

Experiência Pilar 7 👍 (plan 5, B3)

En complément de l'expérience "à bord" du belvédère transparent suspendu au Pilar 7, cf. Sensations fortes (p.108), d'autres salles et dispositifs permettent de découvrir de plus près la grande aventure de la construction du célèbre *ponte* : on peut y voir la maquette originale de l'ouvrage, ausculter les entrailles d'un de ses piliers ou vivre, en films, projections et réalité virtuelle, toute son histoire de câbles et d'acier !

Pilar 7 da Ponte 25 de Abril, Avenida da Índia ⏲ Mai-sept. : tlj. 10h-20h ; oct.-avr. : tlj. 10h-18h Dernière entrée 30min avant fermeture € 6€

Le village "lisbohème"

LX Factory ★ (plan 5, B3)

Ou comment 23 000m² d'entrepôts industriels promis à la friche ont repris du service et recomposent, grâce à la poésie de leurs murs de brique et de béton, une belle fabrique à rêves urbains. Dans ce nouvel éden de (ré)création, cohabitent studios de danse, ateliers d'artistes, agences de pub, de mode, de design, d'architecture, producteurs de cinéma... Particulièrement perméable, ce microcosme file le parfait amour avec les restaurants et boutiques tendance et attire les foules bohèmes et branchées qui viennent se retrouver autour d'un verre, ou d'un brunch, avant d'aller fureter à la Livraria Ler Devagar (p.110).

Rua Rodrigues de Faria, 103 📱 www.lxfactory.com

LE CHANT DU MARTEAU-PIQUEUR

Jeune prodige du street-art portugais et Lisboète globe-trotter, Alexandre Farto alias **Vhils** a depuis longtemps troqué la traditionnelle bombe de peinture contre une boîte à outils des plus anti-conformistes, contenant explosifs, acides, marteaux, burins... Depuis l'an 2000, il grave et creuse les murs abandonnés de maisons et d'immeubles pour leur donner un visage, un supplément d'âme, et rendre hommage aux destinées ordinaires. Repérés par Banksy en 2008, ces portraits d'anonymes burinés dans la pierre composent une collection de tableaux en clair-obscur particulièrement touchants et dont on peut admirer de beaux exemples à Lisbonne, mais aussi dans les villes du monde entier. Collaborant régulièrement avec de grandes institutions culturelles à l'échelle internationale, Vhils est aussi représenté par des galeries comme Vera Cortês, à Lisbonne, ou Danysz, à Paris.

Selon la technique de la "chaussée portugaise", l'hommage de Vhils à Amália Rodrigues

NOS ADRESSES

PAUSES

Dînette cosi

Osteria

Sous-titré en italien *"Cucina di amici"* cette "taverne" réunit les amis autour d'un verre et d'une cuisine familiale : gnocchis, lasagnes, risotto...

LAPA (hors plan 5 par C2 n°2) Rua das Madres 52-54 213 960 584 www.osteria.pt Mar.-sam. 12h30-16h et 19h30-0h, dim. 12h30-23h30 ; lun. 19h30-0h

Savoureux sorbet

Gelato Davvero

Cette petite fabrique de glaces, ouverte en 2018, propose des glaces et des sorbets artisanaux dont les quarante saveurs se déclinent au gré des produits de saison. La boule 2€.

LAPA (hors plan 5 par C2 n°3) Av. D. Carlos I, 39 929 165 208 www.gelatodavvero.com Dim.-mer. 12h-20h, jeu. 12h-23h, ven.-sam. 12h-0h

LA RECETTE

CARNE DE PORCO À ALENTEJANA

Pour 6 pers.

1kg de viande de porc (dans le filet mignon ou en sauté)
500g de palourdes (à défaut, des coques ou des praires)
2 poivrons rouges
1 gros oignon rouge
1 petite boîte de concentré de tomate
15cl de vin blanc sec
4 gousses d'ail
1 pincée de piment d'Espelette
Huile d'olive
1/2 bouquet de coriandre fraîche

Faites dégorger les coquillages plusieurs heures dans l'eau froide afin qu'ils se débarrassent de leur sable. Dans une cocotte à fond épais, faites dorer le porc préalablement coupé en gros cubes. Réservez et mettez à la place l'oignon et les poivrons émincés. Laissez colorer avant d'ajouter l'ail écrasé. Déglacez avec le vin blanc, ajoutez le concentré de tomates et le piment d'Espelette. Décollez bien les sucs du fond de la cocotte et remettez la viande. Assaisonnez puis laissez mijoter 30min environ sur feu très doux (plus longtemps pour du sauté). Environ 10 à 15min avant la fin de la cuisson, ajoutez les coquillages égouttés et rincés et laissez cuire jusqu'à ce qu'ils s'ouvrent grand. Remuez bien le tout puis parsemez de coriandre ciselée en fin de cuisson. Servez, accompagné de riz blanc à part (ou de pommes de terre rissolées que lui préfèrent souvent les Portugais).

SHOPPING

Star de LX

Livraria Ler Devagar ♥

Lieu phare de l'usine culturelle LX Factory (p.108), cette librairie dévoile dans son nom la philosophie de la maison : "lire lentement". Son autre mot d'ordre est certainement la convivialité. Passé la surprise qui

À la librairie Ler Devagar, LX Factory

vous saisit en entrant, vous aimerez sans doute vous perdre entre les rayonnages, profiter d'une exposition, d'une rencontre avec un auteur ou d'un thé au milieu des bouquins.

ALCÂNTARA (plan 5, B3 n°20) Lx Factory, Rua Rodrigues de Faria, 103 213 259 992 www.lerdevagar.com Dim.-mer. 10h-22h, jeu.-sam. 10h-0h

Créativité au naturel

Amazingstore

Bois et bambou recyclés habillent tous les objets proposés par ce projet familial – montres, lunettes, radios, et même cravates – en conformité avec l'alternatif et durable *way of life* !

ALCÂNTARA (plan 5, B3 n°21) LX Factory, Rua Rodrigues de Faria, 103 Edificio 1, rdc 934 194 829 www.amazingstore-pt.com Tlj. 11h-20h

Du (très bon) pain artisanal

Gleba – Moagem e Padaria

La recette est simple : les céréales, provenant de variétés locales anciennes sont cultivées au Portugal et moulues dans la boulangerie quelques heures à peine avant la fabrication de la pâte, pour une saveur optimale et la conservation d'un maximum d'éléments nutritifs. Enfin, le levain est naturel. Pain de blé 3,89€/kg.

ALCÂNTARA (plan 5, C2 n°22) Rua do Prior Crato, 18 935 173 026 www.gleba-nossa.pt Tlj. 8h-20h30

Cool & chill

Boutik

Premier magasin surf et café snack de Lisbonne ! Un endroit cool où dénicher des objets des quatre coins du monde et se restaurer sur le pouce de façon saine et délicieuse...

LAPA (plan 5, C2 n°23) Rua de São Bento, 106D 213 960 773 Mer.-ven. 9h-18h, sam.-dim. 9h-17h

SORTIES

Pour un dîner chantant

Sr. Vinho €€€

La glorieuse Maria da Fé n'y chante plus, mais veille toujours en personne sur l'âme de cette maison de fado. Vous pourrez y écouter ses protégés, tout en dégustant des spécialités de riz à la lotte, poulpe grillé et gâteau au miel et aux noix. Le menu est assez cher (env. 50€/pers.), mais on le sert jusqu'à 0h30.

LAPA (hors plan 5 par C2 n°31) Rua do Meio à Lapa, 18 962 315 485 www.srvinho.com Lun.-sam. 20h-2h (fado à partir de 21h15)

Voir aussi **Village Underground Lisboa** (p.104)

BELÉM

Là où le Tage rencontre l'océan. Plus marine, Lisbonne s'y fait aussi plus historique, avec ses deux sites classés au patrimoine mondial de l'Unesco (le Mosteiro dos Jerónimos et la Torre de Belém), et plus culturelle, avec sa profusion de musées. Autant de monuments auxquels il convient d'ajouter encore un trésor : l'irrésistible *pastel* de Belém !

ACCÈS ET INFOS

- L'"avant-port" de Lisbonne, son faubourg le plus occidental, se situe à l'embouchure du Tage. On y accède facilement grâce au tram 15, aux bus 714, 727, 728, 729 et 751 ou encore en train au départ de la gare de Cais do Sodré via Alcântara.
- Fatigué après votre nuit de fête sur les quais ? Prenez le bus pour rejoindre le centre-ville. Affublée d'un joli croissant de lune, la ligne des noctambules 201 longe le Tage jusqu'à Belém en 15min, à la fréquence d'un ou deux passages par heure.
- Transportes de Lisboa 213 613 000 www.carris.pt

À VOIR

Bethléem (Belém en portugais) est le berceau des Grandes Découvertes des 15e et 16e s. Sur les quais festonnés de parcs et de promenades, les hommages à l'âge d'or de la navigation portugaise paradent, avec en tête de cortège deux chefs-d'œuvre inégalés : le Mosteiro dos Jerónimos et la Torre de Belém. Emblématiques du style dit manuélin, ils doivent leur splendeur au lucratif commerce de l'or, des esclaves d'Afrique et des épices d'Orient. Plutôt épargné par le cataclysme de 1755, ce faubourg de Lisbonne s'est densifié tardivement. En 1757, il ne comptait que 210 feux !

Joyau d'art manuélin

Torre de Belém (plan 6, A4)

Si sa terrasse du 5e étage ménage une vue époustouflante sur le Tage, c'est en restant à ses pieds que vous pourrez voir les trésors d'ornementation qu'elle déploie : loggia à arcades, fenêtres à la vénitienne, dômes mauresques, croix de l'ordre du Christ... Initialement érigé au beau milieu du fleuve pour en défendre l'embouchure (1515-1519), cette merveille d'architecture militaire fut rattachée au continent par l'ensablement consécutif au séisme de 1755. Désormais rangée des flots, elle n'en demeure pas moins le témoin privilégié de la puissance maritime du Portugal au temps de sa splendeur.

Av. de Brasília 213 620 034 www.torrebelem.gov.pt Mar.-dim. 9h30-18h30 6€

Tous dans le même bateau

Monumento (ou Padrão) dos Descobrimentos (plan 6, B4)

Explorateurs, cartographes, missionnaires... 32 artisans des Grandes Découvertes statufiés pour l'éternité à la proue d'une caravelle de béton, dans l'ombre du premier d'entre eux : l'infant Henri, regard tourné vers l'horizon. Ce monument de 52m de haut, conçu en 1960 pour célébrer le 500e anniversaire

À NE PAS MANQUER

- Torre de Belém
- Museu Coleção Berardo ★
- CCB – Centro Cultural de Belém ★
- Mosteiro dos Jerónimos ★
- Museu dos Coches
- MAAT – Museu de Arte, Arquitetura e Tecnologia ★

Le Padrão dos Descobrimentos

de la mort d'Henri le Navigateur, est typique de l'esthétique néoréaliste chère au régime de Salazar. Un ascenseur vous hissera jusqu'à la minuscule terrasse pour contempler la vue sur la rose des vents des découvertes maritimes, dessinée en contrebas. Également un film sur le monument et le Portugal de l'époque.

Av. de Brasília 📱213 031 950 www.padraodosdescobrimentos.pt 🕒 Mars-sept. : tlj. 10h-19h ; oct.-fév. : mar.-dim. 10h-18h € 6€

Pour se faire de belles toiles

Museu Coleção Berardo ★ (plan 6, A4-B4)

La pléthorique collection du milliardaire José Berardo exposée sur quelque 11 000 m²... L'occasion saisissante de partager le goût de l'homme d'affaires pour les grandes signatures des 20e et 21e s. : Pablo Picasso, Jean Dubuffet, Jackson Pollock, Yves Klein, Francis Bacon et Andy Warhol et, parmi les Portugais, Paula Rego, Pedro Cabrita Reis, Fernando Calhau.

Praça do Império 📱213 612 878 www.museuberardo.pt 🕒 Tlj. 10h-19h € 5€, gratuit le samedi

Épure de pierre pour art contemporain

CCB – Centro Cultural de Belém ★ (plan 6, A4-B4)

Cours, escaliers, passages, terrasses, palmiers et oliviers... Les architectes M. Salgado et V. Gregotti ont taillé dans le marbre brut cette ziggourat des temps modernes qui de ses lignes pures calme l'exubérance manuéline environnante. Les vives critiques que souleva son inauguration en 1994 se sont tues devant l'évidence de sa superbe. Véritable temple des arts vivants (deux salles de spectacle et un auditorium), elle héberge également la spectaculaire collection Berardo (ci-après). Le premier dimanche du mois, un **marché**

(10h-18h) se tient à l'intérieur du complexe : mode, déco, brocante et antiquités, sans oublier les fruits et légumes de saison. Ce jour-là, les spectacles produits par le CCB sont en vente avec 30% de réduction.

Praça do Império 213 612 400 www.ccb.pt Été : tlj. 9h-17h30 ; hiver : tlj. 8h-20h

Dans le sillage des grands navigateurs

Museu de Marinha (plan 6, B3)

Ce que ce musée nous montre et nous raconte de l'histoire de la marine est aussi dense que la liste des noms portugais qui figurent au Panthéon mondial des navigateurs ! En témoignent une superbe collection de maquettes de vaisseaux des grands explorateurs, des butins d'épaves et des globes terrestres. Visites tactiles pour les non-voyants.

Praça do Império 210 977 388 museu.marinha.pt Mai-sept. : tlj. 10h-18h ; oct.-avr. : tlj. 10h-17h 6,50€

Inimitable beauté

Mosteiro dos Jerónimos ★ (plan 6, B3)

Sublime manifeste de l'art manuélin, cette petite folie, imaginée par Manuel I (1495-1521) pour glorifier la toute-puissance du Portugal sur les mers du monde, tire son incomparable beauté d'une construction composite. La légende raconte que Vasco de Gama lui-même vint s'y recueillir la veille de son départ pour les Indes. L'afflux de richesses en provenance d'Extrême-Orient permettra aux architectes de se lancer dans la réalisation d'un projet grandiose symbolisant la suprématie du Portugal de l'ère des colonies. Ainsi le style de sa construction originelle (1502-1572) imposé par Diogo Boytac fut-il nuancé au gré des interventions plateresques de João de Castilho, Renaissance de Nicolas Chantereine, et plus classiques de Diogo de Torralva et Jérôme de Rouen. Quoi qu'il en soit, entre ces dentelles de pierre, le couvent, tel le pont d'un vaisseau pétrifié où gisent cordages, nœuds, chaînes, palmes, algues et coraux, témoigne de l'obsession de la mer et des vaisseaux.

Praça do Império 213 620 034 www.mosteirojeronimos.gov.pt Mai-sept. : mar.-dim. 9h30-17h30 ; oct.-avr. : mar.-dim. 9h30-17h30 10€

Igreja de Santa Maria de Belém (plan 6, B3)

L'église constitue une véritable prouesse technique autant qu'artistique, avec sa nef centrale de 92m de long et 25m de large, sa voûte nervurée et ses six piliers octogonaux ornés d'une débauche de motifs Renaissance. La fameuse voûte du transept (de Castilho, 1522) évoque par ses saillies irradiantes un filet

BON À SAVOIR

Pour éviter les files d'attente interminables, commencez par le **Mosteiro dos Jerónimos** (p.114), puis rejoignez la **Torre de Belém** (p.112) avant de poursuivre jusqu'au Monumento (ou Padrão) dos Descobrimentos (p.112). Pause gourmande bien méritée ensuite à l'**Antiga Confeitaria** (p.118), avant de finir dans un carrosse au **Museu nacional dos Coches** (p.115) !

lancé vers le ciel pour une pêche miraculeuse. Et l'on se demande comment les deux graciles colonnes qui la soutiennent résistèrent au tremblement de terre de 1755 ! Avant les tombeaux néomanuélins de Vasco de Gama et de Luís de Camões, prenez le temps de détailler la foule des statues qui peuplent les portails sud et ouest.

Mosteiro dos Jerónimos Praça do Império

Claustro **(plan 6, B3)**

Sans doute l'un des plus beaux cloîtres du monde, signé Boytac et de Castilho en 1517. Le poète Fernando Pessoa y repose, profitant pour l'éternité des tons de miel de la pierre de la vallée d'Alcântara, des proportions harmonieuses et de la profusion décorative (enjolivures Renaissance d'inspiration marine ou végétale) de l'ensemble.

Mai-sept. : mar.-dim. 10h-18h30 ; oct.-avr. : mar.-dim. 10h-17h30

Dans les senteurs de jasmin

Jardim Botânico Tropical (plan 6, B3)

Agrémenté d'une végétation ultramarine, le "laboratoire de recherche" de l'Institut d'investigation scientifique tropicale compose un agréable jardin, qui exhale au mois de juin une enivrante odeur de jasmin.

Largo dos Jerónimos 213 921 808 museus.ulisboa.pt Oct.-mars : tlj. 10h-17h ; avr.-sept. : tlj. 10h-20h 2€

Limousines d'autrefois

Museu dos Coches (plan 6, B3-C3)

Une clinquante collection de carrosses, landaus, berlines, calèches, litières, chaises à porteurs, voitures de promenade ou d'apparat (17e-20e s.), est stationnée dans un musée dont l'architecture minimaliste et épurée de Paolo Mendes da Rocha (2015) tranche avec la luxuriance de ce qu'il renferme. Parmi les pièces remarquables, trois carrosses italiens à l'exubérance toute baroque, et la voiture qui transportait le roi Carlos Ier lors de l'attentat du 1er février 1908.

Av. da Índia, 136 210 732 319
www.museudoscoches.pt
Mar.-dim. 10h-18h 8€

Au Jardim do Ultramar

Coup de foudre

MAAT – Museu de Arte, Arquitetura e Tecnologia ★ (plan 6, C4)

Bâti au bord du Tage à côté d'une ancienne centrale électrique, (l'ex-Central Tejo, dont une partie des espaces accueille des expositions temporaires), ce colossal musée d'architecture, d'art contemporain et de nouvelles technologies (2016) est l'œuvre d'Amanda Levete. Ses courbes insolites recouvertes de céramique blanche lui donnent l'allure d'une soucoupe volante ! Expositions d'envergure d'artistes internationaux à la croisée de l'architecture, de l'art contemporain et des nouvelles technologies. Pensez à grimper sur le toit !

Av. Brasília 210 028 130 www.maat.pt Mer.-lun. 10h-19h 9€

Museu da Electricidade au MAAT

Merveilles du cru et d'outre-mer

Museu Nacional de Etnologia (plan 6, B2)

Au temps de sa puissance maritime et colonisatrice, le Portugal a récolté des trésors du monde entier, notamment une profusion de pièces d'art africain, présentées lors des expositions temporaires.

Av. Ilha da Madeira (Restelo) 213 041 160 mnetnologia.wordpress.com Mar. 14h-18h, mer.-dim. 10h-18h 3€

C'est la vie de château !

Palácio Nacional da Ajuda (plan 6, C1)

Siège du ministère de la Culture, ce palais achevé en 1761 sur les hauteurs de Belém devint la résidence permanente de la famille régnante portugaise dans la seconde moitié du 19e s. Dans un décor typique de la vie de cour sont exposées d'importantes collections d'arts décoratifs (15e-20e s.), d'orfèvrerie (services de table des rois du Portugal) et de joaillerie (bijoux de la couronne portugaise).

Largo da Ajuda 213 637 095 www.patrimoniocultural.gov.pt Ven.-mer. 10h-18h 10€ entrée : Ala das joias 5€

7ha pour jouer à cache-cache

Jardim Botânico da Ajuda (plan 6, B2)

Avec ses palmiers-dattiers, ses banians aux racines entrelacées et sa bambouseraie touffue, le plus ancien jardin botanique du pays rappelle qu'il fut la terre d'accueil des premières essences exotiques rares rapportées par les navigateurs portugais.

Calçada da Ajuda 213 653 157 www.jardimbotanicodajuda.com Mai-sept. : lun.-ven. 10h-18h, w.-e. et j. fér. 10h-20h ; oct., avr. : tlj. 10h-18h ; nov.-mars : tlj. 10h-17h 2€

Planétarium vintage

Planetário Calouste Gulbenkian (plan 6, B3)

Inauguré en 1965 sous le mécénat de la Fondation Gulbenkian, puis profondément restauré au début des années 2000, ce planétarium propose des voyages intergalactiques pour petits et grands. Approfondissez vos notions d'astronomie ou apprenez tout sur le télescope spatial Hubble. Quelques séances en français.

Praça do Império 210 977 350 ccm.marinha.pt/pt/planetario Mar.-mer. 10h-13h30 et 16h, jeu.-ven. 12h-13h30 et 17h30, sam.-dim. 10h-12h et 13h30-17h Tarif 6€, réduit 3,50€, entrée interdite aux enfants de 0-3 ans

À FAIRE

Flânez au bord de l'eau

De Belém à la Praça do Comércio, la rive du Tage est jalonnée de nombreux kiosques, bars et restaurants. Leurs terrasses le long du fleuve sont un irrésistible appel à faire une pause, les yeux tournés vers le “large”, le temps d'un verre, d'une partie de cartes, d'un en-cas ou même d'un concert.

Traversez le Tage et allez à la plage !

Au départ de l'Estação Fluvial de Belém, le bateau de la Transtejo vous emmènera jusqu'à Trafaria, modeste port commercial un peu endormi, une sorte de bout du monde avec ses silos et ses petits restaurants. De là, ceux qui veulent se mettre à l'eau pourront rejoindre les **plages de Caparica** (p.159) et (p.161), en grimpant à bord du bus TST 129.

Transtejo 808 203 050 www.ttsl.pt Traversées Tlj. 5h30-1h20 (ttes les 15-20 min) 1,25-2,80€ Billets dans les gares Compagnie TST www.tsuldotejo.pt Départ toutes les 30 min de Trafaria, billets à partir de 1,45€ à bord selon la distance parcourue

NOS ADRESSES

PAUSES

Il serait sacrilège de quitter Belém sans avoir fait provision de véritables *pastéis de nata*. De l'avis de tous, c'est ici qu'ils atteignent la perfection.

"LE" goût de Lisbonne
Antiga Confeitaria de Belém ♥
Le voyage n'est pas total tant que l'on n'a pas mordu dans un *pastel de nata* de Belém dont la recette est perpétuée dans le secret d'un couvent depuis 1837. Près de 10 000 petits délices dorés de pâte feuilletée garnis

LA RECETTE

PASTÉIS DE NATA

Pour 12 petits gâteaux
2 blocs de pâte feuilletée de 200g
4 jaunes d'œuf
2 œufs entiers
500ml de lait
20g de farine
20g de sucre
Le zeste d'un citron bio

Préchauffez le four à 220°C. Étalez les deux blocs de pâte feuilletée, disposez les deux abaisses l'une sur l'autre et roulez-les ensemble pour former un cylindre. Coupez des rondelles de 1cm d'épaisseur et froncez-les dans de petits moules ronds à tartelette ou des ramequins préalablement beurrés. Préparez l'appareil en commençant par délayer la farine dans le lait. Ajoutez le zeste du citron et portez à ébullition tout en fouettant. Au premier bouillon, retirez du feu et réservez. Préparez le sirop en faisant fondre le sucre dans un peu d'eau et en le faisant cuire jusqu'à ce qu'il atteigne une température de 110°C. Quand de grosses bulles se forment, retirez le sirop du feu et incorporez-le petit à petit au lait, en remuant énergiquement. Retirez le zeste de citron, puis ajoutez les œufs tout en continuant à fouetter. Vous pouvez maintenant remplir vos moules, aux 3/4 seulement pour éviter que l'appareil déborde à la cuisson (vos *pastéis* vont gonfler un peu). Placez dans le four bien chaud 7 à 10min, tout en surveillant la cuisson. À déguster tiède, saupoudré de sucre glace et de cannelle, comme à Belém.

de crème aux œufs sortent quotidiennement des fours. Une cadence nécessaire pour satisfaire la horde des gourmands, qui font le déplacement chaque jour jusqu'ici pour mordre dans la douceur tiède, saupoudrée de sucre glace et de cannelle.

BELÉM (plan 6, B3 n°1) Rua de Belém, 84-92 213 637 423 www.pasteisdebelem.pt Juil.-sept. : tlj. 8h-22h ; oct.-juin : tlj. 8h-22h

Gourmandises lisboètes

Manteigaria

L'une des meilleures *fabricás* de *pastéis de nata* (p.87) de Lisbonne s'est dotée d'une deuxième boutique, à Bélem, fief de l'historique pâtisserie éponyme, comme pour mieux venir défier son emblématique rivale... ou tenter de lui ravir sa recette ? Les croustillantes petites tartelettes sont réalisées sous vos yeux et elles ont à peine le temps de refroidir que vous vous demandez déjà comment vous allez résister à la tentation d'en prendre une deuxième. À savourer au comptoir accompagnées d'un *bica* ou d'une *ginginha*.... ou possibilité de repartir avec une petite boîte.

BELÉM (plan 6, B3 n°2) Rua de Belém, 31 21 364 0958 Tlj. 8h-21h

RESTAURANTS

Un grand bol d'iode

Nune's Real Marisqueira ♥€€€

Une bande de langoustes (135€/kg) et de homards (110€/kg) claquant des pinces dans l'attente de leur dernière heure vous reçoivent dans cette institution incontestée du poisson à Lisbonne. Les âmes sensibles pourront toutefois gracier ces gros crustacés en optant pour une sole grillé(28€) ou un turbot frit accompagné d'un succulent riz à la tomate (23€). Comptez 60€ env. à la carte.

BELÉM (plan 6, A4 n°11) Rua Bartolomeu Dias, 172 213 019 899 www.nunesmarisqueira.pt Mar.-dim. 12h30-0h

Coucher de soleil en vue

Clube Naval de Lisboa

Fréquenté par des habitués tous amoureux de voile, ce restaurant de cuisine traditionnelle propose des plats comme le fameux *bacalhau à lagareiro* parmi d'autres spécialités de poissons frais. Sa vue sur le Tage et sur le pont du 25-Avril en font un lieu merveilleux pour admirer le coucher de soleil.

BELÉM (plan 6, B4 n°10) Av. Brasilia , Doca de Belém 213 636 014 www.clubenavaldelisboa.pt Mer.-jeu. 12h-22h

TRINQUER AU SOLEIL COUCHANT

Sur les rives du Tage, vous trouverez plusieurs lieux où trinquer au soleil couchant et se remettre d'une intense journée dans les musées de Belém, comme le **Bar 38° 41'**. Sa déco hype et lounge, rehaussée du voisinage des bateaux, et sa playlist bien sentie, relayée par l'intervention d'un DJ le week-end, entre 12h et 16h, promettent une ambiance incomparable. Également, des concerts de jazz.

BELÉM (plan 6, A4 n°12) Altis Belém Hotel & Spa Doca do Bom Sucesso 210 400 210 www.altishotels.com Tlj. 11h-0h

Dix stations de métro mais quinze siècles d'histoire : un voyage dans le temps se profile le long du Tage, entre la trilogie Alfama-Graça-Mouraria qui vous aspire vers la Lisbonne populaire de jadis, les quartiers de l'est qui se dévoilent dans un renouveau contemporain et le Parque das Nações qui vous projette dans la ville du futur imaginée par les architectes de l'Expo'98.

L'Alfama et l'est

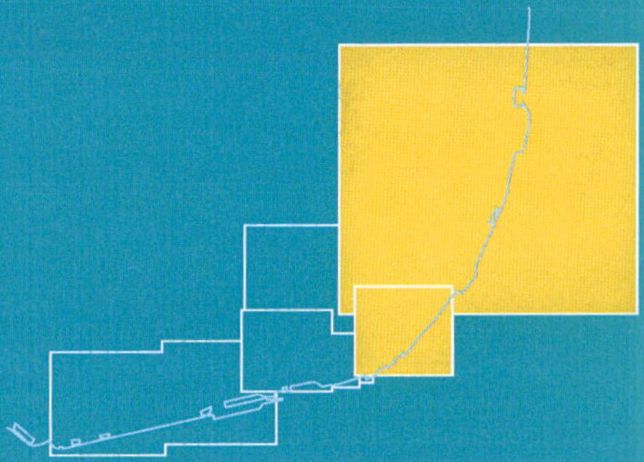

122 **Plan 7**
124 **Plan 8**
126 **Cinq bonnes raisons...**
128 **Rendez-vous avec...**
130 **L'Alfama**
136 **Graça et la Mouraria**
142 **L'est et le Parque das Nações**

La Rua das Escolas Gerais, dans l'Alfama

Plan 7
A
B
1
2
3
4
26
Avenida Almirante Reis
Rua da Bombarda
Rua Manuel Soares Guedes
LARGO DO INTENDENTE PINA MANIQUE
MIRADOURO DA SENHORA DO MONTE
RUA DE PALMA
SAPADORES
Rua da Graça
Rua Natália Correia
Rua Josefa Maria Gens
Rua de Sapadores
R. do Vale de Santo Antó
Travessa da Senhora da Glória
R. do Cardal da Graça
Rua da Senhora da Glória
Rua da Belavista à Graça
Rua da Senhora do Monte
Rua de São Gens
Rua das Beatas
RUA DA GRAÇA
Rua do Sol à Graça
Rua Damasceno Monteiro
Rua das Olarias
Travessa da Nazaré
Calçada da Senhora do Monte
Rua de Palma
Plan 2
22
2
Vila Berta
Rua Leite de Vasconcelos
GRAÇA p.136
JARDIM DA CERCA DA GRAÇA
MIRADOURO SOPHIA DE MELLO BREYNER ANDRESEN
IGREJA DA GRAÇA
Largo da Graça
GRAÇA
Travessa do Pereira
Rua C
MARTIM MONIZ
3
Rua do Benformoso
Largo das Olarias
Rua dos Lagares
SOCORRO
Rua Cavaleiros
Praça Martim Moniz
Rua da Voz do Operário
Rua da Verónica
JARDIM AUGUSTO GIL
LARGO DO TERREIRINHO
MARTIM MONIZ
LARGO MARTIM MONIZ
Rua Marquês de Ponte de Lima
LA MOURARIA p.136
33
RUA DOS LAGARES
Calçada da Graça
Travessa das Mónicas
VOZ DO OPERÁRIO
14
24
Campo de Santa Clara
Arco Grande de Cima
IGREJA DE SANTA ENGRÁCIA-PANTEÃO NACIONAL
MOSTEIRO DE SÃO VICENTE DE FORA
Costa do Castelo
R. das Farinhas
Rua de Santa Cruz do Castelo
CASTELO DE SÃO JORGE
ROSSIO
PRAÇA DA FIGUEIRA
SÃO TOMÉ
25
CALÇADA DE SÃO VICENTE
Escadinhas do Arco da Dona Rosa
D
RUA DAS ESCOLAS GERAIS
Rua das Escolas Gerais
LARGO DAS PORTAS DO SOL
F
Costa do Castelo
B
IGREJA ORTODOXA RUSSA
Rua Bartolomeu de Gusmão
MIRADOURO DE SANTA LUZIA
Rua da Regueira
Calçadinha de Santo Estêvão
31
35
Rua dos Remédios
11
ELEVADOR DO CASTELO
Rua da Prata
Rua dos Fanqueiros
LARGO DAS PORTAS DO SOL - LARGO DE SANTA LUZIA
32
Rua de São Mamede
Beco do Espírito Santo
34
Rua do Jardim do Tabaco
ALFAMA
Cais da Lingueta
Infante Dom Henrique
MUSEU DO TEATRO ROMANO
Rua de Saudade
Rua do Limoeiro
C
Rua do Terreiro do Trigo
MUSEU DO FADO
E
L'ALFAMA p.130
20
Avenida
Plan 1
IGREJA DE SANTO ANTÓNIO
R. Augusto Rosa
LIMOEIRO
G
IGREJA DE SANTA MARIA MADALENA
SÉ
MUSEU DO ALJUBE / SÉ PATRIARCAL
36
R. de São João da Praça
CONSERVEIRA DE LISBOA
CASA DOS BICOS
Rua Cais de Santarém
21
Rua do Comércio
IGREJA DA CONCEIÇÃO VELHA
Rua da Alfândega
Campo das Cebolas
R. Virgílio Machado
R. Instituto
Avenida Infante Dom Henrique
LE CENTRE ET LES AVENIDAS p.34
Praça do Comércio
TERREIRO DO PAÇO

Pauses (n°2 et 3)
- *2* Cozinha Popular - *p.140* A1
- *3* Topo Martim Moniz - *p.140* .. A2

Restaurants (n°11 à 14)
- *11* Pateo 13 - *p.133* B3
- *13* Casanova - *p.133* C3
- *14* Ceia - Silent Living - *p.140* B2

Shopping (n°20 à 26)
- *25* Anabela Cardoso Azulejos - *p.141* B3
- *21* Conserveira de Lisboa - *p.134* A4
- *24* Feira da Ladra - *p.141* B2
- *23* Flur Discos - *p.134* C3
- *20* Rua Augusto Rosa - *p.134* A3
- *22* San Giorgio - *p.141* B1
- *26* Viúva Lamego - *p.141* A1

Sorties (n°30 à 36)
- *33* Café da Garagem - *p.135* A2
- *32* Chapitô - *p.135* A3
- *30* LuxFrágil - *p.135* C2
- *31* Mesa de frades - *p.134* C3
- *34* Parreirinha de Alfama - *p.135* B3
- *35* Tasca Bela - *p.135* B3
- *36* Clube de fado - *p.135* A4

RENDEZ-VOUS AVEC...
Les adresses de Monica Penaguiao
- **B** Museu de Artes Decorativas Portuguesas - *p.128* B3
- **C** Bar Antù Alfama - *p.128* B3
- **D** Restaurante Sem - *p.128* B3
- **E** Prado - *p.128* B3
- **F** Restaurante O Velho Eurico - *p.129* A3
- **G** Memmo Alfama - *p.129* B4

Plan 8
A
B
1
2
3
4
AEROPORTO DE LISBOA
AEROPORTO
ENCARNAÇÃO
JARDIM DA ALAMEDA DA ENCARNAÇÃO
OLIVAIS NORTE
PARQUE VALE DO SILÊNCIO
CEMITÉRIO DOS OLIVAIS
MOSCAVIDE
PARQUE DAS NAÇÕES
TORRE VASCO DA GAMA
TELECABINE LISBOA
FEIRA INTERNACIONAL DE LISBOA
ALTICE ARENA
CENTRO VASCO DA GAMA
OCEANÁRIO
JARDINS DA ÁGUA
CABO RUIVO
JARDIM DO CABEÇO DAS ROLAS
OLIVAIS
LE CENTRE ET LES AVENIDAS p.34
TERESINHAS
CHELAS
PARQUE DA BELA VISTA
BELA VISTA
BRAÇO DE PRATA
GALERIA UNDERDOGS
AREEIRO
OLAIAS
MARVILA
GALERIA BRUNO MÚRIAS
GALERIA FRANCISCO FINO / GALERIA BAGINSKI
ALAMEDA
ME. DE DEUS
BEATO
CONVENTO DO BEATO
IBIRAPI CONTEMPORÂNEA
ARROIOS
Plan 2
ALTO DO PINA
CEMITÉRIO DO ALTO DE SÃO JOÃO
GRILO
HUB CRIATIVO DO BEATO
GALERIA FILOMENA SOARES
XABREGAS
ANJOS
MUSEU NACIONAL DO AZULEJO
KUNSTHALLE LISSABON
BAIRRO LOPES
CONVENTO DE SANTOS NOVO
RIO TEJO
0
500 m
33
2
12
1
22
21
32
31
10

Pauses (n°1 et 2)

1 Café Com Calma - *p.147* B3

2 The Royal Rawness - *p.147*... B3

Restaurants (n°10 à 12)

10 Palácio do Grillo - *p.147* B3

12 O Refeitório do Senhor Abel - *p.147* B3

Shopping (n°21 et 22)

22 Cantinho do Vintage - *p.149*. B3

21 Revivigi - *p.148* B3

Sorties (n°30 à 33)

31 Dois Corvos - *p.149*........... B3

33 Fábrica Braço de Prata - *p.149*........ B3

32 Musa - *p.149*.................... B3

30 Sky Bar Oriente - *p.149*....... C3

RENDEZ-VOUS AVEC...

Les adresses de Monica Penaguiao

A Museu Nacional do Azulejo - *p.142* A4

CINQ BONNES RAISONS…

… d'explorer les quartiers est de Lisbonne, jusqu'au Parque das Nações.

LES GALERIES D'ART (p.143). comme celle de Francisco Fino, pour prendre un bon bol d'art dans le "Brooklyn lisboète".

LE MOSTEIRO DE SÃO VICENTE DE FORA (p.136), pour ses azulejos.

LE CASTELO DE SÃO JORGE (p.132), pour se délecter de la vue.

☀ **LE MIRADOURO DA SENHORA DO MONTE** (p.138), parce que c'est l'un des trois plus beaux balcons de Lisbonne !

☀ **LA CONSERVEIRA DE LISBOA** (p.134), pour le charme délicieusement rétro des boîtes colorées et des saveurs qu'elles renferment.

RENDEZ-VOUS AVEC...

Reconnue aujourd'hui par la presse internationale pour ses projets de design d'intérieur au Portugal et au Brésil, Monica Penaguiao possède une vraie boutique-atelier à Lapa, où elle vend des objets de décoration de sa propre marque, Poeira ("poussière"), et ceux d'autres jeunes créateurs de tous les coins du monde.

Mon musée

A Museu Nacional do Azulejo

Pour un voyage dans l'histoire de l'azulejo depuis le 15e s. !

XABREGAS Rua da Madre de Deus, 4
218 100 340 www.museudoazulejo.gov.pt
Mar.-dim. 10h-18h € Tarif 5€, réduit 2,50€, gratuit jusqu'à 12 ans

Mon palais

B Museu de Artes Decorativas Portuguesas

Derrière les murs du Palácio Azurara (17e s.), se trouve un musée-école (1953) destiné à maintenir la tradition des arts décoratifs portugais. Le palais, acheté par le financier Ricardo do Espírito Santo Silva pour recevoir le musée, a été légué à la ville.

ALFAMA Rua de São Tomé, 90 218 814 600 www.fress.pt Mer.-lun. 10h-17h € 10€, visite guidée des ateliers et du musée 20€ (sur rdv)

Ma pause arty

C Bar Antù Alfama

Situé dans un bâtiment culte qui a survécu au tremblement de terre de 1755, j'aime ce restaurant-boutique-galerie qui me fait découvrir de nouveaux artistes. Brunch à la carte, "finger food" originale comme le poulet pané à la farine de cannabis avec sa sauce ponzu ! Plats 15€.

ALFAMA Beco de São Miguel 218 870 649
Tlj. 9h-23h

Mon lieu "less is more"

D Restaurante Sem

Sem, "sans", pour "sans gâchis". Le mot d'ordre ici prône le durable et le recyclable avec, dans l'assiette, une belle énergie alternative : menu dégustation "6 moments" autour des produits fournis par les producteurs d'agriculture régénératrice.

ALFAMA Rua das Escolas Gerais, 120
218 860 399 www.restaurantsem.com
Mer.-dim. 19h-0h

Mon dîner pour gourmets

E Prado

Situé dans une ancienne usine du début du 20e s. à la déco industrielle épurée, ce restaurant propose une belle cuisine fusion à base

Vue du bar extérieur du Memmo Alfama

de produits bio et de saison. Plats env. 45€.

ALFAMA Travessa das Pedras Negras, 2
210 534 649 Mar.-mer. 19h-22h30, jeu.-sam. 12h-15h et 19h-22h30

Ma *tasca*

F Restaurante O Velho Eurico

Une *tasca* à l'ancienne toute simple qui perpétue la cuisine de son fondateur, monsieur Velho Eurico, parti à la retraite en 2018. On y propose une carte authentique portugaise comme le fameux *cozido à portuguesa*, l'*arroz de feijãos* (aux haricots rouges) ou les délicieux *peixinhos da horta* (*tempura* de haricots verts)...

ALFAMA Largo São Cristovão, 3 218 861 815
Mar.-sam. 12h30-15h et 20h-22h30, dim. 12h30-15h

SI MON QUARTIER ÉTAIT...

Une couleur... Ce serait l'*azul* ! Le bleu ! Le bleu du Tage qui rencontre celui du ciel, le bleu des azulejos couvrant les façades des Portas do Sol et des collines du château.

Mon hôtel, mon rooftop...

G Memmo Alfama – Bar

Un des hôtels et des rooftops les plus "memmorables" du Portugal ! Des chambres et de la terrasse où boire un verre s'offrent des vues magnifiques sur les toits de briques rouges descendant jusqu'au Tage. Comptez entre 150 et 500€ pour les chambres.

AFAMA Tv das Merceeiras, 27 210 495 660
www.memmohotels.com/alfama
Tlj. 9h-23h Bar

L'ALFAMA ★

Charmant dédale de petites places arborées, d'allées pavées, de ruelles tortueuses et d'escaliers abrupts, l'Alfama garde le profil d'un vrai quartier populaire, sacrifiant avec grâce au cliché du linge qui sèche aux fenêtres et des anciens qui refont le monde sur le pas de leur porte.

ACCÈS ET INFOS

- Prenant racine sur les rives du Tage, à l'est de la Praça do Comércio, le quartier de l'Alfama se prolonge vers le nord jusqu'à la Mouraria et Graça.

À VOIR

L'ALFAMA

Comme l'attestent les ruines du théâtre romain, le quartier de l'Alfama est le plus ancien de Lisbonne. Miraculé du tremblement de terre de 1755, il a gardé ses ruelles étroites qui dévalent les pentes et ses demeures pombalines qui entourent la Sé. Au gré de la colline, les plus beaux monuments se gagnent au prix d'efforts amplement récompensés par le belvédère de Santa Luzia, le Castelo de São Jorge et le monastère São Vicente de Fora.

Vénérable dame

Sé Patriarcal (plan 7, A4)

Indifférente au passage du tram 28 comme aux photographes qui l'immortalisent, cette cathédrale-forteresse demeure, en dépit de ses remaniements successifs, notamment après le séisme de 1755, l'ultime témoin de la fondation de la nation portugaise (1147). Façade romane, chapelles gothiques et chœur baroque, elle assume avec panache son style composite. À ne pas manquer, près de l'entrée du **cloître** gothique, une jolie grille en fer forgé fermant une chapelle. Dans le musée du Trésor attenant, vous pourrez admirer costumes, statues, manuscrits et reliques de São Vicente, saint patron de Lisbonne.

Largo da Sé ☎ 218 866 752 ⏲ Juin-oct. : lun.-sam. 10h-18h ; nov.-mai : 9h30-19h
Musée Lun.-sam. 10h-17h

Se souvenir des héros de la liberté

Museu do Aljube (plan 7, A4)

L'Aljube (de l'arabe *al-jubb* pour "citerne") a un long passé de prison. Un musée y a été installé pour rappeler sa fonction de centre de détention politique de 1928 à 1965. À partir du premier étage, il déroule une brève histoire du Portugal entre 1890 et 1976, traitant en particulier de la censure exercée sur les médias, les livres et les disques pendant la dictature (1926-1974). Sont exposées les "certitudes indiscutables" du régime de Salazar ("Dieu, patrie et famille") et, en contrepoint, l'importance de la presse clandestine. Le poids de la police politique, la PIDE, est évoqué, ainsi que les luttes antifascistes et la question des colonies.

Rua de Augusto Rosa, 42 ☎ 215 818 535 www.museudoaljube.pt ⏲ Mar.-dim. 10h-18h € 3€

À NE PAS MANQUER

- Sé Patriarcal
- Largo das Portas do Sol – Largo de Santa Luzia
- Castelo de São Jorge
- Conserveira de Lisboa
- Une soirée de fado

Largo das Portas do Sol

Origamique !

Casa dos Bicos (plan 7, A4)

À l'allure impersonnelle de ses voisines, cette maison oppose la fantaisie d'une façade "en 3D", hérissée de pierres taillées en pointes (*bicos*) de diamant. Cet étrange succédané de palais des mille et une nuits fut la propriété du fils illégitime d'Afonso de Albuquerque, vice-roi des Indes, avant d'abriter le siège de la **Fundação José Saramago** dédiée au prix Nobel de littérature 1998.

Rua dos Bacalhoeiros, 10 ☎ 218 802 040 www.josesaramago.org ⏱ Lun.-sam. 10h-18h € 3€

BON À SAVOIR

Le dédale de l'Alfama jouit d'une toponymie originale. Pour ne pas "tomber dans le panneau", sachez qu'un ***beco*** vous conduira sans doute à une impasse, que la ***calçada*** (ou *calçadinha*) augure d'une montée assez raide, que la ***travessa*** est plutôt réservée aux piétons, que les ***escadinhas*** remplaceront avantageusement votre séance de step et qu'un ***pátio*** se découvre le plus souvent au bout d'une voie sans issue.

Des nouvelles d'Olisipo

Museu do Teatro Romano (plan 7, A3)

Les traces de la période romaine de Lisbonne sont si rares que celles-ci, révélées par des fouilles en 1964, sont protégées comme un Graal, entre les murs de ce musée contemporain. Il s'agit des vestiges d'un théâtre antique construit sous Auguste, qui pouvait contenir jusqu'à 500 spectateurs. Juste en face, un modeste musée évoque le passé antique du quartier.

Rua de São Mamede, 3A ☎ 215 818 530 www.museudelisboa.pt ⏱ Mar.-dim. 10h-18h € 3€

Point de vue, image de l'Alfama

Largo das Portas do Sol – Largo de Santa Luzia (plan 7, B3)

Dans la montée vers le château de Saint-Georges, deux rues invitent à une délicieuse pause-café. Sous la tonnelle, le Largo de Santa Luzia est le balcon rêvé pour contempler les ruelles de l'Alfama descendant vers le Tage.

Vestiges des cimes

Castelo de São Jorge (plan 7, A2-3)

Voici trois bonnes raisons de partir à l'assaut de la grande citadelle tutélaire de Lisbonne. Pour l'exceptionnel panorama offert par sa terrasse et ses chemins de ronde d'abord. Pour son très ingénieux **Câmara Escura** ensuite qui, dans la tour d'Ulysse, permet un survol à 360° par-dessus les toits de la ville, grâce à un périscope capturant en temps réel des images inédites (et fugitives) de la cité. Enfin, pour vibrer au rythme des rebondissements de son histoire qui, du 8e au 20e s., vit se succéder batailles, sacres et... secousses telluriques.

Rua de Santa Cruz do Castelo 218 800 620 www.castelodesaojorge.pt Mars-oct. : tlj. 9h-21h ; nov.-fév. : tlj. 10h-19h Dernière entrée 30min avant fermeture 10€

C'EST DANS L'AIR

Au bord du Tage, on peut exercer sa "branchitude" dans les anciens entrepôts de l'Alfama, métamorphosés en discothèque en vue – LuxFrágil (p.135) –, hall à pizzas – Casanova (p.133) –, disquaire pointu – Flur Discos (p.134) – et boutique de déco chic – Loja d'Atalaja –. Trois d'entre eux doivent leur inclination jet-set à leur star de propriétaire : John Malkovich.

Castelo de São Jorge

Immersion "en-chantée"

Museu do Fado (plan 7, C3)

Le chant éternel de Lisbonne valait bien un musée, premier du genre au Portugal. À voir et à écouter d'un bout à l'autre d'un parcours audiovisuel,

COULEUR LOCALE
C'est en condamnant les forçats à casser du caillou que le directeur de la prison du Castelo de São Jorge aurait donné naissance à la tradition de la *calçada portuguesa* (p.193), au milieu du 19e s. Récupérant de petites pierres blanches et noires, les prisonniers commencèrent à paver les rues de la cité et développèrent ainsi un savoir-faire qui s'exporta jusqu'à Prague et... Copacabana !

jalonné de photographies, d'œuvres d'art, de partitions, de films, de disques, d'instruments et de costumes. Également, une école, un centre de documentation et un auditorium.

Largo do Chafariz de Dentro, 1 ☎ 218 823 470 www.museudofado.pt ⏲ Mar.-dim. 10h-18h € 5€

NOS ADRESSES

RESTAURANTS

La reine des reines

Casanova €

Installée dans un entrepôt rénové avec vue sur le Tage, cette pizzeria d'excellente réputation tenue par une italienne est prise d'assaut. Elle est installée dans un entrepôt rénové à deux pas du Lux. Ses croustillantes "galettes" se méritent et ne s'obtiennent souvent qu'au prix d'une longue attente (pas de réservation)... Mais l'attente vaut le goût !

ALFAMA (plan 7, C3 n°13) Av. Infante Dom Henrique, cais da Pedra, loja 7 ☎ 218 877 532 pizzeriacasanova.pt ⏲ Tlj. 12h30-23h

Du poisson en terrasse

Pateo 13 €

Un restaurant qui ne sert qu'à l'extérieur ! Poisson et viande grillés sur des braises sont au menu de cet établissement très apprécié et pris d'assaut dès l'approche des beaux jours. Au mois de juin, pas de possibilité de rés. et, de manière générale, on vous conseille d'arriver tôt ou d'attendre patiemment votre tour. Poisson 7-9,50€, viande 8-9€.

ALFAMA (plan 7, B3 n°11) Calçadinha de Santo Estevão, 13 ☎ 218 882 325 ⏲ Mars-nov. : mar.-jeu. 12h-23h, ven.-dim. 12h-22h30

GUETTEZ LA FÊTE À LA SARDINE !
Impossible de résister au délicieux parfum qu'elles dégagent lorsqu'elles se font dorer les écailles sur les grils installés à même le trottoir, pendant les fêtes des Saints populaires. La nuit du 12 au 13 juin en constitue chaque année le point d'orgue. On défile, on chante, on danse et on se restaure d'une soupe de *caldo verde* et de... sardines, invariablement allongées sur une épaisse tartine de pain de campagne assortie de piments grillés et de pommes vapeur. Trop pressée de se faire avaler, cette starlette de la gastronomie rustique à Lisbonne se jette tout entière sur la braise, sans passer par la case "vidage". Ne soyez pas surpris quand vous lui ouvrirez le ventre.

SHOPPING

Serrées comme des sardines
Conserveira de Lisboa ♥
Derrière l'immuable comptoir en service depuis 1930, une montagne d'emballages délicieusement rétro renfermant des poissons accommodés de plus de 200 façons. Sardines à l'ail, *caldeirada* de calamar, *carapaus* (chinchards) au piment, poulpe à l'huile d'olive, anguille à la tomate, ou œufs de sardines, le caviar portugais... Le plus difficile est de choisir !

ALFAMA (plan 7, A4 n°21) Rua dos Bacalhoeiros, 34 ☎ 218 864 009 www.conserveiradelisboa.pt ⌚ Lun.-sam. 9h-19h

La rue qui tombe à pic
Rua Augusto Rosa ♥
Cette rue qui monte vers le château derrière la Sé est jalonnée de nombreux magasins d'antiquités : autant de prétextes à faire une pause durant votre ascension !

ALFAMA (plan 7, A3 n°20)

Discothèque à domicile !
Flur Discos
Pour emporter chez soi un bout du Lux (p.135), les DJ de la boîte emblématique ont ouvert un magasin de vinyles et de CD ultra-sélectif, dans l'un des hangars voisins.

ALFAMA (plan 7, C3 n°23) Av. Infante Dom Henrique, Cais da Pedra, Armazém B ☎ 218 821 101 www.flur.pt ⌚ Lun.-ven. 11h-19h, sam. 10h

SORTIES

L'emblème du fado
Mesa de Frades ♥
La meilleure maison de fado, ouverte en 2006 dans l'ancienne et minuscule chapelle ornée d'azujelos du palais Dona Rosa. La "table des moines" fait restaurant à partir de 20h30, les astucieux en profitent pour en bloquer

À la Conserveira de Lisboa

une. Ensuite, c'est selon l'humeur du patron, Pedro de Castro, et des interprètes de la jeune génération qui y chantent José Manuel Barreto, Tânia Oleiro...

ALFAMA (plan 7, B3 n°31) Rua dos Remédios, 139A 917 029 436 www.facebook.com/mesadefradeslisboa Lun.-sam. 20h30-2h (fado à partir de 23h)

Fado et *petiscos*

Tasca Bela – Vinhos e petiscos

Cette *tasca* en plein cœur de l'Alfama programme quotidiennement des soirées musicales, à savourer devant un verre de vin et des *petiscos*. Fado mer. et ven.-dim. (consommation obligatoire 22,50€/pers.).

ALFAMA (plan 7, B3 n°35) Rua dos Remédios, 186-190 926 077 511 Mar.-ven. 20h30-2h ; sam.-dim. 20h30-3h

Le fado de Mário Pacheco

Clube de Fado

Adresse tenue avec soin par le réputé guitariste et compositeur Mário Pacheco, qui a notamment accompagné Amália Rodrigues. Ambiance confortable et chaleureuse dans des salles voûtées. Rés. conseillée.

ALFAMA (plan 7, A4 n°36) Rua de São João da Praça, 92 218 852 04 www.clube-de-fado.com Tlj. 20h-2h (fado à partir de 21h30)

Un astre dans la nuit

LuxFrágil

Tous les papillons de nuit de la capitale adorent venir s'y brûler les ailes, voletant entre son dance-floor électro, son lounge où il fait bon chiller, son balcon avec vue sur le Tage et son toit-terrasse pour se repaître de la douceur des belles nuits d'été.

ALFAMA (plan 7, C2 n°30) Av. Infante D. Henrique, Armazém A, Cais da Pedra 218 820 890 www.luxfragil.com Jeu.-dim. 23h-6h

Toute la ville à vos pieds

Chapitô ♥

Il n'est pas encore ouvert, le lieu qui viendra lui voler sa place de plus beau balcon sur les lumières de la ville et le Tage ! Entre école de cirque, bar à tapas, club de jazz et restaurant avec terrasse, un sommet de romantisme, surtout à la nuit tombée.

ALFAMA (plan 7, A3 n°32) Rua Costa do Castelo, 1-7 218 875 077 www.chapito.org Tlj. 12h-18h et 19h-1h Bartô Bar Lun.-sam. 21h-2h

Celui qui cache son jeu

Café da Garagem

Encore un lieu improbable, doux mélange de théâtre, bar, cybercafé et galerie d'exposition, en suspension au-dessus de la ville, orienté vers l'église de Graça et le Miradouro da Senhora do Monte. Étagé sur le flanc de la colline du château de São Jorge, il semble banal vu de la rue mais se révèle magique à l'arrière, à mesure que l'on descend ses escaliers.

ALFAMA (plan 7, A2 n°33) Costa do Castelo, 75 (Castelo de São Jorge) 218 854 190 Tlj. 15h-22h

Fado sur fond d'azulejos

Parreirinha de Alfama

Le dimanche soir, des fadistes de renom parviennent encore à réunir quelques Lisboètes venus se joindre aux touristes, dans cette institution du quartier de l'Alfama, tenue par Argentina Santos, l'une des plus charismatiques chanteuses de fado. Comptez 50€/pers.

ALFAMA (plan 7, B3 n°34) Beco do Espírito Santo, 1 218 868 209 Mar.-dim. 19h30-0h (fado à partir de 21h)

GRAÇA ET LA MOURARIA

Ici, c'est au coin des rues que la vie bat son plein. Typiques mais ouvertes à tous les mondes, les hauteurs de Graça et de la Mouraria font cohabiter résidents "pure souche" et nouveaux venus attirés par leur charme et leur authenticité. La colline de Graça coiffe les six autres à l'altimètre : ses mensurations de grande dame expliquent son goût pour les belvédères aux vues imprenables sur la ville et le fleuve.

ACCÈS ET INFOS

- Dans le prolongement nord du quartier de l'Alfama, on accède à la Mouraria, puis, un peu plus haut encore, à Graça.
- On peut gagner Graça à pied en partant du Castelo de São Jorge ou en métro, en descendant à la station Martim Moniz (ligne verte Cais do Sodré-Telheiras).

À VOIR

Au nord du château Saint-Georges, les ruelles de l'Alfama et de la Mouraria s'étirent vers les magnifiques panoramas qui ponctuent les pentes de Lisbonne. Dominée par les silhouettes tutélaires de l'Igreja da Graça et du Mosteiro São Vicente de Fora, la colline de Graça est parée d'une mosaïque de villas et de maisons ouvrières du 19e s. À son pied, la ville maure du Moyen Âge a redoré son blason et effacé sa réputation de bas-fonds. Autrefois des coupe-gorge propice à la débauche, les ruelles de la Mouraria sont animées désormais par des repaires bohèmes et des adresses branchées, tout en conservant, pour l'instant encore, l'authenticité de murs décrépits et un certain esprit romanesque canaille.

Beau comme un (Sacré)-Cœur

Mosteiro de São Vicente de Fora (plan 7, B2)

Sa pompeuse silhouette immaculée joue un sublime concerto avec le bleu du ciel et les reflets changeants du Tage. Entre les murs de cette œuvre énigmatique (1582-1627) de l'Italien Filippo Terzi, la plupart des membres de la famille royale de Bragance reposent pour l'éternité dans leur tombe de marbre noir. Le cloître du couvent des Augustins, quant à lui, vaut surtout la visite pour ses panneaux d'azulejos bleu et blanc du 18e s., dont une collection au 1er étage illustre quelques fables d'un certain Jean de La Fontaine.

Largo de São Vicente 218 810 559 Mar.-dim. 10h-18h 5€

Une marée de toits roses

Miradouro Sophia de Mello Breyner Andresen (plan 7, A2)

Pour jouir d'une très belle vue sur le quartier de la Mouraria et l'arrière du Castelo de São Jorge avec en toile de fond une portion du Tage et la silhouette du Ponte 25 de Abril. Idéal pour une pause-café.

Calçada da Graça

À NE PAS MANQUER

- Mosteiro de São Vicente de Fora
- Miradouro da Senhora do Monte

Vue du Miradouro da Senhora do Monte

Le Panthéon national

Igreja de Santa Engrácia – Panteão Nacional (plan 7, B2)

La durée record de son édification (1682-1966) a donné naissance à l'expression populaire "Obras de Santa Engrácia", qui qualifie non sans ironie les chantiers interminables. Cet austère monument baroque est dominé par un superbe miradouro tourné vers le fleuve. Aux grands hommes, la patrie portugaise reconnaissante... s'est résolue, dans les années 2000, à accueillir de grandes dames : Amália Rodrigues, l'égérie du fado, a quitté son caveau du cimetière dos Prazeres en 2001 pour rallier la galerie éternelle de ses illustres compatriotes, rejointe en 2014 par Sophia de Mello Breyner Andresen, l'une des grandes poétesses portugaises du 20e s.

Campo de Santa Clara 218 854 820 Avr.-sept. : mar.-dim. 10h-18h ; oct.-mars : mar.-dim. 10h-17h 4€

L'art du patchwork

Igreja e Convento da Graça (plan 7, B2)

Manuélin (baptistère), baroque (clocher), classique (nef), pombalin (façade), la disparité de styles qu'arbore l'abbatiale Saint-Augustin s'explique par les remaniements successifs dont elle a fait l'objet du 16e au 18e s. Sous un déluge d'azulejos des 17e et 18e s., l'intérieur rococo exhibe des chapelles baroques et un chœur dont le maître-autel imite les effets de tissus exotiques brodés. On peut se reposer dans la fraîcheur et la sérénité du cloître du couvent. C'est l'un des plus vastes de la capitale et aussi l'un des plus beaux, avec ses marbres polychromes de style maniériste.

Largo da Graça 218 873 943 Église Ouvert mar. 10h-12h30 et 13h30-17h, mer.-sam. 10h-17h, dim. 10h-13h et 14h-17h Couvent Mar.-dim. 10h-12 : 30—13 : 30- 17 : 30

Comme accroché au ciel

Miradouro da Senhora do Monte (plan 7, A1)

L'un des plus beaux belvédères de Lisbonne, en récompense d'une ascension méritante. Ce balcon au-dessus de la ville offre un panorama stupéfiant sur la colline de São Jorge, la Mouraria et la ville basse avec, en arrière-plan, l'estuaire du Tage : le meilleur des collines lisboètes ! La chapelle est dédiée à Senhora do Monte, patronne de la fertilité. Prolongez le charme en redescendant par les *escadinhas* (escaliers).

Largo do Monte

Renouveau d'un lieu de perdition

Largo do Intendente Pina Manique (plan 7, A1)

Jadis un nid de prostitution et de trafics divers, cette place réhabilitée en 2012 est devenue l'un des espaces publics les plus appréciés de la capitale. Amplement ouvert aux piétons, le Largo s'est agrémenté d'hôtels, de cafés et de terrasses. L'ancienne fabrique d'azulejos **Viúva Lamego** (p.141) accueille désormais une boutique de céramique de la marque ainsi que le plus grand magasin de la chaîne **A Vida Portuguesa** (p.75). De même, l'un des palais du 19e s. qui encadrent la place héberge un lieu de culture et de sortie incontournable, la **Casa Independente** (p.59).

Largo do Intendente Pina Manique

Melting-pot commercial

Largo do Martim Moniz (plan 7, A2)

Au pied du quartier de la Mouraria et du château, cette place célèbre le chevalier Martim Moniz, qui aurait fait barrage de son corps pour empêcher la traversée de la porte de la ville par les troupes d'Afonso I. L'endroit, aujourd'hui sans grand intérêt architectural, est cependant le foyer d'une vie de quartier très métissée.

Centres commerciaux, grossistes et épiceries Les centres commerciaux de la Mouraria et du Martim Moniz regorgent d'échoppes chinoises, indiennes, pakistanaises et africaines. Vous trouverez aussi dans les rues alentour des épiceries asiatiques, des restaurants chinois réputés et pour certains clandestins, des gargotes angolaises et autres établissements cosmopolites.

Lisbonne populaire En contrebas du château et de Graça, perdez-vous dans les escaliers et les ruelles de la Mouraria, qui laissent encore un peu de place à une Lisbonne populaire, menacée de disparition par la frénésie du tourisme et de la spéculation immobilière.

DANS LES MAISONS DE FADO ★

Musique de l'âme dont les toutes premières notes s'élevèrent dans la Mouraria, le fado se goûte dans le silence, les yeux fermés et le cœur grand ouvert. Pour en percevoir les mille nuances, les puristes préconisent de s'asseoir dansl'une des vénérables maisons de fado qui tiennent le haut du pavé lisboète. Elles virent éclore, entre cent autres talents, ceux de la pionnière Severa à la Mouraria (19e s.) et d'Amália Rodriguez dans le Bairro Alto en 1939. Parmi nos favorites, citons Mesa de Frades (p.134) et Parreirinha de Alfama (p.135) dans l'Alfama. Vous pouvez aussi vous attabler plus à l'ouest chez Maria da Fé, au Sr. Vinho (p.111), entre Lapa et Estrela, ou bien gagner A Tasca do Chico Bairro Alto (p.88), dans le Bairro Alto.

Quand chante l'attente

NOS ADRESSES

PAUSES

Pour un *bica* suspendu

Clara Clara Café

Autour de son kiosque, quelques tables en métal pour goûter la fraîcheur et le calme du parc du Campo de Santa Clara. On s'y restaure légèrement au son d'une musique soigneusement sélectionnée, avec la coupole du Panthéon pour témoin et le regard plongeant vers le Tage.

GRAÇA (plan 7, C2 n°B) Jardim Botto Machado Campo de Santa Clara 218 850 172
Tlj. 10h-19h ; été : 10h-22h
Horaires variables selon la météo

Vue imprenable

Topo Martim Moniz

Au dernier étage d'un petit centre commercial submergé de boutiques exotiques, dans le quartier le plus multiculturel de la ville, ce bar (et restaurant) réserve une vue unique sur le château. Terrasse agréable aux beaux jours en soirée. Cocktails classiques et originaux (9-10€), jus, smoothies...

MOURARIA (plan 7, A2 n°3) Centro Comercial Martim Moniz Praça Martim Moniz Piso 6
215 881 322 Jeu.-sam. 12h30-2h, dim.-mer. 12h30-1h

Ultra populaire

Cozinha Popular ♥

C'est la photographe Adriana Freire qui a lancé ce projet social, en y faisant travailler des personnes en insertion. On se sert soi-même et on s'assoit où l'on veut pour un repas vietnamien un jour, 100% portugais le lendemain. C'est tout sauf un restaurant classique.

GRAÇA (plan 7, A1 n°2) Rua das Olarias, 5
926 520 568 Mar.-sam. 10h-23h30

PRATIQUEZ L'*ESPLANADAR* !

Pour cette prescription quasi obligatoire de farniente à la mode portugaise, il suffit de lâcher prise et de s'installer en terrasse (*esplanada*) pour commander, selon l'heure, la soif ou la faim, un grand verre de *galão* (café au lait), une *tosta* (tartine), ou quelques *petiscos* (tapas) accompagnés d'un verre de *vinho verde* bien frais. Sur les collines de l'Alfama, de Graça et de la Mouraria, cet art du bien-lézarder est sublimé par des vues à couper le souffle : dans les cafés du Largo das Portas et de Santa Luzia, à la terrasse du Miradouro da Graça (p.136), au Café da Garagem (p.135) ou au Clara Clara Café (p.140).

RESTAURANTS

Une expérience unique

Ceia - Silent Living ♥€€

Atypique, le Ceia accueille treize convives, pas plus, autour d'une tablée pour qui le chef officie. Le lieu, sublime, est un hôtel de six suites au style épuré. Menu à 100€.

GRAÇA (plan 7, B2 n°14) Campo de Santa Clara, 128 910 715 587 www.silentliving.pt
Mer.-sam. 20h (rés. en ligne)

SHOPPING

Des puces portugaises

Feira da Ladra ♥

De l'invendu a priori invendable aux derniers CD à la mode, on déniche à peu près tout à la "foire de la voleuse". Mais les bonnes affaires appartiennent à ceux qui se lèvent tôt, sur les pentes de Graça !

GRAÇA (plan 7, B2 n°24) Campo de Santa Clara Par le tram 28 et en descendant au niveau du monastère de São Vicente. Le marché aux puces commence après l'Arco Grande de Cima (à gauche de l'église). ☎ 218 170 800 ⏲ Mar. et sam. 9h-18h ; mer.-ven. 13h-18h

Feira da Ladra

Se faire tailler une veste

San Giorgio

Derrière une jolie façade vieux rose, la boutique d'"o Senhor João" est l'un des fleurons de l'élégance lisboète. La déco, autour d'un sol pavé à la portugaise, vaut à elle seule le détour ; remarquez le motif de saint Georges terrassant le dragon. Comptez au moins 150€ pour un pantalon sur mesure.

GRAÇA (plan 7, B1 n°22) Largo da Graça, 112-113 ☎ 218 864 704 www.sangiorgio.pt ⏲ Lun.-ven. 10h-13h et 15h-19h30, sam. 9h30-13h

Des azulejos véritables

Anabela Cardoso Azulejos

Puisant ses idées dans les patrons et dessins traditionnels, géométriques ou figuratifs, Anabela Cardoso reproduit et crée des objets en céramique avec une précision sans faille et un talent certain. Tout est fait sur place par trois artisans. Azulejos à l'unité : de 6 à 15€, selon la technique employée.

GRAÇA (plan 7, B3 n°25) Calçada de São Vicente, 62-66 ☎ 936 033 558 anabelacardoso-azulejos.webnode.pt ⏲ Lun.-sam. 10h-19h (horaires variables)

Une boutique historique

Viúva Lamego

En 1849, la fabrique Lamego, devenue Viúva Lamego, a investi l'avenue Almirante Reis avec sa grande manufacture et sa boutique à la façade décorée d'azulejos vivement colorés. Depuis, la fabrique a déménagé près de Sintra, mais la boutique ouvre encore ses portes dans son local historique. Vous trouverez toutes les céramiques de la marque, pour la plupart faites main. Azulejos à partir de 5€.

GRAÇA (plan 7, A1 n°26) Largo do Intendente, 25 ☎ 219150979 www.viuvalamego.com ⏲ Lun.-ven. 10h-17h et 14h-18h30

L'EST ET LE PARQUE DAS NAÇÕES

Plus à l'est, Xabregas, Beato et Marvila sont des quartiers qui se dévoilent sous un nouveau jour, plus arty et tendance. Un peu plus loin en longeant le Tage, c'est un retour vers le futur qui vous attend au Parque das Nações, avec ses démonstrations d'architectes inspirés. De quoi faire un bond dans un univers novateur et un brin poète.

ACCÈS ET INFOS

- Accès aux quartiers est par les bus longeant le Tage vers l'est, comme le 728 ou le 759.
- Le Parque das Nações se trouve 7km à l'est du centre historique, en remontant le Tage vers l'intérieur.

À VOIR

LES QUARTIERS EST

Entre le centre et le Parque des Nações (p.144), l'Oriente, constitué en grande partie d'entrepôts industriels abandonnés, reprend progressivement vie depuis les années 2010, grâce à l'arrivée d'une population liée à la création. On y voit surgir galeries d'art, studios de production sonore, hangars de mobilier design et boutiques originales. Une zone dédiée à la culture avec l'incontournable Museu Nacional do Azulejo, le Teatro Ibérico et le Teatro Meridional, ainsi que le street-art, qui envahit les rues et dont les œuvres colorées captent les regards à différentes échelles. En bordure du Tage sort peu à peu à peu de terre le Prata Riverside Village, vaste ensemble résidentiel conçu par Renzo Piano. Enfin, le Parque Ribeirinho Oriente étire le long du Tage une bande de verdure longue de 600m (4ha), reliant la zone de Marvila (Poço do Bispo) à la marina du Parque das Nações.

Étape désaltérante

Museu da Água (plan 7, C1)

Une perle de l'architecture industrielle reconvertie en musée et récompensée par le Conseil de l'Europe en 1990. Installé dans l'antique station de pompage de Barbadinhos conçue en 1880, ce musée renseigne sur la distribution des *águas livres* (eaux libres) et leur cheminement avant qu'elles n'atteignent les robinets domestiques.

Rua do Alviela, 12 ☎ 218 100 215 www.epal.pt ⏲ Tlj. 10h-12h30 et 13h30-17h30 Visites guidées sur réservation € 4€

As de carreaux

Museu Nacional do Azulejo ★ (plan 8, A4)

Pour tout savoir du plus célèbre carreau de 14 x 14cm, de ses origines jusqu'à sa production contemporaine. Cinq cents ans d'art exposés sur les deux étages d'un gracieux couvent du 16e s. De salles en escaliers et jusque dans le cloître, on y admire des modèles géométriques hispano-mauresques (15e-16e s.),

À NE PAS MANQUER

- Museu Nacional do Azulejo ★
- Oceanário de Lisboa

The Royal Rawness

des carreaux d'Anvers (16e s.), des azulejos baroques et contemporains témoignant d'un talent inépuisable. À ne pas manquer, le panneau *Nossa Senhora da Vida*, chef-d'œuvre maniériste en trompe l'œil (Marçal de Matos, 1580), et l'immense panneau représentant Lisbonne avant le séisme de 1755. Bar-restaurant donnant sur un paisible patio et boutique.

Rua da Madre de Deus, 4 ☎ 218 100 340 www.museudoazulejo.gov.pt 🕒 Mar.-dim. 10h-18h € 5€

Chanceux... ou miraculé ?

Convento do Beato (plan 8, B3)

Fondé au 15e s., ce monastère à l'aura légendaire (le bâtiment aurait été réhabilité sans financement ou presque à l'initiative du frère António da Conceição, béatifié au 18e s.) ne fut achevé qu'en 1633. Le bâtiment à l'architecture maniériste et baroque résiste au tremblement de terre de 1755. Au 19e s. puis en 2004, ce sont deux incendies auxquels il réchappe malgré d'importants dégâts. De nouveau opérationnel depuis 2005, il accueille désormais des expositions et autres manifestations variées.

Art contemporain

Galeries d'art

Son réseau de galeries d'art contemporain fait désormais de l'Oriente un pôle de l'avant-garde. S'y côtoient lieux réputés, tels que **Filomena Soares** (représentant, entre autres, la photographe Helena Almeida et le sculpteur Rui Chafes), des galeries plus récentes, mais tout aussi cotées, comme **Bruno Múrias** ou **Francisco Fino**, des projets émergents, comme l'espace consacré au street art, **Underdogs** (cf. ci-dessous). Ces établissements organisent régulièrement des vernissages simultanés.

Galeria Filomena Soares (plan 8, B4) Rua da Manutenção, 80 (Xabregas) 218 624 122 gfilomenasoares.com Mar.-sam. 10h-19h Fermé en août **Galeria Bruno Múrias** (plan 8, B3) Rua Capitão Leitão, 10-16 (Marvila) 218 680 840 www.brunomurias.com Mar.-sam. 14h-19h **Galeria Francisco Fino** (plan 8, B3 n°D)

Art urbain

Galeria Underdogs (plan 8, B2)

La galeriste Pauline Foessel et l'artiste Vhils sont à l'origine de cette plateforme unique en son genre, qui entend rendre le street art accessible à tous. Shepard Fairey, Aka Corleone ou encore le duo Pichiavo comptent parmi les nombreux artistes exposés qui ont laissé leur empreinte dans les rues de la capitale. La galerie possède un espace à Cais do Sodré ou l'on peut acheter leurs créations en édition limitée. Avis aux curieux : certaines œuvres sont encore visibles sur les murs du quartier de Graça ou près de la gare Santa Apolonia !

Rua Fernando Pahla, Armazém 56 (Braço de Prata) 218 680 462 www.under-dogs.net Mar.-sam. 14h-19h

Seconde vie

Hub Criativo do Beato (plan 8, B4)

Vingt édifices gigantesques déployés sur quelque 35 000m^2... Ces anciens entrepôts militaires en cours de réhabilitation sont appelés à devenir le nouveau pôle culturel et technologique de Lisbonne. Un espace en mutation qui accueille périodiquement des expositions.

Rua da Manutenção, 71 www.hubcriativobeato.com

LE PARQUE DAS NAÇÕES

Flânerie dans la ville nouvelle

Parque das Nações (plan 8, C2)

Inaugurée par le **Ponte Vasco da Gama** (p.146), la Lisbonne du futur s'est dessinée à la faveur de l'Expo' 98. Un peu à la mode du parc de la Villette, le "parc des Nations" s'apparente à un vaste terrain de jeu confié au talent et à l'imagination d'architectes de renom : Carrilho da Graça et son cubique pavillon de la Connaissance devenu Cité des sciences, Álvaro Siza Vieira et la gracieuse voile de béton du pavillon du Portugal, Regino Cruz et le coquillage du pavillon de l'Atlantique (**MEO Arena**), Santiago Calatrava et les voûtes de résille de métal et de verre de l'**Estação do Oriente**... Un concentré de projets, que l'on admire en déambulant entre vastes zones piétonnes et jardins où batifoler en famille : les Jardins da Água et leurs jeux aquatiques, le Jardim Garcia de Orta, qui inventorie les écosystèmes de dix régions du monde. Un bémol : l'accès à la plupart des équipements et des installations est payant ; en famille, prévoyez un budget spécifique.

Doca dos Olivais (M° Oriente et nombreux bus) www.portaldasnacoes.pt

COUPES AU CARRÉ

Le mot azulejo ne vient pas du portugais ou de l'espagnol *azul* (bleu) mais de l'arabe *al zulaydj* qui signifie "petite pierre polie". Au départ, c'est un art d'importation : il faut aller à Sintra (Palácio da Vila) pour admirer ce qui reste des commandes (10 146 plaques !) passées à Séville par le roi Manuel I. À la fin du 17e s., on assiste à un véritable essor créatif (palais des marquis de Fronteira). Les premiers maîtres portugais, tels que Gabriel del Barco (église du musée des Azulejos), Manuel dos Santos et António Bernardes s'inspirent des carreaux bleu et blanc de Delft – qui imitent eux-même la porcelaine chinoise alors très recherchée. La production reprend à partir de 1840 avec des réalisations très décoratives imitant les grands classiques, puis l'Art nouveau avec Rafael Bordalo Pinheiro (1846-1905). Après une fabrication industrielle qui permet d'orner les immeubles, de vraies créations d'auteurs seront programmées dans les années 1970, avec les grandes commandes du métro de Lisbonne ou certains panneaux de rue monumentaux.

Les azulejos du monastère São Vicente de Fora

Ponte Vasco da Gama et Telecabine Lisboa

La mer en bocal

Oceanário de Lisboa (plan 8, C3)

Rien de moins que l'un des plus grands océanariums d'Europe, avec 450 espèces vivantes représentées et près de 16 000 spécimens d'animaux et de plantes qui barbotent dans 7 millions de litres d'eau de mer. La pièce maîtresse de ce monumental aquarium conçu par l'architecte nord-américain Peter Chermayeff tient en un gigantesque bassin central de 35m de large et 7m de profondeur. Le ballet aquatique qui s'y joue en continu fait cohabiter harmonieusement gros poissons (mérous, raies, requins) et menu fretin. Quatre aquariums latéraux sont consacrés aux écosystèmes des quatre océans. Une visite jubilatoire qui vous reposera des turpitudes urbaines.

Esplanada D. Carlos I 218 917 000 www.oceanario.pt Tlj. 10h-20h

Le deuxième plus grand pont d'Europe

Ponte Vasco da Gama (plan 8, C1)

Conçu par l'ingénieur français Jean Vassord, le pont Vasco de Gama s'élance à l'assaut du Tage non loin du parc, au nord. Long de 18km (dont 13km au-dessus du fleuve), son tablier est surélevé au centre jusqu'à 30m de hauteur pour permettre la navigation des bateaux. Il fut inauguré le 29 mars 1998, deux mois avant que ne débute l'Expo'98 et après seulement trois années et demie de travaux.

À FAIRE

Survolez le Tage

Telecabine Lisboa (plan 8, C2-C3)

Vous en prendrez plein les yeux à bord de ces télécabines suspendues à 20m au-dessus du Tage et du Parque das Nações. Profitez un moment pour vous reposer, tout en survolant, sur 1km, le ballet des bateaux dans l'estuaire.

Passeio das Tágides (Estação Norte) 218 956 143 Mi-mars-mai, mi-sept.-oct. : tlj. 11h-19h ; juin-mi-sept. : tlj. 10h30-20h ; nov.-mi-mars : tlj. 11h-18h

NOS ADRESSES

PAUSES

Pause rétro chic

Café Com Calma €

Très prisé par la jeunesse créative des environs à l'heure du déjeuner, ce café sophistiqué a tout pour plaire. Les plats faits maison s'inscrivent dans une démarche saine et responsable, et les gâteaux vegan y sont délicieux. A partir de 9€ le midi, 14€ le brunch le samedi (12,5€ vegan).

MARVILA (plan 8, B3 n°1) Rua do Açúcar, 10 218 680 398 Lun.-ven. 9h-16h, sam. 10h-16h.

Un café royal

The Royal Rawness ♥€

Lumineux et élégant, ce coffee shop torréfacteur fait rimer café d'exception avec produits de qualité. Au menu, smoothies, pancakes au caramel de dattes (8€), granola, sandwichs et salades (6€), avec la possibilité de prendre un brunch à toute heure de la journée.

MARVILA (plan 8, B3 n°2) Av. Marechal gomes da Costa, 19 A 211 367 922 http://theroyalrawness.com Lun.-sam. 7h30-16h

RESTAURANTS

"Le monde entier est un théâtre..."

Palácio do Grillo €€

Un palais du 17e s. qui ouvre ses portes à tous, à toute heure de la journée, pour une expérience aussi poétique qu'onirique à l'occasion d'un verre, d'un repas ou d'une flânerie dans les jardins. Le Palácio do Grillo est un restaurant ancré au cœur d'un vaste théâtre où larguer les amarres et décoller, littéralement, du quotidien sous les mains de serveurs-comédiens... Aussi extravagant qu'extraordinaire !

BEATO (plan 8, B3 n°10) Calçada do Duque de Lafoes, 1 910 440 942 www.palaciogrilo.com/fr Tlj. 11h-0h

Pizza sur mesure

O Refeitório do Senhor Abel €

Avec plus d'une vingtaine de variétés différentes, les pizzas sont à l'honneur dans l'ancien réfectoire de la société Abel Pereira da Fronseca.

Le petit plus : on peut choisir sa pâte à pizza (charbon végétal, 7 céréales, curcuma...) pour 3€ supplémentaires. Comptez de 15 à 20€/pers.

MARVILA (plan 8, B3 n°12) Praça David Leandro da Silva, 5 218 680572
Mar.-sam. 12h-15h et 19h-23h, dim.-lun. 12h-15h

SHOPPING

Made in Asia

Revivigi €€

Difficile de rester de marbre en entrant chez cet antiquaire où des guerriers de Xian nous accueillent de leur regard bienveillant. Une véritable immersion, parmi les milliers de meubles et d'objets en provenance de toute l'Asie. La zone orientale n'a jamais aussi bien porté son nom !

Cantinho do Vintage

MARVILA (plan 8, B3 n°21) Rua do Açúcar, 45 218 680 569 www.revivigi.pt Lun.-sam. 10h-19h

Design d'antan

Cantinho do Vintage €€

Ces passionnés de vintage ont constitué une magnifique collection de pièces d'ameublement et de décoration soigneusement choisies et provenant surtout des pays nordiques. Arrêt obligatoire pour les amateurs de voyages dans le temps. Style 1950-1960, avec quelques pièces des années 1920-1930. De 10 à 900€.

MARVILA (plan 8, B3 n°22) Rua 25 de Abril, Armazém 6, prior velho 929 164 323 www.cantinhodovintage.pt Mar.-ven. 10h30-13h et 14h30-19h, sam. 11h-19h

SORTIES

Vue imprenable

Sky Bar Oriente

Au 16e étage de l'hôtel Tivoli, dans une très belle salle en bois et en verre, ou en terrasse, vous profiterez en fin d'après-midi d'une vue panoramique sur la ville et le Tage. Ici on sert une dizaine de vins au verre (4,50€), des cocktails (de 9,50 à 15,50€), mais aussi des en-cas et des sushis maison.

PARQUE DAS NAÇÕES (plan 8, C3 n°30) Avenida D. João II, 27 21 891 5444 Tlj. 17h-1h

Bar à mousses

Dois Corvos

Treize robinets à bière. Certaines références ont connu un vieillissement en fût et peuvent atteindre 10%. Propose aussi une carte variée d'en-cas plus ou moins consistants. Plateau dégustation (5 bières différentes) à partir de 8€. Bière au verre (25 cl) : de 2,5 à 3€.

MARVILA (plan 8, B3 n°31) Rua Capitão Leitão, 94 211 384 366 (Tap Room) www.doiscorvos.pt Dim.-jeu. 15h-23h, ven. 15h-1h30, sam. 12h-1h30

Chez le brasseur

Musa

La marqu Musa a été fondée en 2016 par deux amis, Brunon et Nuno. La brasserie la plus hype de la capitale a ouvert son propre bar, parfait pour goûter aux douze bières artisanales de la maison tout en observant leur processus de fabrication. Bières fraîches au verre : 2,50 à 3€. Petite restauration et concerts réguliers.

MARVILA (plan 8, B3 n°32) Calçada Salvador Correia de Sà, 2A 964 847250 www.cervejamusa.com Lun.-jeu. 17h-1h, ven. 17h-2h, sam. 15h-2h, dim. 14h-23h

Cinéma et compagnie

Fábrica Braço de Prata €

Avec l'art pour seule arme, l'ancienne fabrique militaire Braço de Prata est depuis 2007 un centre culturel alternatif et autogéré. Salles de cinéma, de concert et d'exposition, librairies, café et restaurant : ses douze salles aux noms de célèbres philosophes offrent tous les soirs une programmation aussi surprenante que variée.

MARVILA (plan 8, B3 n°33) Rua da Fábrica de Material de Guerra, 1 925 737 045 www.bracodeprata.com Café-restaurant Lun.-jeu. 8h-2h, ven.-sam. 8h-3h

Goûter Lisbonne, c'est aussi s'en échapper pour mieux découvrir les joyaux de sa proche couronne : des plages de sable fin au bord de l'océan, de "royales" résidences secondaires (Queluz), des cités balnéaires aux accents chics (Estoril et Cascais), des villages de pêcheurs (Ericeira) et quelques folies échappées de contes de fées (Sintra).

Autour de Lisbonne

152 **Plan 9**

154 **Quatre bonnes raisons...**

156 **Rendez-vous avec...**

158 **Au sud du Tage**

164 **Queluz**

166 **Estoril et Cascais**

170 **Sintra**

178 **Ericeira**

Vue du Palácio Nacional da Pena

Plan 9

ERICEIRA
p.178
Ericeira
PRAIA DO SUL
Achaca
Gradil
Sobreiro
Murgeira
A8
A21
Carvoeira
Mafra
A21
Malveira
Assafora
Igreja Nova
N9
EN247
Santa Eulália
Magoito
Terrugem
Azenhas do Mar
PRAIA GRANDE
SINTRA
p.170
N9
PRAIA DA ADRAGA
Colares
Sintra
A9
Agualva Cacém
Azoia
Amadora
EN247
Queluz
PRAIA DO GUINCHO
A16
IC1
Alcabideche
QUELUZ
p.164
ESTORIL ET CASCAIS
p.166
CABO RASO
A5
Cascais
Estoril
Algés
Oeiras
N6
COSTA DO ESTORIL
PRAIA DE CARCAVELOS
Trafaria
Costa da Caparica
N37
PRAIA DA RIVIERA
COSTA DO SOL
OCÉAN ATLANTIQUE
CABO DE ESPICHEL

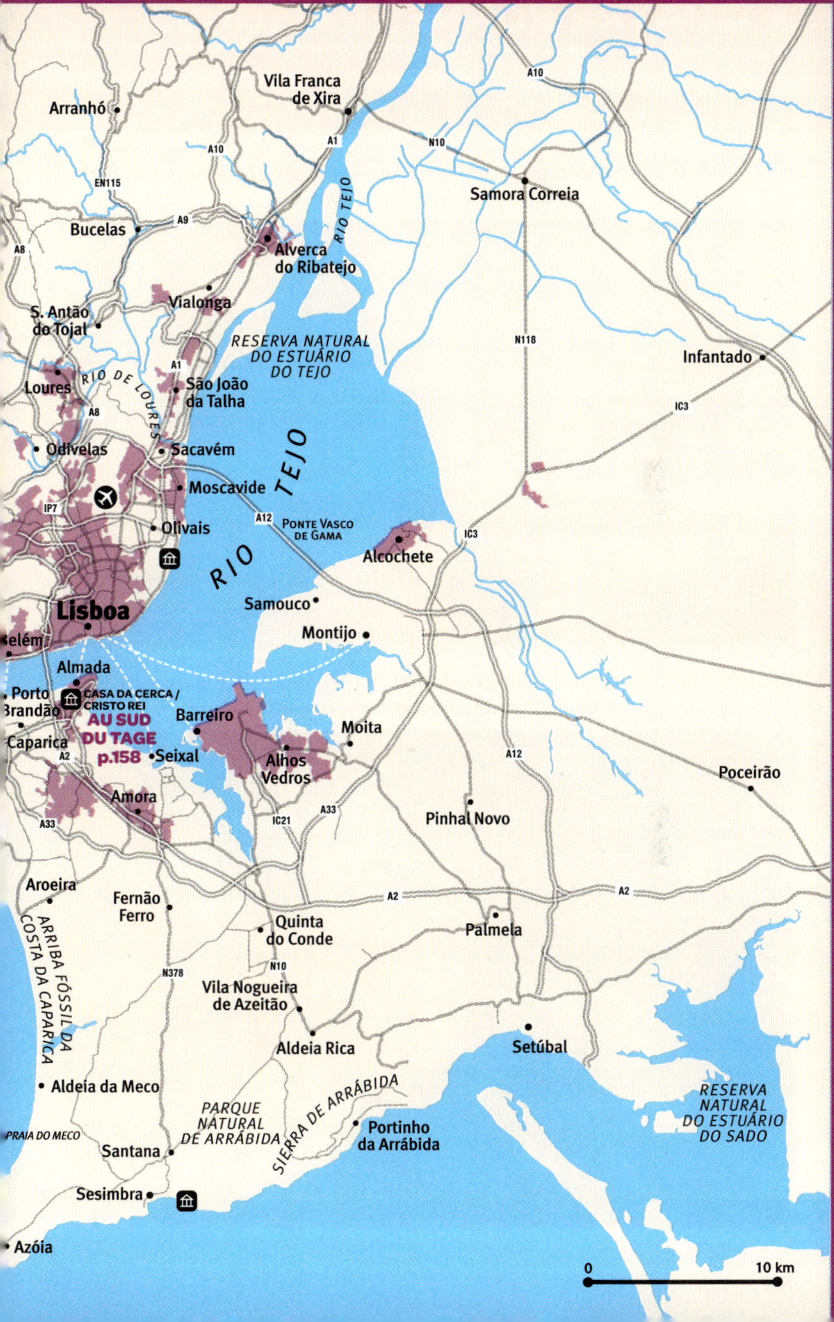
Vila Franca de Xira
Arranhó
A10
A1
N10
Samora Correia
EN115
Bucelas
A9
RIO TEJO
Alverca do Ribatejo
A8
Vialonga
S. Antão do Tojal
RESERVA NATURAL DO ESTUÁRIO DO TEJO
N118
Infantado
A1
Loures
RIO DE LOURES
São João da Talha
A8
IC3
Odivelas
Sacavém
Moscavide
TEJO
IP7
Olivais
A12
PONTE VASCO DE GAMA
IC3
Alcochete
RIO
Samouco
Lisboa
Belém
Montijo
Almada
Porto Brandão
CASA DA CERCA / CRISTO REI
AU SUD DU TAGE p.158
Barreiro
Moita
Caparica
A2
Seixal
Alhos Vedros
A12
Poceirão
Amora
A33
IC21
A33
Pinhal Novo
Aroeira
Fernão Ferro
A2
A2
ARRIBA FÓSSIL DA COSTA DA CAPARICA
Quinta do Conde
Palmela
N10
N378
Vila Nogueira de Azeitão
Aldeia Rica
Setúbal
Aldeia da Meco
SIERRA DE ARRÁBIDA
RESERVA NATURAL DO ESTUÁRIO DO SADO
PARQUE NATURAL DE ARRÁBIDA
Portinho da Arrábida
PRAIA DO MECO
Santana
Sesimbra
Azóia
0
10 km

QUATRE BONNES RAISONS...

... de s'aventurer autour de Lisbonne.

AU CABO ESPICHEL (p.161), pour son air de bout du monde battu par les vents et les embruns.

LE PALÁCIO NACIONAL DA PENA SINTRA (p.173), pour l'allure quasi surréaliste de ce château de conte de fées en plein forêt.

LE PALÁCIO DA QUELUZ (p.164), pour sa magnificence toute versaillaise.

LE PALÁCIO NACIONAL DE SINTRA (p.170), pour le contraste inattendu entre l'extérieur minimaliste et l'intérieur opulent.

RENDEZ-VOUS AVEC...

Son coup de cœur pour le Portugal remonte à des décennies, il y a d'ailleurs dirigé le musée Berardo de 2007 à 2011. Après avoir piloté le Mucem, à Marseille, Jean-François Chougnet "tue" le mal du pays en retournant le plus souvent possible à Lisbonne et dans ses environs !

Mon havre de bout du monde

A Casa Ideal

Quand on pense franchir le Tage, on prend le plus court chemin, celui qui relie Cais do Sodré à Cacilhas. Il y a une autre traversée possible, à partir de l'Estação Fluvial de Belém, qui mène à Porto Brandão et à Trafaria. On peut même gagner l'autre rive en 25min avec son scooter ! Trafaria, c'est un peu le port du bout du monde, avec sa promenade et ses restaurants. Mon préféré ? La Casa Ideal, dans une rue tranquille qui débouche sur le quai, pour ses *choquinhos com tinta* (seiches à l'encre) ou son *polvo à lagareiro* (poulpe).

TRAFARIA Rua Tenente Maia, 22
21 295 0898 Jeu.-mar. 12h-15h et 19h-22h (attention au dernier bateau !) mardi fermé le soir

Mon tête-à-tête avec Lisbonne

B Antiga Casa Marítima

Une autre option à Trafaria. Pour sa cuisine traditionnelle portugaise, où le poisson est bien sûr à l'honneur, pour son ambiance familiale et la vue que l'on a de Lisbonne.

TRAFARIA Rua Candido dos Reis, 1
212 95 0889 www.antigacasamaritima.pt Mar.-sam. 12h-15h30 et 19h30-22h de réservation) Mar.-sam. 12h-15h30 et 19h30-22h, dim. 12h-15h30

Mon café de plage chic

C Porto Santa Maria

Avant et après la plage du Guincho (ou plus exactement la Praia da Cresmina, où les bourrasques chassent l'affluence, même si l'on peut louer d'efficaces pare-vent...). Un restaurant chic et immuable, où la bourgeoisie avoisinante vient fêter les anniversaires. Le service y est irréprochable et le poisson en croûte de sel ne déçoit jamais. Les transports en commun y amènent

SI LISBONNE AVAIT...

Un parfum Ce serait celui de l'air marin qui saisit par surprise. Lisbonne est une ville fluviale, où l'on ne sait jamais jusqu'où remontent les eaux de l'océan. Cela peut être à Belém, à Cascais ou à Almada...

Sesimbra

tranquillement (prendre le bus M05 ou le M15 à la gare de Cascais)...

CASCAIS Estrada do Guincho
Tlj. 12h15-15h30 et 19h15-22h30

Mon décor de cinéma

D Arribas Sintra Hotel

Hors du temps et bon marché, cet hôtel doté d'une très grande piscine d'eau de mer ménage une vue tout à fait exceptionnelle sur la Praia Grande (p.230). Les cinéphiles y reconnaîtront l'hôtel où Wim Wenders tourna en partie *L'État des choses* (1982).

PRAIA GRANDE Av. Alfredo Coelho, 28
219 289 050 www.arribashotel.com

Un moment à part

E Convento dos Capuchos

À l'écart des foules de Sintra, ce couvent franciscain (1560) est construit au contact direct de la nature et selon un principe de dépouillement architectural et décoratif extrême. Philippe II d'Espagne (également souverain du Portugal) aurait dit que ses deux endroits préférés étaient l'Escurial, pour sa richesse, et le couvent des Capuchos, pour sa pauvreté.

SINTRA Colares tlj. 9h-18h

Mon échappée à la mer

F Marisqueira Modesto Sesimbra

Ce restaurant n'est pas au bord de l'eau, mais il n'est pas calme pour autant ! On y cultive la tradition du *choco frito* (la seiche frite), entre autres produits de la mer. Aller à Sesimbra c'est, surtout, hors saison, une jolie balade à faire...

SESIMBRA Largo de Lombaldes, 4 Sesimbra
919 197 323 Mar.-dim. 12h30-22h
(pas de réservation)

AU SUD DU TAGE

Sur l'autre rive, l'Outra Banda, le Cristo Rei vous tend les bras. Si vous restez insensible à son appel, vous succomberez peut-être à celui des restaurants de poissons qui bordent le quai de la rive sud. Et pour une excursion plus maritime, vous céderez sans doute au chant des sirènes de la Costa da Caparica où l'on admire le coucher du soleil sur l'Atlantique, les pieds dans le sable...

ACCÈS ET INFOS

- On rejoint Almada en voiture par le Ponte 25 de Abril (payant au retour) qui enjambe le Tage au niveau du quartier d'Alcântara jusqu'à Almada, au pied de la statue du Christ-Roi. En ferry, on atteint Cacilhas au terme d'une traversée de 10min sur l'un des *cacilheiros* qui partent de Cais do Sodré (p.80).
- Sesimbra se situe 38km au sud de Lisbonne.

À VOIR

Le chemin compte autant que la destination, vous en aurez la preuve en effectuant la traversée du Tage ! Du "large", en effet, on mesure pleinement la beauté de la cité étagée sur ses sept collines. Plus proche et plus lointaine à la fois, elle paraît scintiller de mille feux et son surnom de "ville blanche" devient évidence. Le voyage est d'autant plus fort qu'il est sincère, relevant de la simple migration pendulaire pour nombre de Lisboètes qui ont élu domicile sur la rive sud.

ALMADA

Autrefois lieu de villégiature pour la noblesse, Almada est devenue, à la faveur de l'ouverture du pont sur le Tage en 1966, une vraie cité-dortoir qui vit au rythme des trajets quotidiens de ses habitants entre la maison et le travail à Lisbonne. Très résidentielle, elle conserve malgré tout une identité, entretenue par ses fêtes et les spécialités de poissons qui assurent la prospérité de ses nombreux restaurants.

La vieille ville Au pied de la falaise, l'**Elevador Panorâmico da Boca do Vento**, inauguré en juillet 2000, permet d'accéder au Castelo de Almada et d'entamer une exploration des rues anciennes. Il peut y régner une certaine torpeur qui préfigure déjà le Sud et les villages de l'Alentejo. De la Rua da Judiaria, où l'on accède par la rue parallèle, vous ne manquerez pas d'apercevoir le **Museu Medieval do Sítio**, petit musée d'archéologie (Rua Henriques Nogueira, 36) qui expose des trouvailles effectuées sur la commune, et dans lequel un déambulatoire surplombe les vestiges de l'époque romaine.

Accès par le pont du 25-Avril ou par ferry Elevador Panorâmico ⌚ Tlj. 8h-0h € gratuit

Rio 2

Santuário Nacional de Cristo Rei

Une réplique qui donne la réplique à une autre réplique... Quand Lisbonne multiplie les dédicaces aux grands ouvrages d'outre-Atlantique, cela donne

À NE PAS MANQUER

- Castelo de Sesimbra
- Porto de Abrigo
- Cabo Espichel

Les falaises escarpées du Cabo Espichel

un Golden Gate au-dessus du Tage, dominé par un Christ rédempteur, reproduction exacte (en modèle réduit) de l'original qui veille sur la baie de Rio de Janeiro. Autant décrié qu'encensé, ce jumeau ne mesure "que" 28m de haut sur un piédestal de 82m. Construite en 1959, la statue fut en partie élevée grâce aux dons des femmes portugaises, reconnaissantes que leur pays ait échappé aux horreurs de la Seconde Guerre mondiale. L'ascenseur qui mène à sa plateforme offre une vue vertigineuse sur Lisbonne et la péninsule.

Alto do Pragal Av. Cristo Rei Accès en bateau de Cais do Sodré jusqu'au débarcadère de Cacilhas (dernier retour à 0h45), puis bus 101 (lun.-sam. midi toutes les 20 min, sam. midi-dim. toutes les 30 min) 212 751 000 www.cristorei.pt Début juil.-mi-juil., début sept.-mi-sept. : tlj. 9h30-18h45 ; mi-juil.-août : tlj. 9h30-19h ; mi-sept.-juin : tlj. 9h30-18h Dernière entrée 15min avant fermeture € 6€

Éden artistique
Casa da Cerca

Le soin apporté à la sélection des artistes nationaux et étrangers mis en avant dans ce centre d'art contemporain est rehaussé par l'élégance du cadre d'exposition : une ancienne demeure privée du 18e s., doublée d'un jardin botanique dans la partie haute du parc.

Rua da Cerca, 2 212 724 950 Mar.-dim. 10h-18h

COSTA DA CAPARICA
La cour de récréation de Lisbonne

Il suffit de passer le Ponte 25 de Abril pour atteindre d'un coup de voiture la Costa da Caparica et son long ruban de sable de 8km. On se balade sur le rivage jalonné ouvert aux quatre vents le long de *praias* qui, dès l'arrivée des beaux jours et plus encore le week-end, exercent leur pouvoir d'attraction sur les familles lisboètes (p.161). Une fois séché et rhabillé, on peut rejoindre le sommet de la falaise pour assister à un concert (d'été) au couvent des Capuchos, fondé au 16e s. par les franciscains.

À 17 km au sud M° Praça de Espanha, puis bus 153

SESIMBRA ET SES ENVIRONS

Sa réputation de "paradis de la pêche" est largement entretenue par le cliché des *traineiras*, petits bateaux multicolores rentrant au port, chargés de poisson. En complément de cette tradition, Sesimbra a capturé dans ses filets un autre gros poisson : le tourisme. Très fréquentée par les Lisboètes aisés et par les jeunes en goguette, la ville perd parfois un peu de son calme en même temps que de son charme. Profitez plutôt hors saison de sa baie bien abritée.

Frise à créneaux
Castelo

Cette forteresse mauresque, considérablement restaurée, offre de ses remparts une très belle vue sur la baie, à 230m de hauteur. Autre curiosité de l'enceinte, l'**Igreja de Nossa Senhora da Consolação**, du 12e s., mais dont l'aspect actuel date de 1721, protège une belle série d'azulejos bleu et blanc ainsi qu'un autel en *talhas dourada* (boiseries sculptées et dorées).

R. Nossa Sra. do Castelo 11 Tlj. 7h-20h

Balcon sur l'océan
Fortaleza de Santiago

Bâtie à même le rivage, cette citadelle (1648), aujourd'hui occupée par la capitainerie du port, a pour principal attrait une belle plateforme ouverte sur l'océan, d'où contempler l'amphithéâtre des collines entourant la ville.

Rua da Fortaleza Tlj. 14h30-17h30

Icône de culte
Capela de Santa Casa da Misericórdia

Vous entrez ici dans la demeure d'un Jesus das Chagas ("des plaies") sanguinolent particulièrement réaliste, objet d'une très sincère vénération locale. Remarquable peinture sur bois du 16e s., de Lopes, l'un des "primitifs de Setúbal".

Largo 5 de Outubro Tlj. 9h-13h et 14h-17h

Retour de pêche
Porto de Abrigo

L'entrée est interdite au tout-venant. "À vos risques et périls", comme l'indique un panneau. Mais quand on demande l'autorisation de passer à la garde-barrière, cette dernière refuse rarement. Venez tôt le matin ou bien en fin d'après-midi pour assister au déchargement du poisson et à la vente à la criée. Dans l'enceinte se trouvent quelques baraques-restaurants où l'on peut dévorer du poisson tout frais. À l'extrémité de la route goudronnée, le **Forte do Cavalo** (fort du Cheval) ou de São Teodósio, bâti en 1652 par João IV, constitue l'un des nombreux bastions destinés à protéger la côte (fermé au public).

Remise à flot
Museu Marítimo

Enrichi d'une scénographie ludique et didactique, ce charmant musée inauguré en 2016 rend hommage au principal patrimoine de la région : l'océan, étudié par le biais de l'histoire, de l'économie (conserverie, pêche, construction navale), de la religion et de l'art.

Fortaleza de Santiago ⏲ Mi-juin-mi-sept. : mar.-dim. 15h30-19h et 20h30-23h ; mi-sept.-mi-juin : mar.-dim. 10h-13h et 14h30-17h30 € 3€

Un air de bout du monde
Cabo Espichel

Époustouflant ! Sauvage et déchirée, la pointe rocheuse de la péninsule d'Arrábida dresse ses vertigineuses falaises à plus de 100m au-dessus de l'océan (attention aux abords instables !). Au milieu de la lande déserte balayée par les vents et colonisée par les lapins, seuls se distinguent un phare et une curieuse église-auberge baroque du 18e s., dotée d'un étonnant plafond peint en trompe-l'œil et de deux longs corps de bâtiments où étaient jadis accueillis les visiteurs. À quelques pas de là, une minuscule chapelle, l'Ermida da Memória, à l'insolite "toit-couvercle" et à la belle Casa da Água (baptistère).

15km à l'ouest de Sesimbra Accès en bus par la compagnie Sul do Tejo (ligne 201), départ de la gare routière. Certains cars de Sesimbra desservent régulièrement Azoia, située à 2km du cap www.tsuldotejo.pt

Lac de bord de mer
Lagoa de Albufeira

Ce vaste plan d'eau frangé de pinèdes, près du bord de mer sur la côte ouest, est très prisé des véliplanchistes et autres amateurs de voile ou de pêche sportive.

Le Lagoa de Albufeira

À FAIRE

Profitez des beautés de l'Atlantique

Les plages de la **Costa da Caparica** sont très facilement accessibles de la capitale. Aux beaux jours, leurs dunes ocre-rouge et leurs délicieux petits bars attirent baigneurs et surfeurs. La ville de Costa da Caparica est à portée de bus au départ de Lisbonne et de Cacilhas. Chaque plage a son public de prédilection : **Praia do Castelo** (arrêt 11) est appréciée par la communauté LGBT ; **Praia da Bela Vista** (arrêt 17) par les naturistes ; **Praia da Fonte**

da Telha (terminus du train de la Costa da Caparica) réjouit les véliplanchistes et **Praia de São João da Caparica** fait le bonheur des surfeurs.

Praia da Califórnia et Praia do Ouro

Une incroyable plage de sable fin en pleine ville, bien orientée au sud, sans vagues ni rouleaux, équipée de centres et d'écoles de plongée sous-marine... La Praia da Califórnia a tout bon, si ce n'est la température de l'eau qui reste conforme aux normales affichées dans l'océan l'Atlantique !

Nautilus Av. dos Náufragos Porto de Abrigo

NOS ADRESSES

PAUSES

L'attrape-gourmands

Padaria O Caseiro

On se rue dans cette pâtisserie, réputée la meilleure de Sesimbra, pour poser ses paniers pleins du marché qui se tient juste derrière.

SESIMBRA Av. da Liberdade, 15 212 280 963 Tlj. 8h-19h

Joindre la fraîcheur au goût

Gelataria Marina

Des délices glacés à déguster à l'ombre, sur l'agréable place située juste en face (Largo 5 de Outubro).

SESIMBRA Largo 5 de Outubro, 5 211 824 690 Mer.-lun. 13h-19h30

RESTAURANTS

Sitôt débarqué à Almada, prenez le Cais do Ginjal (sur la droite) et longez-le sur 1km pour rejoindre les restaurants. À Sesimbra, vous aurez peut-être le privilège de vous mesurer au “gladiateur des mers”, le convoité espadon (*espadarte*).

Dernière table avant les flots

Ponto Final ♥€€

Un pas de plus et vous tombez à l'eau ! Tout, tout au bout du quai, attablez-vous pour déguster une cuisine traditionnelle, où le poisson règne en Poséidon, et profiter de la vue grandiose sur Lisbonne, au loin. Une adresse romantique au soleil couchant. Même si vous prolongez la nuit, le *cacilheiro* vous rapatriera Praça do Comércio. Réservation conseillée le soir. Comptez 20-25€.

ALMADA Rua do Ginjal, 72 De Cacilhas, prendre vers la droite le Cais do Gingal sur 1 km 212 760 743 Mer.-lun. 12h30-16h et 19h-23h

Lisbonne en fond d'écran

Amarra Ó Tejo €€€

Implanté sur l'emplacement même du Miradouro do Castelo, ce véritable aquarium est, comme son nom l'indique, “amarré aux eaux du fleuve”. Excellente cuisine à déguster dans un cadre aérien et ouvert. Spécialités de poisson au poids. Plats à partir de 20€.

L'AUTRE RIVE, POUR UN DÎNER
Pas de souci pour dîner sur l'Outra Banda et même y prolonger la soirée, retraverser le Tage et rentrer à Lisbonne : vous avez jusqu'à 1h20 pour vous faire rapatrier Praça do Comércio par le *cacilheiro* !

Ponto Final, au bout du quai !

ALMADA Alameda do Castelo 212 730 621 www.amarraotejo.pt Mer.-dim. 12h30-15h et 19h30-22h30

L'institution du poisson
Tasca do Isaias

Une vraie *tasca*, petite cantine familiale et chaleureuse à la déco typique, nappe à carreaux bleus et plats en inox. Mais aussi une institution du poisson frais et des *petiscos* (tapas) comme les *amêijoas* (palourdes) à 10€ la portion.

SESIMBRA Rua Coronel Barreto, 2 914 574 373 Lun.-sam. 11h-15h et 18h30-22h30

Plébiscitée par les pêcheurs
Isaías ♥

Pour dénicher cette adresse, suivez les pêcheurs qui en ont fait leur repaire. On y sert les produits de la mer en portions généreuses (seiche, calamar, pieuvre ou poisson), et des poissons fraîchement écaillés et immédiatement grillés à l'extérieur. Exquis dessert maison, le *sanadura*, à base de blancs d'œuf.

SESIMBRA Rua Coronel Barreto, 2 914 574 373 Lun.-sam. 12h-15h et 19h-21h30

Fruits de mer
O Zagaia

Des amis d'enfance, originaires de Sesimbra, ont repris cette ancienne *marisqueira* dont ils ont conservé le nom. La déco, sur fond de carreaux turquoise, respire le frais, comme la cuisine, à base de classiques portugais revisités sous le contrôle du chef Paulo Carvalho. Optez pour les croquettes de seiche à l'ail noir, en guise de *petiscos*, pour vous mettre en bouche, puis pour le riz aux *carabineiros* (gambons) et aux algues. Comptez entre 20 et 35€ pour un repas.

SESIMBRA Rua Doutor Peixoto Correia 33-35 212 233 117 Jeu.-lun. 12h30-15h et 19h-22h30, mer. 19h-22h30

QUELUZ

Ce que Versailles est à Paris, Queluz l'est à Lisbonne : une ville au sang bleu, choisie à partir de la seconde moitié du 18e s. par la famille royale comme destination de ses vacances, à mi-chemin entre la capitale et les forêts de Sintra.

ACCÈS ET INFOS

- 17km à l'est de Sintra, 14km à l'ouest de Lisbonne
- Accès en train de Sintra (Linha da Azambuja) ; de Lisbonne (Linha de Sintra, départ de la gare du Rossio toutes les 5min env. en sem., 15min de trajet) ; descendre à la station Queluz-Belas, sortir en tête du train vers la gauche puis marchez tout droit env. 10min.

À VOIR

Royale villégiature

Palácio Nacional e Jardins de Queluz

Cette résidence "secondaire" de la famille royale (jusqu'en 1908) compte parmi les plus beaux exemples du style rococo. En partie dessiné par l'architecte français Jean-Baptiste Robillon, le palais royal fut achevé en 1760 au terme d'un chantier à rallonge amorcé en 1747 par le prince Pierre III de Bragance. Des concerts de musique classique sont organisés l'été et en fin de semaine dans la salle du Trône. Une partie de l'aile est du palais sert de séjour aux chefs d'État en visite officielle au Portugal.

Richesses intérieures Dans les appartements, lustres de cristal, dorures, azulejos, plafonds en trompe-l'œil, tapis d'Arraiolos, paravents laqués et autres chinoiseries offrent une démonstration du meilleur des arts décoratifs portugais du 18e au 20e s. On notera la présence obsessionnelle de miroirs, surtout dans la salle de bal qui prend des airs de galerie des Glaces. Parmi les plus belles pièces, la salle du Trône et sa décoration rocaille, le corridor des Azulejos, long couloir qui relie les deux ailes du palais et possède encore quelques céramiques antérieures au séisme de 1755.

Splendeurs extérieures Délicieuse promenade dans les jardins à la française, magnifiques en toute saison. L'orangeraie, moins tirée au cordeau, n'en est que plus plaisante. Non loin, le Canal Rex, bordé d'azulejos, régit le cours de la rivière Jamor, sur laquelle la famille royale se promenait en barque.

Largo Palácio de Queluz 219 237 300 www.parquesdesintra.pt Mars-oct. : tlj. 9h-19h ; hiver : 9h-18h 10€

DRÔLE D'AFFAIRE

L'écrivain romantique anglais William Beckford relate dans ses souvenirs sa visite au palais en 1794, et la terreur que lui inspirèrent les cris déchirants poussés par la reine Maria I (1734-1816), victime d'hallucinations. Les murs de sa chambre si lumineuse et aérée, près du boudoir, en tremblent encore...

À NE PAS MANQUER

- Palácio Nacional e Jardins de Queluz

Sous les ors du Palácio Nacional de Queluz

Traînée de poudre
Fábrica da Pólvora de Barcarena

Excellente reconversion que celle de cette ancienne fabrique de poudre de Barcarena en un centre culturel ouvert aux formes les plus expérimentales de la création. Après plus de quatre siècles (1540 à 1988) d'activité industrielle, elle doit à la municipalité d'Oeiras sa nouvelle vocation.

Estrada das Fontainhas Barcarena 214 408796 Mar.-dim. 11h-17h (hiver 17h) **Restaurant et bar** Tlj. 9h-2h **Parc** Mai-sept. : tlj. 7 : 30-21h ; oct.-avr. : tlj. 7 : 30h-18h € 2€

NOS ADRESSES

PAUSES

Pour un en-cas
Grão de Café & Folha de Chá

Quelques tables pour prendre le soleil en tentant de faire abstraction des voitures et d'imaginer à leur place les carrosses qui desservaient jadis le palais de Queluz. De bons gâteaux et des salades.

QUELUZ Largo Mouzinho de Albuquerque, 29 (sur les hauteurs de la place Royale, à deux pas du palais) 214 355 072 Tlj. 10h-0h

Pour un vrai repas
Restaurante d'El Rei €

La visite de Queluz vous a ouvert l'appétit ? Cette adresse, en vis-à-vis du café précédent, saura vous rassasier d'une cuisine sans histoire, très honnête, dans un cadre moderne. Plats de 8 à 15€ env.

QUELUZ Largo Mouzinho de Albuquerque, 1-7 214 350 674 www.del-rei.com Lun.-sam. 10h-22h30, dim. 10h-16h

ESTORIL ET CASCAIS

L'extrême douceur de son climat vaut à Estoril le surnom de "ville des deux printemps". Favorite de la reine Maria Pia de Sabóia qui, au 19e s., avait choisi les plages de São João, São Pedro et Monte Estoril pour ses séjours d'été, elle gagna encore de nouveaux galons en faisant de sa gare le terminus du train de luxe Sud Express venant de Paris. Plus décontractée, sa voisine Cascais (pluriel de *casca*, "amas de coquilles") a conservé son port de pêche et son pittoresque marché.

ACCÈS ET INFOS

- Estoril se situe à 23km à l'ouest de Lisbonne ; Cascais est à 25km de Lisbonne et à 16km de Sintra.
- De Lisbonne (gare de Cais do Sodré), prendre la Linha de Cascais. Comptez 28min pour Estoril, 35min pour Cascais. Un train relie Cascais et Estoril toutes les 15-20min.
- À Cascais, des cars desservent le Guincho (lignes 405 et 415) et le Cabo da Roca (ligne 403).
- Posto de Turismo de Cascais Praça 5 de Outubro Été : tlj. 9h-20h ; hiver : tlj. 9h-18h Fermé 25 déc. et 1er jan.

À VOIR

ESTORIL

De son pedigree de station chic, Estoril a gardé quelques attractions phares qui entretiennent son prestige : un grand casino équipé de plus de mille machines à sous et qui programme les grands interprètes du fado, une collection de très beaux golfs (on en compte neuf sur la côte), des compétitions de motocyclisme et un open de tennis.

CASCAIS

Cascais est plus connue pour la concentration de ses **villas** balnéaires. Parmi les plus beaux exemples, le manoir anglais aux toits noirs des ducs de Palmela, conçu par l'architecte Thomas Wyatt, séparé de la résidence aux toits rouges de la marquise de Faial par une plage de sable fin. Surplombant la Praia da Ribeira, la maison Loulé, surnommée "boîte d'amandes", héberge désormais l'hôtel Albatroz. Enfin, gardez un œil attentif pour les maisons de style néo-portugais tel le *solar* (villa) Santa Maria de l'architecte Raul Lino (1902), près de la petite plage de Santa Marta. Trois églises méritent également une visite : l'**Igreja de Nossa Senhora da Assunção** pour ses peintures, l'**Igreja de Nossa Senhora dos Navegantes** pour son style baroque et l'**Igreja da Misericórdia** pour ses peintures sur bois maniéristes signées Cristóvão Vaz, un peintre régional.

Pyramides jumelles

Casa das Histórias Paula Rego

Pétri de joie et de malice, le musée des Histoires, et des dessins, de Paula Rego est d'abord un manifeste architectural unique en son genre, dont l'exemplarité valut à son auteur Eduardo Souto de Moura de recevoir le "Nobel" de

À NE PAS MANQUER

- Les pyramides de la Casa das Histórias Paula Rego
- Marché de Cascais

La Casa das Histórias Paula Rego, Cascais

l'architecture (prix Pritzker) en 2011. Se signalant par ses insolites pyramides de béton couleur *terracotta*, clin d'œil aux cheminées du palais de Sintra et autres constructions de la région, il abrite une partie des œuvres de l'artiste portugaise expatriée en Grande-Bretagne, ainsi que des peintures de son mari, Victor Willing, qui fut artiste et critique d'art. Expositions, cafétéria.

Av. da República, 300 214 826 970 casadashistoriaspaularego.com Mar.-dim. 10h-18h 5€

COULEUR LOCALE

Une extraordinaire corne d'abondance que celle du **marché de Cascais** pour lequel on vient de très loin. Laitues, herbes médicinales, tomates juteuses à souhait... Les produits dévalent les pentes de la *serra* voisine pour entrer en concurrence avec les poissons de l'Algarve et les fruits de mer (bigorneaux, huîtres, langoustes...) vendus à l'intérieur du marché couvert aux murs ornés d'azulejos.

Av. D. Pedro I Mer. et sam. 6h30-14h

Mélange de styles

Museu Condes de Castro Guimarães

Un peu à l'écart des grands circuits, c'est l'un des musées les plus surprenants de la région. Inauguré en 1931, il a manqué de peu un illustre conservateur, Fernando Pessoa, qui postula en 1932, mais ne fut pas admis faute de qualifications. Invraisemblable mélange de styles, le palais, richement décoré, abrite les collections tout aussi éclectiques des différents propriétaires.

Av. Rei Humberto II de Itália Parque Marechal Carmona 214 815 304 4€

À FAIRE

Profitez de la plage et des cabines de bain

Les cabines de bain confèrent un certain charme aux plages d'Estoril, de Monte Estoril et du centre de Cascais. À l'ouest de Cascais, certaines plages, comme la **Praia do Abano**, se font plus sauvages. Mais notre préférence va à la **Praia do Guincho**, magnifiquement enserrée entre le bleu de l'océan et la forêt toute proche. L'impétuosité de la houle y a sculpté une série de curiosités naturelles, notamment la célèbre **Boca do Inferno**, ou encore la **Duna Consolidada** à Oitavos. Paradis des joggeurs, surfeurs et autres amateurs de sensations fortes, cette côte battue par les vagues est aussi agitée de forts courants créés par l'embouchure du Tage, prudence ! – cf. Dangers (p.214).

Un, deux, trois... surfez !

Carcavelos Surf School

L'une des seules écoles à être vraiment équipée de vestiaires et aux bonnes conditions d'hygiène. Les cours (2 heures) incluent le prêt du matériel (planche et combinaison qu'il est possible de louer sans prendre de cours) ; pensez à apporter maillot et serviette.

Av. Marginal Praia de Carcavelos ☐ 962 850 497 ou 966 131 203 www.carcavelossurfschool.com

Mowzes surf school

Plusieurs formules, de la location à la sortie encadrée de 5 jours jusqu'aux meilleurs spots de la côte en passant par la simple leçon. La reponsable Comptez 43€ pour une leçon de groupe (4 pers.) et 116€ pour une leçon privée.

CASCAIS ☐ 938 872 451 www.mowzessurfschool.com
◷ Sorties Tljs 8 : 00 - 21 : 00

Le Guincho

Swinguez au golf

L'océan et ses rivages sont propices aux pratiques sportives. Si la contemplation des richesses du patrimoine vous fait manquer d'adrénaline, allez plonger à Sesimbra ou swinguer aux golfs de **Quinta do Peru** (classé parmi les 100 meilleurs parcours européens), de **Penha Longa**, dont les parcours ont été conçus pas Robert Trent Jones II, d'Estoril ou de **Quinta da Marinha**.

Nautilus Av. dos Náufragos Porto de Abrigo Sesimbra ☐ 212 281 769 (centre) ou 212 551 969 (école) www.nautilus-sub.com **Clube Quinta do Peru** Alameda da Serra, 2 Quinta do Conde ☐ 212 979 110 www.orizontegolf.com **Penha Longa Resort** Estrada da Lagoa Azul Linhó (5km au sud de Sintra) ☐ 219 249 011 www.penhalonga.com **Clube de Golf do Estoril** Av. da República Estoril ☐ 214 680 176 www.clubegolfestoril.com **Quinta da Marinha Resort** Quinta da Marinha Cascais ☐ 214 860 100 www.quintadamarinha.com

Roulez doux le long de l'océan
MobiCascais

Cascais totalise 9km de pistes cyclables, le long de l'Atlantique, jusqu'à la plage du Guincho. Profitez-en, la mairie met des vélos à disposition (trois kiosques, dont un juste en face de la gare) !

Cascais ☎ 800 203 186 mobi.cascais.pt/serviços/quiosque-mobicascais ⏱ Tlj. 8h-19h

NOS ADRESSES

PAUSES

Fournisseur des rois
Santini Cascais Baia

En 1949, l'Italien Attilio Santini commence sa conquête "glaciaire" sur la plage de Tamariz à Estoril. La marque a depuis essaimé à Lisbonne, dans ses environs, et à Porto. En 1971, il s'installe à Cascais. Adoubée par le roi d'Italie en exil, cette vénérable institution de la crème glacée a également régalé l'actuel roi d'Espagne.

CASCAIS Alameda dos Combatentes da Grande Guerra, 100 ☎ 210 966 779 www.santini.pt ⏱ Tlj. 11h-0h

Petit doigt en l'air
Pastelaria Garrett

Une ambiance délicieusement cosy règne dans ce salon de thé où les gâteaux sont plutôt raffinés mais la clientèle un peu fanée parfois.

ESTORIL Av. de Nice, 54 ☎ 214 680 365 ⏱ Mer.-lun. 7h30-19h30

RESTAURANTS

Fraîche comme ses sushis
Confraria €€

Cette pétillante adresse séduit par la fraîcheur de ses sushis et sashimis, et par sa terrasse ombragée. Comptez 40€ a 50 €.

CASCAIS Rua Luís Xavier Palmeirim, 14 ☎ 214 834 614 ⏱ Dim.-jeu. 12h30-0h, ven.-sam. 12h-23h (service continu)

Brut de criée
Beira Mar €€€

Des poissons fraîchement pêchés, cuisinés avec talent et simplicité : filet de colin et riz aux fruits de mer, loup de mer au four, sole ou mérou "Delicia", servi meunière avec bananes. Env. 35-40€/pers.

CASCAIS Rua das Flores, 6 ☎ 214 827 380 www.restaurantebeiramar.pt ⏱ Mer.-lun. 12h-16h et 19h-23h (service continu en été)

Le dessus du casier
Porto Santa Maria ♥€€€

On déguste du poisson cuit dans le sel ou dans le pain, et des fruits de mer méconnus. On vous recommande la *lagosta grelhada* (langouste grillée), le bar au sel ou le divin riz aux fruits de mer (*arroz de marisco*). Carte des vins exceptionnelle. L'addition s'en ressent (de 40 à 70€).

CASCAIS Estrada do Guincho ☎ 214 879 450 www.portosantamaria.com ⏱ Tlj. 12h15-15h30 et 19h15-22h30

SINTRA

Le "glorieux Éden" encensé par Lord Byron mérite bien plus qu'un saut de puce. Rivalisant de beauté, ses jardins exubérants et sa jungle luxuriante s'étalent au flanc d'une petite *serra* salutaire pour les Lisboètes et tous les romantiques, qui viennent s'y rafraîchir. Très courue, joliment parsemée de *quintas*, maisons cossues édifiées par les élites aristocratiques et bourgeoises au fil des siècles, cette montagne a fait son entrée en 1995 au patrimoine mondial de l'Unesco.

À VOIR

Son port distingué ne doit rien au hasard. Ancienne résidence royale de la dynastie des Avis, Sintra abrita jusqu'aux derniers soupirs de la monarchie portugaise. Aujourd'hui, on la croque en quatre quartiers : le centre historique dit Sintra-Vila (ou Vila Velha, la "vieille ville"), qui entoure le Palácio Nacional ; le quartier d'Estefânia, au nord-est, avec la gare ferroviaire et nombre d'adresses pratiques ; dans son prolongement immédiat vers l'est, le quartier moderne de Portela de Sintra ; enfin, plus excentré, à environ 2km au sud-est du centre historique, le vieux quartier de São Pedro. Les principaux monuments sont disséminés en périphérie, dans la *serra*.

ACCÈS ET INFOS

- Sintra, à 30km env. au nord-ouest de Lisbonne, mérite que l'on s'y arrête plusieurs jours (p.27). Si vous n'avez pas de voiture, empruntez le bus 434, qui vous mènera aux principaux monuments.
- Trains directs de Lisbonne (de la gare du Rossio) entre 6h et 1h, toutes les 10-20min, trajet 40-45min. Autres départs des gares de Roma-Areeiro ou d'Entrecampos, via Benfica ou Queluz (même tarif). Attention de ne pas descendre à Portela de Sintra !

BON À SAVOIR

La circulation vire au noir aux beaux jours et le week-end. Préférez le bus pour visiter les palais excentrés, et garez-vous dès votre arrivée à Estefânia ou à Portela de Sintra, deux quartiers au nord de la vieille ville qui disposent de plusieurs parkings.

SINTRA

En direct du Moyen Âge

Palácio Nacional de Sintra ★

Deux monumentales cheminées coniques signalent la résidence d'été préférée de la dynastie des Avis (13e-16e s.). On doit au roi Manuel I (1495-1521) son allure de palais mudéjar, dont la salle arabe, la chapelle et les nombreux patios de style hispano-mauresque portent le flambeau. Nos cinq pièces favorites ? La **Sala das Sereias** (salle des Sirènes) pour ses superbes azulejos ; la **chambre du roi Afonso VI** pour compatir au sort de son illustre occupant, retenu prisonnier sur ordre de son frère Pedro II les neuf dernières années de sa vie – l'usure du

À NE PAS MANQUER

- Palácio Nacional de Sintra
- Quinta da Regaleira
- Lojas do Picadeiro
- Palácio Nacional da Pena
- Convento dos Capuchos

La vieille ville de Sintra

IL ÉTAIT UNE FOIS...
"Fil bleu" de la décoration du Palácio Nacional, l'azulejo commence à Sintra son incroyable épopée portugaise. En précurseur et lanceur de tendances, Manuel I, que les décorations andalouses avaient fasciné, fait d'abord venir ses carreaux d'ateliers espagnols en 1508, avant de créer, à Lisbonne, la première fabrique d'un genre qui allait prospérer... et émailler de nombreuses façades à travers tout le pays.

sol résulte, dit-on, du piétinement incessant du prisonnier ; la **Sala das Pegas** (salle des Pies) pour son plafond décoré de 136 pies ; la **Sala dos Brasões** (salle des Blasons), indéniablement plus belle pièce d'apparat du château avec son plafond à caissons ; et la **Sala dos Cisnes** (salle des Cygnes) pour son superbe plafond de bois du début du 15e s., orné de cygnes.

Largo da Rainha Dona Amélia (Sintra-Vila) 219 237 300 www.parquesdesintra.pt
Avr.-oct. : tlj. 9h30-18h30 ; nov.-mars : tlj. 9h30-18h 10€

Le vertige d'une descente aux enfers

Quinta da Regaleira

La visite de cette demeure mystico-romantique s'apparente à une relecture express de Dante et de sa *Divine Comédie*. C'est dans l'imaginaire débridé du richissime homme d'affaires A. A. Carvalho Monteiro (1848-1920) qu'a germé, au début du 20e s., l'idée de cette maison inspirée par les styles médiéval, gothique, Renaissance et manuélin. Derrière une porte dérobée, se tient son plus fantasmagorique secret : un incroyable gouffre circulaire où, tels les cercles de l'Enfer, s'enchaînent neuf étages en spirale que l'on descend dans la pénombre humide. En bas, la voie de droite sauve, tandis que celle de gauche précipite vers les Enfers. On aboutit alors sur les montagnes du Purgatoire pour finalement atteindre les rivages d'un lac mystérieux annonçant le Paradis. Si le mystère vous enchante, vous pourrez déjeuner au restaurant de la Quinta, accessible depuis le portail de fer latéral.

Rua Barbosa du Bocage (1km à l'ouest du centre-ville) 219 106 650 www.regaleira.pt Avr.-sept. : tlj. 10h-18h30 ; oct.-mars : tlj. 10h-18h30 Dernière entrée 1h avant fermeture 10€

Une muse portugaise

MU.SA – Museu das Artes de Sintra

Derrière la délicate façade néoclassique années 1920 de l'ancien casino, il expose les œuvres d'artistes portugais contemporains.

Av. Heliodoro Salgado 219 236 101 Mar.-ven. 10h-18h, sam.-dim. 12h-18h 1€

Ruelle à échoppes

Lojas do Picadeiro

À l'écart de la place principale de São Pedro de Sintra, cette charmante impasse compose un harmonieux bouquet de bars, restaurants, antiquaires et artisans. Une invitation à la flânerie, non loin d'une chapelle du 15e s.

Praça D. Fernando II

BON À SAVOIR
Visiteur insatiable ? Pour tous les sites des Parques de Sintra (Castelo dos Mouros, Palácio Nacional de Sintra et de Queluz, Parque da Pena, Convento dos Capuchos...), il existe des billets combinés, ainsi qu'un billet annuel sans limitation du nombre d'entrées. Également des visites guidées (7 pers. min., sur rés.). Rens. sur le site Internet.

Dans les coulisses des médias

NewsMuseum

L'ancien musée du Jouet de Sintra a bénéficié d'un lifting complet en 2016 pour accueillir ce musée thématique des médias et de l'histoire du journalisme. Propagande, histoire récente du Portugal, technologies de la communication, réalité virtuelle... autant de prismes pour éclairer notre lecture des événements, grâce à une muséographie interactive. Restaurant.

Rua Visconde de Monserrate, 26 210 126 600 www.newsmuseum.pt Tlj. 10h-18h30 Dernière entrée 1h avant fermeture 9€

LA *SERRA*

De beaux restes

Castelo dos Mouros

Du haut de ses murailles qui épousent les sinuosités du relief, on jouit d'un panorama spectaculaire, en particulier depuis le chemin de ronde et la tour royale. Réduit à un mystérieux amas de ruines disséminées dans un bel écrin de verdure, ce château fut édifié par les Maures aux premiers temps de leur occupation de la péninsule (8e s.), puis ravi par le roi Afonso Henriques après qu'il eut libéré Lisbonne en 1147. À la fin du 15e s., un ordre royal y consigna une communauté juive loin du reste de la population.

4km au sud du centre-ville par la route, ou par le bus 434 219 237 300 www.parquesdesintra.pt 9h30-18h30 8€

Le Parque da Pena

Sorti d'un rêve

Parque da Pena

Planté des essences les plus rares dans ces contrées, dissimulant dans sa jungle toutes sortes de folies, fontaines, belvédères et petits lacs, ce jardin enchanteur (220ha) confine au magique quand on aborde son chalet. Conçu pour la future deuxième épouse du roi Dom Fernando II, la cantatrice Elise Hensler, comtesse d'Edla, il constitue un charmant témoignage du courant romantique du 19e s. Il rappelle en effet les constructions alpines à la mode à cette époque, avec ses fausses boiseries et ses stucs, ses belles peintures murales et son utilisation décorative originale du liège....

Estrada da Pena (au sud de Sintra-Vila) 219 237 300 www.parquesdesintra.pt Tlj. 9h-19h 7,50€

Improbable mais vrai

Palácio Nacional da Pena ★

Toute l'extravagance portugaise s'illustre dans ce palais d'heroic fantasy, qui coiffe sans complexe le piton rocheux de la *serra*, à 500m au-dessus de Sintra. Érigé à l'emplacement d'un sobre monastère hyéronimite, le palais reste associé à la figure du roi Dom Fernando II. La juxtaposition de façades colorées (styles mauresque, gothique, manuélin, baroque et rococo) évoque un cornet de glace à cinq parfums, que Ferdinand n'eut même pas le loisir de déguster, puisque le palais ne fut terminé qu'en 1885, année de sa mort.

Au sud de Sintra-Vila, par le bus 434, au départ de la gare ferroviaire www.parquesdesintra.pt Tlj. 9h30-18h30 14€ (palais et parc)

Un jardin des merveilles

Parque de Monserrate

À 4km de Sintra, ce parc forestier relève plutôt d'un invraisemblable musée botanique, agrémenté d'un étang, de bassins, des ruines d'une chapelle et même d'un cromlech. Au fil de votre promenade (env. 1h), vous découvrirez une cascade et de nombreuses espèces d'arbres et de plantes en provenance de tous les coins de la planète. Puis vous accéderez au superbe Palácio de

Monserrate. D'inspiration moghole, il doit son existence à une tocade du richissime commerçant anglais Francis Cook, premier vicomte de Monserrate, acquéreur du domaine en 1856. Vous avez là la source du romantisme tout britannique qui règne sur l'ensemble du site.

(5km à l'ouest de Sintra sur la N375) 219 237 333 www.parquesdesintra.pt Mars-oct. : tlj. 9h-19h ; nov.-fév. : tlj. 9h-18h 8€

Leçon d'ascétisme

Convento dos Capuchos

Pour se "rincer l'œil" après le déluge de couleurs du Palácio Nacional, voici un monastère franciscain aux allures d'ermitage troglodytique, aménagé dans un chaos rocheux et occupé par seulement huit moines, jusqu'à son abandon en 1834. Exemple typique des monastères construits par les ordres mendiants, en réaction aux ordres séculiers riches et opulents, il multiplie les injonctions au dépouillement : cellules minuscules, liège tenant lieu d'azulejos... Le site prend toute sa mesure dans la solitude, de préférence tôt le matin, avant l'affluence.

SINTRA Colares (9km au sud-ouest de Sintra, en voiture uniquement) 219 237 300 www.parquesdesintra.pt Tlj. 9h-18h 7€

LA CÔTE

Dans cet autre Finistère...

Cabo da Roca

38° 47' nord, 9° 30' ouest : ici pointe l'extrémité occidentale du continent européen, "là où la terre finit et où la mer commence" (Camões, *Les Lusiades*).

Cabo da Roca, le cap du bout du monde

Dominant de 140m les eaux tumultueuses qui s'écrasent à grand fracas contre la falaise, le "cap du Rocher" offre un beau point de vue sur le littoral tourmenté ; beaucoup de monde au coucher du soleil ! L'occasion d'un grand bol d'air iodé, car le vent, comme la mer, y est souvent redoutable. Des certificats sont même vendus (5 et 10€) à qui voudrait prouver son passage au cap.

19km à l'ouest de Sintra et 32km de Lisbonne Bus 403 de Cascais ou de Sintra

À FAIRE

Promenez-vous dans les parcs de Sintra

Choisissez votre feuille de route idéale pour découvrir la ville et ses joyaux à votre rythme. Cinq parcours pédestres bien balisés partent du Palácio Nacional de Sintra (centre historique) et sillonnent la ville, de monuments en palais. **Santa Maria** traverse le centre historique. **Pena** vous conduit au Palácio da Pena (p.173) en sinuant à travers son parc, jusqu'au bord d'étangs perdus dans la végétation (durée 1h30). **Castelo** vise le Castelo dos Mouros (p.172), avec une promenade aux alentours sur un sentier facile d'accès (durée 45 min). **Palácio de Seteais** vous fait grimper la colline jusqu'à ce palais transformé en hôtel de luxe et d'où l'on jouit d'un panorama splendide sur Sintra. Enfin, **Quintas**, notre préféré, relie les somptueuses villas aristocratiques à l'extérieur de la ville. **Dépliants disponibles** à l'office de tourisme et téléchargeables en PDF sur le site de la mairie : www.cm-sintra.pt/percursos-pedestres.

Profitez des rouleaux de l'Atlantique

Au nord du Cabo da Roca, **les plages** s'immiscent au creux des falaises. Réputées meilleures que celles de la région de Cascais, elles demeurent néanmoins le privilège des baigneurs les moins frileux ! Parmi les plus agréables de cette catégorie, la **Praia da Adraga** est accessible depuis Almoçageme. Plus au nord, prisée des surfeurs, la **Praia Grande** est coincée entre des falaises sur lesquelles les dinosaures ont laissé 66 empreintes (pause casse-croûte possible au restaurant snack-bar O Crôa.) La **Praia Pequena** lui succède. Mais la plus populaire et la plus touristique de toutes reste la **Praia das Maçãs**, aisément joignable de Ribeira de Sintra, notamment par un vieux tram (informations à l'OT). Toutes ces plages sont surveillées.

Piscine naturelle

La cascade de maisons blanches qui dévalent la falaise du village d'**Azenhas do Mar** se déverse dans une piscine naturelle creusée dans le rocher, dont l'eau salée se renouvelle à chaque marée haute. Le bus 441 fait le trajet (40min) au départ du quartier de Portela de Sintra.

(12km au nord-ouest de Sintra) 🕒 Fermé à Noël et au Nouvel An.

NOS ADRESSES

PAUSES

L'institution
Casa Piriquita

La foule qui s'y presse ne sait plus où donner de la tête tant les vitrines regorgent de délices : exquis *travesseiros* (pâte feuilletée aux amandes fourrée de confiture de citrouille), divins *nozes douradas*, *fofos de Belas* et *pastéis de Sintra*... Pour satisfaire l'affluence, une annexe s'est ouverte en haut de la rue ! Également des sandwichs et salades... et une terrasse dominant les toits.

SINTRA Rua das Padarias, 1-3 ☎ 219 230 626
Lun.-ven. 9h30-19h, sam.-dim. 9h30-20h

Likée par Eça de Queirós !
Queijadas da Sapa

Autoproclamée "fabrique des véritables *queijadas* de Sintra", cette pâtisserie, située un peu à l'écart du centre historique de Sintra, est aussi réputée que la Casa Piriquita auprès des habitants de la région. Elle est la plus ancienne de la ville, citée paraît-il, par le grand écrivain Eça de Queirós en personne !

SINTRA Volta do Duche, 12 ☎ 219 230 493
Mar.-ven. 9h-18h, sam.-dim. 9h30-18h30

DOUCEURS LOCALES
Challengers des *pastéis de nata* dans l'ordre des pâtisseries portugaises les plus célèbres et convoitées, les ***queijadas*** sont des petits gâteaux à base de fromage frais, de farine de blé, de sucre, d'œufs et de cannelle. Sintra est le berceau de cette spécialité rustique qui remonterait au 13e s.

RESTAURANTS

Par le goût alléchés
Adega do Saloio ♥€

Un face-à-face de restaurants dont le succès incontesté repose sur l'exigence d'une cuisine faite maison. Viandes succulentes, poulpes, seiches et morues préparées *a lagareiro*, au four, assaisonnées d'un filet d'huile d'olive, sont à la base des menus. Plats autour de 12€. Menus touristiques de 15 à 18€.

SINTRA Largo do Chão de Meninos Rua Álvaro do Reis, 32 ☎ 219 231 422 adegadosaloio.weekly.com Mer.-lun. 12h-15h et 19h-22h

Mix franco-portugais
Cantinho de São Pedro ♥€

La cuisine française vous manque, mais vous adorez les desserts portugais ? Cette adresse est pour vous. Du chef qui l'a fondée dans les années 1970, l'adresse a conservé les classiques tournedos à la béarnaise et entrecôtes marchand de vin, à quelques savoureuses exceptions près (morue de Sintra et porc à la portugaise). Prix moyen : 15-20€/pers.

LA SERRA Praça D.Fernando II, 18
☎ 967 033 520 cantinhosaopedro.com
Jeu.-mar. 12h-15h et 19h30-22h

Poulpe en salade

Un côté "vieux Portugal"

Tacho Real €€

Le soir, les lumières tamisées subliment l'intérieur d'azulejos vert et blanc de ce lieu haut de gamme qui, installé dans d'anciens logements de cour, cultive son héritage aristocratique. Fameux riz à l'angolaise (à base de poissons, crustacés et piments).

SINTRA Rua da Ferraria, 4 ☎ 219 235 277 ⏲ Mar. 12h-15h, jeu.-lun. 12h-15h et 19h30-22h

Bon plan poisson

Restaurante da Adraga ♥ €€

Excellent restaurant de poissons fréquenté par les autochtones qui préféreraient en garder l'exclusivité. Dans une ambiance décontractée, derrière les grandes baies vitrées avec vue sur la mer, on commande les yeux fermés n'importe quel poisson grillé, payé au poids. L'un des meilleurs rapports qualité-prix du coin (prix moyen : 20€/pers).

LA CÔTE Praia da Adraga (13km à l'ouest de Sintra) ☎ 219 280 028 www.restaurantedaadraga.com ⏲ Mer.-dim. 12h30-22h30, lun. 12h30-16h

Au-dessus des embruns

Azenhas do Mar ♥

Comme une bernique à son rocher, ce restaurant est rivé à la falaise en surplomb de la mer. L'addition est élevée pour la région, mais quel cadre ! Magnifié par un éclairage à la bougie le soir, il permet de déguster son poisson (au poids) comme en lévitation au-dessus du rivage. Juste au-dessous, commencez par un apéritif au bord de la piscine d'eau salée du Terraço. Réservation conseillée.

AZENHAS DO MAR (12km au nord-ouest de Sintra) ☎ 219 280 739 ⏲ Tlj. 12h30-23h (ferme à 22h en basse saison) Fermé à Noël et au Nouvel An.

SHOPPING

Émail charmant

Henrique Teixeira

Un passionné doublé d'un fin connaisseur qui sélectionne de superbes et rares azulejos des 16e (300€ l'unité tout de même), 17e et 18e s. (à partir respectivement de 125 et 85€ l'unité). Également, de très belles collections de verres et de porcelaines.

SINTRA Rua Consiglieri Pedroso, 2 ☎ 219 231 043 ⏲ Mar.-sam. 10h-13h et 14h30-19h

Ne pas laisser sur le carreau

Calaferrim

Azulejos (30-150€ les 4 selon les époques et de 5 à 35€ l'unité) et très beaux meubles anciens.

SINTRA Praça D. Fernando II, 18 Lojas do Picadeiro ☎ 219 231 837 ⏲ Tlj. 14h-20h

ERICEIRA

Plébiscitée chaque week-end par la foule des Lisboètes en goguette, Ericeira soigne sa panoplie de séduction : des plages grandioses, un océan prodigue en vagues pour surfeurs chevronnés et le cachet d'un vieux village de pêcheurs, avec ses petites maisons blanches rehaussées de bleu outremer et ses bateaux hissés sur le sable par des tracteurs. Non loin de là, Mafra riposte avec un arsenal monumental !

ACCÈS ET INFOS

- Ericeira se situe à 50km env. au nord-ouest de Lisbonne ; 10km la séparent de Mafra.
- Nombreux cars de la compagnie Mafrense au départ de la gare routière de Campo Grande à Lisbonne, via Mafra. Liaisons avec Sintra.

À VOIR

ERICEIRA

De la Praça da República, la "grand-place", on peut descendre vers les amples plages du sud et le port de pêche, ou choisir de les contempler du haut de la falaise : les terrasses ensoleillées du Parque de Santa Marta font une tribune idéale d'où assister au spectacle des bateaux de pêche tirés sur la plage par des tracteurs, et admirer le coucher du soleil. Les plages les plus sauvages, São Sebastião et Matadouro, s'étirent au nord.

MAFRA

Le minuscule village de Mafra s'est fait un nom avec la construction du plus grand ouvrage baroque du pays : un projet pharaonique réalisé grâce aux richesses de l'empire et qui, aujourd'hui, manquerait presque d'évincer sa toute aussi impressionnante voisine, la chasse royale Tapada Nacional.

Pour tout l'or du Brésil

Palácio Nacional de Mafra

Ce qui devait s'en tenir à un modeste monastère pour treize moines, a muté, par la folie des grandeurs de João V, en un gigantesque palais-hôpital-bibliothèque, dont l'édification expéditive (1717-1730) mobilisa quelque 50 000 ouvriers. Il est tentant de résumer cette résidence d'été des rois du Portugal par une cascade de chiffres : 4ha de bâti, 880 pièces, 4 500 portes et fenêtres... La visite des appartements royaux à l'étage vous mènera au travers d'un déluge de marbre, à une gigantesque enfilade de pièces, longeant les 220m de la façade. La basilique, autour de laquelle est organisé l'édifice, possède deux tours hautes de 68m et le plus grand ensemble de carillons au monde (98 cloches). Clou de la visite, la prodigieuse bibliothèque au plan en croix rassemble plus de 36 000 ouvrages reliés en cuir. En sortant du monastère, le baroque **Jardim do Cerco** est un endroit agréable où pique-niquer.

40 km au nord Terreiro Dom João V En train de l'Estação Santa Apolónia ou de l'Estação Sete Rios 261 817 550 www.palaciomafra.gov.pt Mer.-dim. 9h30-17h30 6€

À NE PAS MANQUER

- Tapada Nacional de Mafra
- Palácio Nacional de Mafra

La plage des pêcheurs, à Ericeira

DRÔLE D'AFFAIRE

Chaque nuit se perpétue à la bibliothèque du Palácio Nacional un rituel vieux de plus de 200 ans. Les chauves-souris sortent de leur cachette derrière les rayonnages pour se rassasier des insectes papivores qui menacent les vieux livres. Les conservateurs leur disent merci !

Bestiaire grandeur nature

Tapada Nacional de Mafra

Ancien domaine royal créé par le roi João V en 1747, cette aire de 819ha abrite une faune extrêmement riche (cerfs, sangliers, renards, blaireaux, rapaces) qui, protégée par un mur d'enceinte de 21km, folâtre en toute quiétude. Deux musées complètent ce sylvestre tableau : celui de la Biodiversité (avec armes anciennes et animaux empaillés) et celui des Véhicules tractés du 19e s., qui peuvent se visiter à la faveur d'une balade en petit train.

6km au nord de Mafra sur la route de Gradil 261 817 050 www.tapadademafra.pt Été, hiver : tlj. 9h-18h Ferme plus tôt hors saison 9,50€

À FAIRE

Enfilez le maillot !

Foz do Lizandro

Avec son large banc de sable et le fleuve du même nom, Foz do Lizandro offre aux baigneurs de choisir entre les eaux calmes de la rivière et les flots vivifiants de l'Atlantique. Quelques restaurants aux alentours pour un repas simple.

2,5km au sud d'Ericeira

Sortez les planches !

Ribeira d'Ilhas et São Julião

À 3km au nord d'Ericeira, inscrite au rang des spots les plus réputés d'Europe, **Ribeira d'Ilhas** accueille les plus grandes compétitions internationales. À 8km d'Ericeira, encadrée par deux grandes falaises, la très belle plage de **São Julião** se prolonge vers le sud sur plus d'un kilomètre de sable fin : une autre carte postale célèbre du surf au Portugal.

NOS ADRESSES

PAUSES

Douce heure du sucré

Pastelaria Salvador

L'indice de fréquentation de sa terrasse est proportionnel à l'indice glycémique des gourmands qui s'y pressent pour déguster un *ouriço de Ericeira* (gâteau aux amandes et aux œufs) ou un *Salvador* (sorte de forêt-noire aux pommes). Deux délices qui justifient la réputation de la maison.

ERICEIRA Rua Eduardo Burnay, 75
Jeu.-dim. 8h-12h, lun. et mer. 8h-20h

RESTAURANTS

Sitôt pêché, sitôt grillé

Sete Praias da Baleia €€

Comme la baleine retrouvée sur cette plage en 1872, vous appréciez sans doute de vous échouer à la terrasse de ce restaurant du bord de l'eau. Si l'océan vous déconcentre par sa proximité, n'en oubliez pas votre assiette de poisson grillé, spécialité de la maison. Comptez env. 20-25€/pers.

ERICEIRA Praia do Sul Été : tlj. 12h-22h30 ; reste de l'année : mer.-lun. 12h-22h30

ADOPTEZ UN RÉGIME IODÉ

Prodigues en poissons et fruits de mer, les côtes aux environs de Lisbonne sont un paradis pour qui aime les déguster au bord du quai, très frais, et dans leur plus simple expression, juste grillés ou revenus au beurre. Parmi nos lieux préférés, les gargotes de la criée de **Porto de Abrigo** (p.160), l'extrême **Ponto Final** (p.162), le repaire de pêcheurs **Isaías** (p.163), le frétillant **Canastra** (p.180), le simplissime **Beira Mar** (p.169), ou encore le lumineux **Porto Santa Maria** (p.169).

D'excellents poissons

Canastra ♥€€

Avec ses airs de remise de pêcheurs et son nom évoquant le panier que les femmes se posaient jadis sur la tête pour transporter la pêche du jour, le ton est donné : poisson ultra-frais, cuisinés sur le gril et accompagnés de légumes. Le service soigné finit de justifier son succès. Pensez à réserver. Repas env. 20-25€/pers.

ERICEIRA Rua Capitão João Lopes, 8A
Jeu.-mar. 12h-15h et 19h30-23h30 (la cuisine ferme à 22h)

LES ROIS DE LA GLISSE

À Ericeira, l'océan vit sous bonne garde partagée entre pêcheurs et surfeurs. Classés 1re réserve de surf d'Europe et 2e du monde en 2011 par l'association Save the Waves, ses 8km de plages ont permis de faire éclore de grands champions comme Tiago Pires, et attirent les surfeurs du monde entier qui goûtent ses paysages magiques alternant hautes falaises et intimes criques de sable fin. Convoitée pour la grande variété de ses vagues, cette zone à haut potentiel réserve quelques sommets de rouleaux qui défient les plus chevronnés : Pedra Branca, Reef, Ribeira d'Ilhas, Cave, Crazy Left, Coxos et São Lourenço. Et pour s'en mettre plein les yeux sans s'éclabousser, on se rue sur les championnats mondiaux tels que la Word Surf League ou le Quicksilver Pro Portugal. Si les spots du secteur d'Ericeira attirent les plus grands dompteurs de vagues de la planète, il n'est pas interdit aux débutants de s'offrir quelques sensations fortes, à condition d'être bien escorté.
Autour d'Estoril et Cascais, plusieurs écoles et centres d'apprentissage – Carcavelos Surf School (p.168) et Mowzes surf school (p.168) – sont là pour vous mettre sur les planches.

Ericeira, "spot" des surfeurs par excellence

Pour aller plus loin

184 **Géographie et climat**
186 **Histoire**
191 **Économie et société**
192 **Architecture et urbanisme**
196 **Fado**
198 **Lisbonne arty**
200 **Littérature**
201 **Le goût de Lisbonne**

Les pavés du Rossio

GÉOGRAPHIE ET CLIMAT

De toutes les capitales européennes, Lisbonne est sans conteste la plus occidentale, une porte grande ouverte sur l'océan Atlantique. Pour autant, avec ses 38° 43 de latitude nord, elle a toute sa place dans le clan des "Méditerranéennes" et Palerme ou Athènes pourraient à ce titre, la regarder, comme une des leurs.

Un estuaire et sept collines

Nul besoin d'être un as en cartographie pour identifier les deux grandes caractéristiques géographiques de Lisbonne. Un premier regard, quelques pas, et deux évidences s'imposent. D'une part, la présence de l'eau, notamment d'un fleuve qui, à l'approche du terme de sa course, s'élargit ici en un majestueux estuaire pouvant atteindre 11km de large. Une démesure qui vaut au Tage son surnom de "mer de Paille" – la paille évoquant les reflets dorés dont il se revêt – et la minicroisière pour le traverser se fait alors presque plus maritime que fluviale. La seconde évidence est d'ordre topographique. Elle s'éprouve à la force des mollets, dès lors que l'on arpente la ville à pied. Car Lisbonne partage avec Rome ses origines en sept collines. Disposées en amphithéâtre tourné vers l'estuaire, elles sont bien difficiles à identifier pour certaines, mais donnent aussi à chacun des quartiers de la capitale un caractère unique.

LE JEU DES SEPT COLLINES

Saurez-vous les citer ? Selon Nicolau de Oliveira, religieux du 17e s., elles se nomment São Jorge, São Vicente, São Roque, Santo André, Santa Catarina, Chagas (l'actuel Largo do Carmo) et Sant'Ana. Une pléiade répertoriée dans son *Livro das Grandezas de Lisboa* ("Le Livre des grandeurs").

Le Tage d'une rive à l'autre

Jusqu'au milieu du 20e s., Lisbonne a pris ses aises sur la rive droite du Tage, avant que deux ponts, celui du 25-Avril (ex-pont Salazar, inauguré en 1966) et le Vasco-de-Gama (ouvert en 1998) ne la relient plus commodément au sud du pays. Ces nouvelles infrastructures ont permis de faire advenir une véritable métropole, qui rassemble aujourd'hui 20% de la population du Portugal. L'agglomération de Lisbonne s'est ensuite étendue au fil des ans, au bénéfice d'une urbanisation parfois anarchique, mais préservant des poches de territoire à faible densité de population et avec la persistance de zones agricoles. Ainsi, la métropole lisboète compte encore de vastes espaces protégés, en particulier le parc naturel Sintra-Cascais et la réserve naturelle de l'estuaire du Tage sur la rive gauche du fleuve, ainsi que d'importantes zones de sauvegarde dans la péninsule de Setúbal, à Caparica et Arrábida.

PIÈCE ADMINISTRATIVE

Quinzième agglomération européenne en nombre d'habitants, Lisbonne en totalise un peu plus de 2 millions d'habitants. Près de 550 000 d'entre eux vivent dans la ville centre. D'une superficie de 85km^2, la municipalité est divisée en 24 *freguesias* (paroisses civiles ou arrondissements).

Le Castelo de São Jorge du Miradouro da Graça

Sous influence océanique

Avec 22,5°C de température moyenne en été et 10,8°C en hiver, Lisbonne profite de la proximité de l'Atlantique et bénéficie d'un climat océanique. Elle est balayée de brises rafraîchissantes, en rupture avec la chaleur parfois étouffante qui règne ailleurs dans le bassin méditerranéen. Ainsi, selon les données de l'Institut portugais de la mer et de l'atmosphère, en trente ans, la ville n'a connu qu'une trentaine de journées, à peine, dépassant les 30°C. Cette atmosphère tempérée confine parfois même à la fraîcheur, en soirée dans les rues, et dans l'eau, sur les plages de Cascais-Estoril ou de la Costa de Caparica. Avis de grand frais, en été, il n'est pas rare que la température de l'océan avoisine 17°C ! Quant à la pluviosité, elle est relativement importante et Lisbonne est copieusement arrosée entre octobre et avril.

QUEL NOM POUR LA VILLE DES LISBOÈTES ?

Lisbonne s'enorgueillit de ses origines mythologiques, en particulier de sa prétendue fondation par Ulysse, d'où le nom d'Ulisseam que lui donnait le géographe Strabon, Ptolémée lui préférant Olisiponem, dérivé du phénicien, dont Lisbonne (Lisboa) est la version à peine modifiée. Les Lisboètes d'aujourd'hui ont adopté l'abréviation LX, sigle design et branché qui a, entre autres, donné son nom au lieu alternatif LX Factory (p.108).

HISTOIRE

Capitale maritime de la Lusitanie dès 27 av. J.-C., classée au milieu du 16e s. parmi les dix principales villes d'Europe, Lisbonne a conquis de longue date ses galons de capitale. Ainsi s'impose-t-elle comme un témoin clé de la tumultueuse histoire du Portugal, siège du pouvoir et moteur du développement économique du pays au fil des siècles.

Lisbonne antique

En 1993, dans le quartier de la Sé, des fouilles archéologiques ont mis au jour les origines phéniciennes de Lisbonne (alors nommée Alis Ubbo, "rade sereine"), vers 1200 avant notre ère. Au cours de la deuxième guerre punique (218-201 av. J.-C.), c'est Rome qui entre en scène pour refouler les peuples celtes et finalement vaincre la résistance lusitanienne (139 av. J.-C.). Sous le règne de César, Lisbonne devient Felicitas Julia Olisipo. La ville s'étend alors vers le fleuve, avec une zone religieuse, récréative et commerciale sur la colline où s'élève aujourd'hui le Castelo de São Jorge et une zone industrielle proche de l'actuelle Praça do Comércio. En 27 av. J.-C., sous le règne d'Auguste, Olisipo devient la capitale maritime d'une florissante province impériale qui occupe tout l'ouest de la péninsule Ibérique. Au 3e s., après une période de croissance urbaine et économique, Lisbonne décline. Au début du 5e s., Suèves et Wisigoths se partagent la péninsule avant que Récarède (586-601) n'unifie le royaume en le convertissant au catholicisme.

Une longue quête d'indépendance...

À partir de 711, les musulmans conquièrent l'ensemble du territoire. Sous domination arabe (al-Ushbuna), Lisbonne prospère et se constitue un précieux héritage architectural et artistique, dont font partie les azulejos. Entre 1037 et 1064, Ferdinand le Grand, roi de Castille, profite de l'éclatement du califat de Cordoue pour reprendre plusieurs villes aux musulmans. **Un premier acte de naissance** En 1139, Afonso Henriques (Afonso I, 1109-1185) remporte la bataille décisive d'Ourique contre cinq rois musulmans et monte sur le trône. En 1256, Afonso III proclame Lisbonne capitale de la Couronne du Portugal. Mais la menace des royaumes de León et de Castille perdure et la dynastie de Bourgogne, première lignée de la monarchie indépendante, s'éteint finalement avec Fernando I (1367-1383), qui donne sa fille unique, Beatriz, en mariage au roi de Castille. À sa mort, Lisbonne s'insurge et la noblesse portugaise proclame roi du Portugal João de Avis, fils illégitime de Pedro I (1357-1367). Les Espagnols assiégeront la capitale pendant cinq mois, avant que la peste ne frappe l'armée et que le roi de Castille ne capitule au cours de la bataille d'Aljubarrota, en 1385.

Les grandes découvertes (15e-16e s.)

La dynastie des Avis (1385-1508) porte le flambeau de l'expansion maritime du Portugal. Henri le Navigateur (1394-1460) organise l'exploration de l'Atlantique et des côtes marocaines.

Vers l'Afrique Madère (1419), les Açores (1427-1431), Cap Blanc (1441), les îles du Cap-Vert (1445), la Sierra Leone et le golfe de Guinée, sont épinglés à son palmarès, tandis que le roi João II (l1481-1495) atteint l'embouchure du Zaïre et franchit la pointe sud de l'Afrique pour rejoindre les Indes.

Vers de nouveaux mondes En 1487, Bartolomeu Dias pénètre dans l'océan Indien avec trois caravelles, confirmant la contigüité des océans. En 1494, Espagnols et Portugais se répartissent les terres conquises par le traité de Tordesillas. Dans leur escarcelle, les Portugais récupèrent l'Afrique. Ces lignes de partage leur octroieront bientôt de fait la côte brésilienne, quand en 1500 Pedro Álvares Cabral débarquera au Brésil au nom du roi du Portugal.

À la découverte du monde (1499)

Vers l'Extrême-Orient Les Indes orientales étant aussi attribuées aux Portugais, Vasco de Gama s'embarque pour un voyage vers le Levant autour de l'Afrique (1497-1499), sous le règne de Manuel Ier (1495-1521), qui se "partage le monde" avec Charles Quint. Un vice-royaume portugais est fondé, avec Goa pour capitale. Sous João III (1521-1557), les Portugais parviennent au Japon et obtiennent des concessions en Chine (dont Macao en 1557).

L'une des plus grandes villes d'Europe Accélérée par les Grandes Découvertes, la croissance démographique de Lisbonne connaît une soudaine hausse qui la fait passer de 60 000 habitants en 1527 à 100 000 en 1551 ; la ville est l'une des dix plus grandes villes d'Europe ! À l'étroit dans la cité médiévale, elle en franchit les murs et s'installe dans l'actuel Bairro Alto, selon un plan d'urbanisme novateur, encore effectif.

IL ÉTAIT UNE FOIS...

En 1519, le Portugais Magellan entreprend par l'ouest le premier voyage autour du monde pour le compte du roi d'Espagne. Il traverse le détroit qui portera son nom, au sud des Amériques, mais est tué en 1521 par des indigènes aux Philippines. Les survivants de son équipage parviennent cependant à rallier l'Espagne, bouclant le premier tour du globe en 36 mois.

La domination espagnole (1580-1640)

Affaiblie par les morts successives de Sebastião I (1557-1578) lors de la bataille de Ksar el-Kebir, puis du cardinal Henrique, la monarchie se laisse déposséder de sa couronne par Philippe II d'Espagne (1581-1598). Avec ses héritiers, Philippe III (1598-1621) et Philippe IV (1621-1640), le Portugal est réduit au rang de province espagnole et perd une partie de sa puissance coloniale en Afrique et aux Indes orientales au profit de la Hollande.

La dynastie de Bragance (1640-1910)

Profitant de l'insurrection des Catalans contre Philippe IV, la noblesse portugaise proclame, le 15 décembre 1640, le duc de Bragance João, roi João IV (1640-1656). Elle met fin ainsi à soixante ans de domination espagnole, promulgue la Restauração et le début de la dynastie de Bragance, qui se maintient au pouvoir jusqu'en 1910. À l'aube du 17e s., le Portugal retrouve son statut de puissance européenne en consolidant son alliance avec l'Angleterre. Le Brésil joue également un rôle capital dans l'expansion économique du pays, grâce à ses mines d'or et de diamants exploitées par des compagnies portugaises. Sous le règne de João V, le Portugal prospère, comme en témoigne l'épanouissement du baroque dans les arts, en architecture, ainsi que de grandes réalisations (tel que le grand aqueduc de Lisbonne). Son successeur, José I, confie à son secrétaire d'État, le marquis de Pombal (1699-1782), la tâche de moderniser le pays. Cet homme des Lumières fera preuve d'une redoutable efficacité dans sa mission réformatrice. Mais le régime se durcit entre 1756 et 1764 avec la reprise du conflit opposant le Portugal à l'Espagne et à la France. À partir de 1770, une crise économique s'ajoute aux tensions politiques. La fille du roi José, Maria I, monte sur le trône en 1777 et contrarie la politique de Pombal. Atteinte de démence, elle est écartée du trône en 1792.

LE DÉSASTRE

Le 1er novembre 1755 à 9h40, une première secousse plonge Lisbonne dans l'horreur d'un violent séisme. S'ensuivent cinq jours d'effroi, entre raz-de-marée et incendies. Si le tribut humain est le plus lourd (70 000 des 270 000 habitants périssent), le patrimoine bâti paie aussi le prix fort : la ville est amputée de 85% de ses constructions. Ses plus grands palais et édifices religieux sont anéantis notamment l'Opéra, le Palais Royal au bord du Tage et le couvent du Carmo, dont subsistent les ruines fantomatiques.

Crépuscule monarchique

Les guerres napoléoniennes (1807-1810) Consolidant son système d'alliance contre la Grande-Bretagne, Napoléon adresse un ultimatum aux Portugais. La monarchie fait ses valises pour Rio de Janeiro en mars 1808. Après trois expéditions, l'armée française bat en retraite le 21 septembre 1810, capitulant devant les renforts anglais du général Wellington.

Rio de Janeiro, capitale d'un État européen Tandis qu'en l'absence de la famille royale, le Portugal se mue peu à peu en dépendance britannique, Pedro, fils de João VI, s'autoproclame empereur du Brésil en 1822. Rentré au pays, il accepte une éphémère constitution démocratique, avant que son fils Miguel ne fomente une contre-révolution absolutiste, dont il viendra finalement à bout.

L'épisode "migueliste" À la mort de João VI, en 1826, Pedro choisit le Brésil et abdique en faveur de sa fille Maria, alors âgée de 7 ans, qu'il fiance à son frère Miguel. Le régent se fait un roi autoritaire. Les libéraux sont maltraités, leur soulèvement réprimé. Pedro I rentre remettre de l'ordre au pays et envoie son frère en exil en 1834.

Une monarchie vacillante Réfugiée à Londres, Maria II, désormais âgée de 14 ans, fait un retour triomphal à Lisbonne. Elle épouse Ferdinand de Saxe-Combourg-Gotha en 1836. Mais la révolte des libéraux gronde. Les épisodes de violence se multiplient avant que l'ordre ne revienne au début des années 1850, à la faveur d'un pouvoir libéral modéré, dit de "Regeneração". En dépit des troubles, le règne des successeurs de Maria II démontre la volonté du Portugal de tenir son rang dans le découpage colonial de l'Afrique. Mais le 1er février 1908, le roi Carlos I et le prince héritier sont assassinés par des anti-monarchistes à Lisbonne. Manuel II, le prince cadet, connaîtra deux années de pouvoir difficiles, avant que la Première république ne soit proclamée le 5 octobre 1910, au terme d'une courte révolution.

Panneau d'azulejos au Mosteiro de São Vicente de Fora

Premier épisode républicain (1910-1926)

Troisième d'Europe après la France et la Suisse, cette jeune république suscite beaucoup d'espoirs de liberté et d'égalité mais restera marquée par l'instabilité des institutions et une situation économique et sociale compliquée. En seize ans, elle enchaînera quarante-cinq gouvernements, sept élections générales, huit élections présidentielles et neuf présidents.

Dans l'étau salazariste (1926-1968)

D'abord appelé à redresser le pays comme ministre des Finances après le soulèvement militaire du 28 mai 1926, António de Oliveira Salazar fonde l'Estado Novo (l'État nouveau) en 1933, un nouveau régime assorti d'une révision très autoritaire de la Constitution. Jusqu'en 1968 il dirigera le pays en parfait autocrate. En dépit de la neutralité affichée du pays lors de la guerre d'Espagne et de la Seconde Guerre mondiale, Salazar négocie son maintien au pouvoir après 1945, en accordant des facilités à l'aviation américaine. Sur le plan de la politique intérieure, le régime instaure une forme de dictature civile, appuyée par une sinistre police politique, la PIDE, qui traque les opposants. Deux lieux témoignent encore de cette période sombre : le fort de Caxias, à l'embouchure du Tage, et le camp de torture de Tarrafal, au Cap-Vert. Dès les années 1960 Salazar freine la décolonisation par des guerres sans issue en Guinée, en Angola et au Mozambique. Dans le même temps, le pays se développe peu. Membre de l'Association européenne de libre-échange (AELE) mais pas de la CEE, il reste en marge, profondément agricole et avec un taux d'illettrisme assez élevé.

Le temps des fleurs ou la révolution des Œillets

La succession de Salazar confiée à Marcelo Caetano, ancien ministre des Colonies, annonce une période de décolonisation à marche forcée. Guinée-Bissau, Angola, Mozambique... l'empire se délite, tandis qu'au Portugal la contestation s'amplifie. Le 25 avril 1974, un coup d'État militaire met fin en quelques heures au régime en place. Il est porté par un mouvement démocratique de jeunes capitaines inconnus.

Les premières élections libres sont finalement remportées par le parti socialiste de Mário Soares le 25 avril 1975, ce qui ne désarme pas pour autant ceux qui entendent aller plus loin dans le "processus révolutionnaire en cours". Le romantique espoir de la dernière révolution du 20e s. s'éteindra sous les pressions économiques des États européens, la menace d'embargo formulée par la France et la défection du parti communiste d'Álvaro Cunhal. Le 25 novembre 1975 sonne le retour des militaires modérés menés par le général António Ramalho Eanes, élu président de la République en 1976, puis réélu en 1980.

Un régime d'alternance (depuis 1982)

La révision de la Constitution en 1982 et le traité d'adhésion à la Communauté européenne en 1986, achèvent de consolider la démocratie portugaise, qui alterne dès lors entre deux grandes formations politiques : le PS (parti socialiste), réformiste, et le PSD (parti social-démocrate) qui inclue gauche modérée et centre-droit. Dans les années 2000 émergent deux nouvelles forces, l'une à droite, le CDS-PP, l'autre à l'extrême-gauche, le Bloco de Esquerda. Lors des élections anticipées de 2011, sur fond de crise économique aggravée, le PSD arrive en tête et son président, Pedro Passos Coelho, anime un gouvernement de coalition de centre-droit avec le CDS. Les élections anticipées de 2015 donnent la première place à la coalition, mais celle-ci est rapidement renversée par une alliance des gauches, le socialiste António Costa devenant Premier ministre. Depuis, le pays vit une période de cohabitation, confirmée par l'élection en janvier 2016 du conservateur Marcelo Rebelo de Sousa à la présidence et reconduite après les élections de janvier 2022 où le PS a obtenu près de 42% des voix.

ÉCONOMIE ET SOCIÉTÉ

Lisbonne est la capitale d'un pays éprouvé par une crise économique de grande ampleur. En dépit de l'implantation des enseignes internationales et de l'essor du tourisme qui bouleverse le visage de plusieurs quartiers centraux, la ville conserve une identité lusitanienne bien ancrée.

Crise et reprise

Après les premiers signes de récession économique, en 1999, et la crise de 2008, le Portugal, entraîné dans une cure d'austérité drastique destinée à réduire la dette publique, a connu un appauvrissement notable. Formé en 2015, le gouvernement socialiste d'António Costa, avec l'appui des autres formations de gauche et en bonne entente avec le président de la République Marcelo Rebelo de Sousa, a limité les déficits tout en redonnant du pouvoir d'achat aux Portugais. "Nous avons l'occasion d'en finir avec la théorie selon laquelle l'Europe est condamnée à un avenir fait uniquement d'austérité", a assuré le ministre des Finances, Mário Centeno. Grâce aux recettes liées à l'explosion du tourisme (8% du PIB en 2018), et à la reprise des exportations, le Portugal affiche en 2022 un taux de croissance très supérieur aux autres pays de la zone euro après avoir atteint en 2019 un quasi équilibre budgétaire, alors qu'en 2010, son déficit atteignait 9% du PIB. Une dynamique que le pays a retrouvée même si le tourisme a souffert des années de pandémie.

Foyer de déchristianisation

Si 88% des Portugais se disent de confession catholique, le taux des pratiquants ne dépasse pas 10%. Capitale cosmopolite, Lisbonne incarne cette laïcisation progressive de la société. Les traditions catholiques y subsistent au travers des fêtes du calendrier religieux. Antoine de Padoue, né à Lisbonne en 1195, est convoqué pour retrouver les objets perdus et les Festas de Santo António, les 12 et 13 juin, ressemblent plus à une fête de la sardine qu'à une cérémonie religieuse. À Noël pourtant, Lisbonne renoue avec les rites coutumiers du réveillon (la *consoada*).

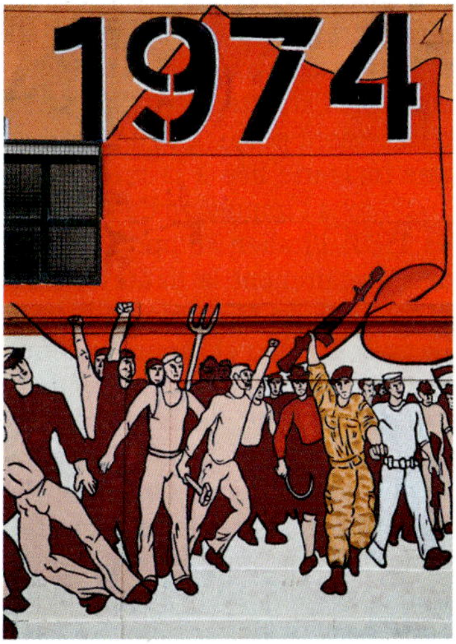

Mur commémoratif, Docas de Alcântara

ARCHITECTURE ET URBANISME

Les collines lisboètes, leurs quartiers, monuments, places, rues, escaliers, impasses, quais et belvédères, lacis de petites venelles pentues ou larges avenues, créent un univers à part. La cité a en effet développé un sentiment géographique plus qu'historique et sa force tient davantage à la cohérence, qui devient désordre parfois, de certains de ses *bairros*.

Alfama, la *casbah*

Son patronyme emprunté à l'arabe *al-hamma* (bains, fontaines), trahit la présence ancienne de l'eau dans ce quartier. Préexistant à l'installation musulmane de 719, l'Alfama a largement évolué au fil des quatre cents ans de domination arabe. Laissée ensuite à l'abandon, cette zone conserve cependant une atmosphère de casbah, bien que les édifices aient été le plus souvent reconstruits au fil des siècles. La médina se situait à l'emplacement du château, cernée par des remparts dont il conserve quelques éléments, comme la Cerca Moura.

Les "survivants" de 1755

Si le tremblement de terre de 1755 a eu raison de la majorité des grands édifices romans et gothiques de Lisbonne, la ville conserve toutefois jalousement quelques sublimes reliques.

Les Grandes Découvertes et le style manuélin Ainsi subsiste le Mosteiro dos Jerónimos de Belém, érigé sous le compas de l'architecte Diogo Boytac, dit Boitaca, de 1502 à 1516. Signée Francisco de Arruda, la tour de Belém conjugue l'architecture militaire arabe avec le style manuélin, variante spécifiquement portugaise de la dernière période gothique, qui exploite toute une imagerie liée à la mer (cordages, animaux marins...). Entre 1582 et 1627, sous l'impulsion de Philippe II (roi d'Espagne et du Portugal à partir de 1580), l'Italien Filippo Terzi offre aux formes jésuites un élan différent avec notamment la haute et sobre façade de calcaire et les dimensions grandioses du Mosteiro de São Vicente de Fora.

Le goût du bleu et blanc Au début du 17e s. se généralise une architecture aux façades planes, rythmées de fenêtres, d'angles et de plinthes. Ce style sert de chambre d'écho à l'azulejo. Dû aux navigateurs portugais par qui l'Europe s'éprend de la faïence chinoise bleu et blanc, l'azulejo portugais se développe et connaît son apogée autour de 1750.

Le baroque de la première moitié du 18e s. s'illustre surtout aux environs de la capitale, par la réalisation de somptueux palais tels que le Palácio Nacional de Mafra (p.178), tout en luxueuses ornementations, commandé par João V et financé par l'or brésilien du Minas Gerais. Citons en outre

Cais das Colunas

le palais royal de Queluz (p.164), qui deviendra la résidence d'été de la Couronne sous le règne de Pedro, fils de João V (1706-1750).

En grande pompe, le néoclassicisme pombalin

La reconstruction imposée par le tremblement de terre de 1755 fait évoluer le baroque vers le néoclassicisme. Un trio d'ingénieurs et architectes militaires est chargé de donner corps à la nouvelle Lisbonne : Manuel da Maia, Eugénio dos Santos et Carlos Mardel. Grâce à l'argent des négociants, ils dotent Lisbonne de sa place monumentale, digne de celles qui fleurissent dans toutes les grandes villes d'Europe. Bordée d'édifices classiques et d'arcades, la Praça do Comércio (place du Commerce) constitue un ensemble noble et élégant, à la symétrie rassurante. En son centre trône la statue équestre du roi José I ; le marquis de Pombal, véritable instigateur du renouveau, n'apparaît sur le monument que par un médaillon ! La ville est organisée selon un plan orthogonal. Chaque nouvel immeuble adopte une infrastructure en bois adaptée aux séismes (dite *a gaiola*, "la cage"),

LA *CALÇADA A PORTUGUESA*, SPECTACLE DE RUE

Cet art du pavage en noir et blanc typiquement portugais orne merveilleusement les chaussées et les places de la capitale depuis le 19e s. (p.133). Les plus beaux exemples figurent dans le Rossio (une illustration d'un poème de Camões, première grande œuvre du genre), dans la Rua das Portas de Santo Antão et sur l'Avenida da Liberdade). Avec seulement 18 nouveaux paveurs (*calceteiros*) formés depuis 1986, ce savoir-faire est désormais menacé de disparition, faute de vocations.

et accueille des commerces au rez-de-chaussée. Les rues de Lisbonne s'ennoblissent tandis que l'hygiène s'améliore avec l'installation de l'eau courante et des égouts.

Un 19e s. d'expansion urbaine

L'essor de l'industrie et du commerce fait percer de nouveaux axes d'implantation vers le nord, de l'Avenida da Liberdade au Campo Grande, et vers le nord-est (actuelle avenue Almirante Reis). L'Avenida da Liberdade (1886) marque cette rupture avec le schéma pombalin, en faveur d'une modernisation urbanistique. Fleuron architectural de l'époque, l'Art nouveau sera anéanti par le rouleau compresseur de la spéculation immobilière, alors qu'il représentait un ensemble significatif.

Le MAAT, au bord du Tage

Le salazarisme, une esthétique étonnamment féconde

L'architecte Cassiano Branco parvient à imposer une œuvre personnelle souvent en contradiction avec le régime (Eden Teatro, Praça dos Restauradores, 1930-1937). En 1938, l'artiste issu du modernisme Almada Negreiros termine les vitraux de l'église Nossa Senhora de Fátima, chef-d'œuvre moderne critiqué par les traditionalistes. Il orne également de ses fresques les gares maritimes, œuvres de l'architecte Porfírio Pardal Monteiro. On doit à la grande Exposition du Monde portugais de 1940, l'aménagement la Praça do Império entre le Mosteiro dos Jerónimos et le Tage, la construction du musée d'Art populaire, ainsi que l'imposant Padrão dos Descobrimentos. De vastes et élégants quartiers nés d'un urbanisme réfléchi élargissent la ville vers le nord dans un style Art déco sage dit "Português Suave". Parmi les exemples de ce style imposant hérité de la période salazariste citons la Praça de Londres, l'Alameda Afonso Henriques ou l'université des Sciences et d'Ingénierie (Instituto Superior Técnico).

L'école de Porto, un nouveau souffle architectural

Grâce à l'école de Porto, l'architecture portugaise acquiert une solide réputation internationale. Fondée par Fernando Távora, elle s'épanouit avec Álvaro Siza Vieira (né en 1933) et Eduardo Souto de Moura (né en 1952), tous deux récompensés par le prix Pritzker. Siza déploie une œuvre extraordinaire comme l'illustre la très fidèle reconstruction du quartier du Chiado ou encore le subtil voile de béton du pavillon portugais de l'Exposition universelle de 1998. D'autres architectes préfèrent s'émanciper de l'école de Porto, tels Manuel Graça Dias et Egas José Vieira (siège de l'Associação Portuguesa de Arquitectos à Lisbonne, 1991), Francisco e Manuel Aires Mateus (nouveau siège d'EDP sur les bords du Tage), João Luís Carrilho da Graça (Pavilhão do Conhecimento et Museu do Oriente), Gonçalo Byrne (Museu do Dinheiro).

Sous influence étrangère

Signe d'une aura grandissante, Lisbonne attire à elle les architectes étrangers qui viennent s'y illustrer au travers de la réalisation de bâtiments emblématiques. Signalons ainsi la fondation Calouste Gulbenkian, chef-d'œuvre de l'architecte britannique Leslie Martin (1908-2000), achevé en 1969. On doit à l'Italien Vittorio Gregotti le centre culturel de Belém en 1992. La gare Oriente et sa mégastructure construite dans le cadre de l'exposition universelle de 1998, est l'œuvre de l'architecte-ingénieur espagnol Santiago Calatrava. Également lauréat du prix Pritzker, le Brésilien Paulo Mendes da Rocha a livré en 2015 le Museu Nacional dos Coches. Renzo Piano a en chantier un ensemble de logements et le Museu do Chiado, musée national d'Art contemporain a été rénové par l'architecte français Jean-Michel Wilmotte. Enfin, c'est à la Britannique Amanda Levete qu'est revenue la mission de donner forme au musée consacré à l'art de... bâtir, le MAAT (2016).

FADO

Trésor immatériel inscrit depuis 2011 au patrimoine mondial de l'humanité, le chant urbain de Lisbonne fait toujours résonner sa complainte au coin des rues ou dans les "maisons" de fado du quartier d'Alfama. Voyage à travers près de trois siècles de chanson, en voix suaves et pincements de cordes de guitare.

Un "inéluctable destin"

Étymologiquement, *fado* se rapporte au latin *fatum*, "inéluctable destin". Complainte qui réinterroge sans cesse les hasards de la vie, le fado partage ses racines avec la *saudade*, évocation romantique de la nostalgie. Il chante l'amour inaccompli, la jalousie, le regret des morts et du passé, la difficulté à vivre, le chagrin, ou encore l'exil. Son héritage diffus et multiple s'inspire à la fois du *lundum* brésilien (mélange de rythmiques noires importées par les esclaves africains) et de la *modinha* (musique de cour portugaise) et des joutes oratoires des troubadours présents depuis le 12e s. dans le Sud de l'Europe.

Une histoire controversée

Le fado est né au Brésil, pendant que la cour du Portugal y résidait, puis s'est glissé dans les bagages des aristocrates de retour au pays. Dès lors, il emprunte une voie populaire, portuaire, lisboète, et une autre plus "noble". Vers 1838, sous l'influence de la chanteuse lisboète Severa, il prend sa forme actuelle. Il se popularise peu à peu à partir de 1869 avant de se radicaliser, au début du 20e s., avec d'une part l'apparition des premières critiques, et de l'autre la politisation liée à la Première République. La dictature fera entrer le fado dans les "rails" officiels. Apparaissent alors les premières maisons de fado à Lisbonne et la radio nationale diffuse les disques des plus célèbres *fadistas*. Vers 1950, une veine aristocratique émerge de nouveau. Après la révolution des Œillets, l'intelligentsia portugaise, stigmatisant "les trois F" (Fátima, football, fado), lui reprochera longtemps d'avoir servi l'Estado Novo. En dépit de ces violentes condamnations, il renaît jusqu'à redevenir l'emblème de la culture lisboète. Un très joli musée lui est consacré au pied de l'Alfama.

EN VERSION INSTRUMENTALE

Autour du chanteur soliste, on trouve invariablement deux guitaristes. L'un joue la mélodie sur une *guitarra*, guitare typiquement portugaise au son métallique, en forme de poire et à douze cordes ; l'autre interprète la partition de basse continue avec une *viola*, guitare espagnole classique, mais que les Portugais appellent guitare "française".

Amália Rodrigues (1920-1999), la diva

Amália Rodrigues, en 1969

Personnage complexe et captivant, Amália Rodriguez est le trait d'union entre le fado populaire et le fado aristocratique. Cinquième d'une famille de neuf enfants, elle naît en 1920 dans le quartier de l'Alcântara. Adolescente, Amália brode, vend des fruits et fredonne le fado de la radio. Elle débute en juillet 1939 dans le Bairro Alto, au club Retiro da Severa, gagne ses galons et acquiert la reconnaissance internationale à la fin des années 1940. En France, on l'admire dans *Les Amants du Tage* d'Henri Verneuil (1955). En 1956, elle vole la vedette aux Compagnons de la Chanson à l'Olympia. Amália enchaîne les déceptions sentimentales et les brouilles artistiques mais demeure fidèle à son parolier français, Alain Oulman. Par son élégance, sa présence scénique, soutenue par une diction et un phrasé parfaits, elle donne au fado ses lettres de noblesse. Décédée le 6 octobre 1999, Amália repose au Panthéon national.

Une constellation de *fadistas*

Les héritiers d'Amália oscillent entre respect de la tradition et fusion avec des formes rock, jazz ou ethno, ou accompagnés d'autres instruments (violon, accordéon, piano). On peut citer le "fado-chanson" de Carlos do Carmo (né en 1939), le génie de la *guitarra portuguesa*, Carlos Paredes (1925-2004), sans oublier la nouvelle étoile du fado Dulce Pontes (née en 1969). On mentionnera aussi Cristina Branco (née en 1972) au talent indissociable de celui de Custódio Castelo, son compositeur et guitariste attitré. Née à Porto en 1955, Mísia intègre dans sa musique violoncelles, piano, s'approprie les textes de Fernando Pessoa et sollicite de jeunes écrivains, tout en restant fidèle à l'orthodoxie du fado. Considérée comme la grande diva du fado contemporain, Mariza teinte son chant métissé et atypique des réminiscences de son enfance dans le quartier de la Mouraria à Lisbonne. Plus récemment, le chant de Katia Guerreiro (née en 1976) chuchote des confidences comme il crie sa douleur. Camané (né en 1966) nous touche par son fado puissant et austère (*Pelo dia dentro*, 2002) et depuis les années 2010 se font entendre les voix d'Ana Moura (née en 1979), de Carminha (née en 1984) et de Gisela João (née en 1983).

LISBONNE ARTY

Vivier d'émergences artistiques et de cultures alternatives, Lisbonne est une cité branchée qui n'a rien à envier aux modèles du genre comme Londres ou Berlin. Une fébrilité créative qui doit beaucoup à la movida née au début des années 1980 après l'effervescence révolutionnaire.

La movida à la mode lisboète

L'ouverture, en 1982, du repaire de noctambules Frágil par Manuel Reis sonne le réveil. Dans le sillage de l'inauguration de la fondation Gulbenkian, en 1983, on voit émerger des artistes portugais qu'invitent les plus prestigieuses biennales (Julião Sarmento, Pedro Cabrita Reis...). Des galeries s'ouvrent au Bairro Alto et dans le quartier de Santos. En 1998, le Lux, qui remplace le Frágil, incarne sur trois étages un nouveau concept d'établissement nocturne : ouvert à tous, il est aussi doublé d'une salle où se produit le meilleur de la scène musicale. Dans les années 2000, collectionneurs, fondations et marchands d'art affluent tandis que des lieux de résidence et de création s'emparent des palais de la ville : Zé dos Bois (ZDB) dans le palais de la Baronesa de Almeida, Carpe Diem dans celui de la famille Pombal. Cette dynamique de réhabilitation alternative et stimulante, qui voit se développer parallèlement les lieux LGBT, se maintient même après la crise. Elle s'illustre aujourd'hui avec la LX Factory, dont les anciens entrepôts et imprimeries hébergent désormais agences graphiques et de design, restaurants et boutiques bobos, ainsi qu'une magnifique librairie. Autre témoin de ce bouillonnement, le *foodhall* imaginé en 2014 par l'hebdomadaire *Time Out Lisboa* dans l'ancien marché de Ribeira.

KIOSQUES D'ANTAN

Emblématiques du *revival* qui, imaginé par l'ancienne journaliste Catarina Portas, remet les traditions et l'artisanat 100% portugais – la douceur de vivre ! – au goût du jour, les kiosques à boissons et petits gâteaux lisboètes reviennent sur les devants de la scène.

Street-art, promenade dans la ville-galerie

Jamais depuis la révolution des Œillets les murs de Lisbonne n'avaient été aussi bavards ! Considérée par *The Guardian* comme le théâtre de l'une des plus belles collections d'art urbain au monde, la ville accueille régulièrement de grands noms du street-art (Blu, Osgêmeos, Felipe Pantone...) tout comme elle a révélé sur la scène nationale et internationale des talents tels que Vhils et le groupe qui signe ±MaisMenos±. Apparus dès les années 2000 mais longtemps confinés au Bairro Alto, le quartier rouge de la ville, tags, graffitis et pochoirs se sont répandus sur les murs lisboètes comme autant de cris contestataires. La faute à la crise et à l'augmentation simultanée d'immeubles vacants et abandonnés, et de sans-abri. En 2008, dans le cadre d'un plan de réhabilitation de la ville, la mairie lance une Galeria de Arte Urbana, aussitôt connue comme GAU et dont la page Facebook donne toujours l'actualité des murs de Lisbonne. On a même vu émerger un groupe, Lata 65, qui propose des ateliers de street-art pour seniors !

POUR UNE PROMENADE ALTERNATIVE
Prolongez votre balade street-art dans les galeries Vera Cortês (www.veracortes.com) et Underdogs (qui organise en outre des visites guidées, www.under-dogs.net/public-art). À consulter également, le blog de la pisteuse Laura Ramos qui tient un inventaire des éclosions graphiques dont la ville s'enrichit continuellement (facebook.com/oquedizlisboa).

Les devants de la scène

Qu'il s'agisse de "son", de danse ou de théâtre, Lisbonne fait la part belle aux arts de scène, avec des festivals reconnus (Alkantara, Temps d'images, NOS Alive) et des programmations constantes (Culturgest, Teatro Maria Matos...). Soutenue par un marché ouvert au "live", la musique est marquée une poussée électro portée par des formations comme The Legendary Tigerman, Capicua, Rita Redshoes, des groupes venus de la banlieue de Lisbonne (Amadora, les Buraka Som Sistema) ou encore DJ Marfox (présent au concert d'électro expérimentale au MoMA en 2014), qui font une large place aux sons hybrides venus d'Afrique. En danse contemporaine, la nouvelle vague est emmenée par des chorégraphes comme Marlene Monteiro Freitas et Cláudia Dias.

La movida lisboète, au Lux

Mode et design

Accompagnant la vitalité architecturale et artistique, la réputation des stylistes portugais ne cesse de croître. Dans le sillage d'Ana Salazar, de José António Tenente et de Fátima Lopes suit une nouvelle génération avec Aleksandar Protich, designer, Luís Buchinho, roi de la maille, ou encore Luís Felipe Oliveira, Katty Xiomara, Hugo Costa, Andreia Lexim et les jeunes João Branco et Luis Sanchez de chez StoryTailors.

LITTÉRATURE

L'ombre tutélaire du génie Fernando Pessoa plane toujours sur le versant littéraire de Lisbonne. Figure poétique de la ville, il est aussi celui dont se réclament nombre d'écrivains lisboètes de talent, tandis que d'autres nous offrent, à travers leur œuvre, l'occasion de nous affranchir de "lire Lisbonne" de façon plus intime et romanesque.

Son nom est personne

Né et mort à Lisbonne, **Fernando Pessoa** (1888-1935) incarne la figure majeure de la littérature portugaise du 19e s. Après avoir passé son enfance et son adolescence en Afrique du Sud, où son beau-père était consul, il revient à Lisbonne et ne sortira plus de la capitale et de ses environs. La Rua dos Douradores, le café Martinho da Arcada sur la Praça do Comércio, ou encore le Brasileira du Chiado portent l'empreinte de ce dramaturge-poète aux identités multiples, qui publia tour à tour sous les noms d'Alberto Caeiro, Álvaro de Campos, poète "moderniste", Ricardo Reis, médecin monarchiste et conservateur, Vicente Guedes et Bernardo Soares, aide-comptable. On doit à ces hétéronymes le *Livro do Desassossego* (*Le Livre de l'intranquillité*), mélange d'aphorismes, d'essais, de fictions, et de rêves écrits de 1914 à 1935. En digne successeur, **José Saramago**, prix Nobel de littérature en 1998, met en scène l'une des personnalités d'emprunt du poète dans son *O Ano da Morte de Ricardo Reis* (*L'Année de la mort de Ricardo Reis*, 1984). **Antonio Tabucchi** (1942-2012), quant à lui, réintroduit notamment la figure de Pessoa dans son *Requiem* (1992).

Lire Lisbonne

D'autres plumes portugaises ont célébré l'atmosphère, les intrigues et les exploits de leur ville. Les grandes explorations ont notamment inspiré **Luís de Camões** (1524-1580) qui, dans son *Os Lusíadas* (*Les Lusiades*), relate la découverte de la route des Indes par Vasco de Gama. **Gonçalo M. Tavares** lui donne la réplique en 1912 dans son *Uma Viagem à Índia* (*Un Voyage en Inde*). La Lisbonne du 19e s. se lit par le biais des textes de **José Maria Eça de Queirós** (1845-1900). Dans son *Livro de Bordo* (*Livre de bord*, 1997), **José Cardoso Pires** joue le guide citadin. Tandis qu'**António Lobo Antunes** (né en 1942) situe l'action de son *Os Cus de Judas* (*Le Cul de Judas*, 1979) dans un bar de Lisbonne. Exerçant son pouvoir d'attraction sur les écrivains étrangers, comme Valéry Larbaud et Pascal Mercier (*Train de nuit pour Lisbonne*, 2004), la capitale lusitanienne a reçu quelques hôtes de marque tels Hans Christian Andersen, Thomas Mann et Paul Morand.

LE GOÛT DE LISBONNE

La cuisine lisboète est fille de toutes celles qui fument dans la péninsule. Elle puise son inspiration entre terre et mer et recèle une grande variété de préparations pour mettre en valeur ses produits phares – la morue, le porc, le chou, la pomme de terre. Des recettes généreuses, riches des parfums d'ailleurs, dont ceux de la coriandre et de la cannelle, du thé et du café, rapportés par les grands navigateurs !

Lisbonne fusion

Lisbonne ne revendique pas de gastronomie propre mais elle possède l'art de composer avec toutes les influences. Ainsi, elle excelle à s'approprier les recettes venues d'ailleurs, de toutes les régions du Portugal comme de France et, depuis les années 2000 surtout, du monde entier, à l'instar de nombreuses autres capitales européennes. Cette propension ne date pas d'hier quand on considère l'apport des Portugais au garde-manger européen, à l'époque des Grandes Découvertes. On leur doit notamment l'introduction d'aromates tels que la coriandre, de nombreuses épices (poivre, gingembre, curry, safran), mais aussi celle du café, du thé, des tomates, de l'ananas, des cacahuètes. La cuisine de rue, cette street-food que l'on avale sur le pouce à toute heure du jour et du soir, est particulièrement savoureuse dans la capitale. Typiquement portugais, les *salgados* sont de petits en-cas à base de morue (*pastéis de bacalhau*) ou de viande (*empadas* et *croquetes*) vendus dans les cafés et les pâtisseries. Pour faire comme les Lisboètes, accompagnez-les d'un café !

En vedette sur la table lisboète, les sardines grillées

Tout un plat... de *caldo verde*, de *bacalhau* ou de *porco*

Forts en soupes et bouillons, les Portugais apprécient spécialement la soupe de chou vert (*caldo verde*). À Lisbonne, elle s'agrémente de pain émietté, parfois mélangé à des jaunes d'œufs, des fruits de mer ou du poisson frit. Poissons et fruits de mer règnent en maîtres sur les ardoises des restaurants. Colins (*pescadas*), lottes (*tamboril*), turbots (*cherne*), soles (*linguado*), daurades et *garoupa* (sorte de mérou) font la haie d'honneur à l'indétrônable reine de la ville : la sardine (*sardinha*) ! Grillée, celle-ci s'allonge le plus souvent tout entière sur une tranche de pain (qui en récupère le gras) tandis qu'une salade de tomates et de poivrons grillés et parfumée à la coriandre lui donne la réplique. Très prisé, le porc connaît de nombreux accompagnements et copine volontiers avec des palourdes (*carne de porco à alentejana*). La tradition charcutière portugaise fait également figure de référence et se décline en quantité de jambons et de saucisses.

365 JOURS DE MORUE
Une recette pour chaque jour de l'année, tel est le sort réservé à ce poisson, star des fourneaux portugais. Bouillie le 24 décembre, la morue est plus communément accompagnée de pommes de terre ou de pois chiches (*bacalhau cozido com todos*). Dans sa version *bacalhau à Gomes de Sá*, elle est servie avec des rondelles de pommes de terre, des oignons frits, des œufs durs et des olives noires.

Plateau de fromages

Les plus prisés sont les fromages de brebis, particulièrement savoureux. Parmi les incontournables, citons deux appellations d'origine protégées : l'*amanteigado* de la Serra da Estrela (fromage moelleux se dégustant, fondu dans sa croûte, à la petite cuillère ou sur du pain avec de la marmelade de coings), et l'*azeitão* (fromage à pâte molle produit au sud du Tage, près de Setúbal).

Farandole de desserts

Véritables manèges à tentations, les vitrines des pâtisseries lisboètes mettent les becs sucrés à rude épreuve. D'une grande variété, leurs gourmandises reposent principalement sur un trio d'ingrédients de base : amandes, œufs et sucre... ce dernier étant plus généreusement dispensé que dans la pâtisserie française. La star incontestée demeure le *nata*, sorte de petit flan blotti dans un fond de pâte feuilletée qui se déguste encore chaud, juste sorti du four, saupoudré de sucre glace et de cannelle. Si ceux de Belém sont les plus réputés depuis 1837, on trouve désormais des challengers dans toute la ville, inventoriés, goûtés et classés sur www.fabricoproprio.net. Parmi les douceurs, mentionnons encore le *toucinho de céu* (petit lardon du ciel) ou les *trouxas de ovos*, cornets de sucre et d'œufs. Quasi ancestraux (la recette est attestée dès le 13ᵉ s.), les *queijadas* de Sintra sont de petits gâteaux ronds à base de fromage frais, cuits à partir d'une pâte très claire à peine levée. Un sérieux rival du *pastéis de nata*, sur l'échelle du plaisir gustatif !

Rouge, blanc, vert... la carte des vins

Huitième producteur mondial de vin, le Portugal peine pourtant à se faire reconnaître à l'étranger comme contrée viticole. Hormis le porto, ses vins demeurent injustement méconnus en dépit de leur qualité croissante. Outre les rouges prometteurs de l'Alentejo, la région de Lisbonne en produit de grande qualité, comme celui du Bacalhôa (district de Setúbal).

SUR LA TABLE DU RÉVEILLON

Traditionnellement, le temps des fêtes apporte avec lui son *bolo rei*, gâteau-couronne garni de fruits secs et de fruits confits. Mais la coutume veut que durant la *missa do galo* (messe du coq ou messe de minuit), on laisse lever la pâte de délicieux *filhoses*, petits beignets que l'on fait frire dès le retour à la maison.

Dégustation de porto au bord du Tage

Du côté des blancs, la DOC du Tage et de la région de Lisbonne défend un excellent nectar. Les *vinhos verdes*, vins verts légèrement pétillants typiquement portugais, sont de tous les repas. Bien que la qualité soit parfois variable, ces petits vins flattent souvent le palais par leur légèreté. Le Portugal en produit de 600 000 à 1 million d'hectolitres selon les années, aux deux tiers en blanc. L'*alvarinho*, produit en Monção et Melgaço, dans le haut Minho, en est l'expression la plus aboutie.

Carnet pratique

206 **Avant de partir**
209 **Agenda**
210 **Transports**
212 **Sur place**

À l'Oceanário de Lisboa

INFOS UTILES

Trouver une adresse dans le dédale de l'Alfama, opter pour le "zapping" dans les transports en commun, décrypter les horaires d'ouverture d'une *cervejaria*, savoir pourquoi on dit tantôt *obrigado* tantôt *obrigada*, se mettre à l'heure locale au comptoir d'un *mercado* ou d'une *pastelaria*, distinguer une *tasca* de faubourg populaire d'une *marisqueira* de bord de mer... apprendre le mode d'emploi de Lisbonne, c'est goûter à sa *doce vida* !

AVANT DE PARTIR

BUDGET

Le Portugal affiche des prix bien inférieur à ceux de la France, même à Lisbonne. Les tarifs des chambres s'entendent généralement pour une chambre double (les hôtels de catégorie supérieure accordant souvent une réduction aux personnes seules), hormis pour les auberges de jeunesse, qui pratiquent un tarif par personne. Les adresses de restauration et d'hébergement de votre guide sont classées selon une gamme de prix appliquée pour deux plats (entrée + plat ou plat + dessert) et une chambre double en haute saison sans petit déjeuner.

SAISONS TOURISTIQUES

Dans beaucoup d'établissements modestes, la haute saison ne concerne que les mois de juillet et août, parfois septembre. D'une façon générale, les prix sont nettement majorés en août et peuvent également grimper à l'occasion des vacances de Noël, de Pâques, et lors des grandes manifestations populaires.

GAMME DE PRIX

Restauration	Hébergement
€ < 20	€ < 60
€€ 20-30	€€ 60-90
€€€ > 30	€€€ > 90€

ASSURANCES

Procurez-vous auprès de la caisse d'assurance maladie la carte européenne qui vous permettra de vous faire rembourser les frais éventuels de soins et de médicaments. Cela ne couvre toutefois que les soins d'urgence. Le rapatriement sanitaire n'étant pas pris en charge par la Sécurité sociale, il est donc plus prudent de contracter une assurance voyage complémentaire, à moins qu'elle ne soit incluse si vous réglez votre séjour avec votre carte bancaire.

Mastercard
0 800 90 1387 (centre d'assistance)
ou 800 811 272 (assistance Portugal)
www.mastercard.fr

Europ Assistance
☎ 01 41 85 93 65 (assurance)
ou 01 41 85 85 85 (assistance)
www.europ-assistance.fr

Allianz Voyage
☎ 01 42 99 82 81 (assurance)
ou 01 42 99 02 02 (assistance)
www.allianz-voyage.fr

AVI International
☎ 01 44 63 51 00
www.avi-international.com

DOUANES

Tout ressortissant de l'UE peut y circuler librement, muni du montant d'euros qu'il veut ou d'articles achetés dans un autre pays de l'Union, sans avoir à les déclarer. Les boutiques hors taxes des aéroports sont réservées aux voyageurs extracommunautaires.

HANDICAPÉS

La mise en conformité du Portugal avec les normes européennes est très lente. Si les nouvelles constructions les intègrent, l'adaptation de l'existant est plus aléatoire.

Instituto Nacional para a Reabilitação
Recense les différents lieux aménagés pour accueillir les touristes handicapés, notamment les plages.
Avenida Conde de Valbom, 63 Lisbonne
☎ 215 952 770 ou 217 929 500
www.inr.pt

INFORMATIONS TOURISTIQUES

Le TP (Turismo de Portugal) est l'organisme national chargé de la promotion du tourisme. À Lisbonne son antenne la plus importante est doublée d'une annexe à l'aéroport. S'ajoute l'Entidade Regional de Turismo da Região de Lisboa.

Office national de tourisme portugais
☎ www.visitportugal.com

Office de tourisme du Portugal en France (ambassade)
Pas d'accueil du public.
☎ 01 56 88 31 90

TP Portugal Edifício-Sede
Rua Ivone Silva, Lote 6 Lisbonne
☎ 211 140 200 www.turismodeportugal.pt

OFFICES ET KIOSQUES RELAIS

Lisbonne dispose, sur la Praça do Comércio, d'un office de tourisme principal (Ask Me Lisboa Story Center), relayé dans toute la ville par sept points d'information (Ask Me Lisboa), signalisés par des carrés violets. On y trouve une documentation souvent disponible en français, mais ils ne s'occupent pas des réservations d'hôtels.

Lisboa Story Centre
Lisboa Story Centre Praça do Comércio, 78-81 ☎ 211941099
www.visitlisboa.com ◷ Tlj. 10h-19h

Ask Me Lisboa (kiosque relais de l'OT)
Chegadas aeroporto ☎ 218 450 660 ◷ Tlj. 7h-0h ASK ME LISBOA Mosteiro dos Jerónimos ◷ Lun.-sam. 10h-13h et 14h-18h ASK ME LISBOA - KIOSQUES RELAIS DE L'OT Estação de Santa Apolónia ☎ 910 517 982 ◷ Mar.-sam. 7h30-13h et 14h-16h30 Rua do Jardim do Regedor, 50 ☎ 213 472 134 ◷ Tlj. 10h-20h (19h oct.-avr.) Palácio Foz, Pr. dos Restauradores ☎ 213 463 314 ◷ Tlj. 9h-20h Parque das Nações Alameda dos Oceanos devant l'Altice Arena (ex-Pavilhão Atlântico) ☎ 910 518 028 ◷ Tlj. 10h-13h, 14h-19h (18h oct.-mars) Rossio, Praça Dom Pedro IV ☎ 910 517 914 ◷ Tlj. 10h-13h et 14h-18h

CLIMAT ET SAISONS LISBOÈTES

Saison touristique	mai-juin ; pic de fréquentation en juil.-août	
Températures		
min. / max. en février	8°C / 14°C	5°C / 14°C
min. / max. en août	18°C / 27°C	14°C / 25°C
Précipitations		
moyenne en février	81mm / 9j.	117mm / 10j.
moyenne en août	5mm / 1j.	18mm / 2j.
Ensoleillement		
moyenne en février	5h / j.	4h / j.
moyenne en août	11h / j.	11h / j.
Température de la mer		
moyenne en février	13°C	12°C
moyenne en août	20°C	19°C

PUBLICATIONS

Agenda Cultural Lisboa
Excellent agenda gratuit d'informations culturelles. Mensuel (en portugais), édité par la Câmara Municipal, et distribué dans les points Ask Me Lisboa.

Follow Me Lisboa
Musées, monuments, hôtels et restaurants, et agenda des divers événements culturels du mois à venir. Gratuit bilingue anglais-espagnol et portugais-français, distribué dans les points Ask Me Lisboa.

Time Out Lisboa
Toutes les bonnes adresses du moment à Lisbonne.
timeout.pt

INTERNET

www.visitportugal.com
Site de l'office de tourisme national.

www.visitlisboa.com
Site de l'office de tourisme de Lisbonne.

www.pai.pt
L'équivalent portugais des Pages jaunes.

www.ine.pt
Statistiques sur le Portugal (Institut national des statistiques/INE).

QUAND PARTIR ?

La **haute saison** (*época alta*) s'étend de juin à septembre ; la **basse saison** (*época baixa*) de novembre à mars. Lisbonne et Sintra la romantique se visitent toute l'année.

VISAS ET PASSEPORTS

Les citoyens de l'UE se contentent d'une carte nationale d'identité ou d'un passeport en cours de validité pour entrer au Portugal (attention : la prolongation de 5 ans de la validité des cartes d'identité délivrées entre 2004 et 2013 n'est pas automatiquement reconnue par le Portugal). La pièce d'identité est par ailleurs indispensable pour louer une voiture, réserver une chambre d'hôtel, etc. Les mineurs non accompagnés doivent être porteurs d'une autorisation de sortie de territoire signée par les parents ou la personne qui exerce l'autorité parentale.

AGENDA

FÊTE À LA SARDINE !
Les fêtes populaires culminent vers les 12-13 juin (j. fér. municipal) lors de la Festa de Santo António. Dans les vieux quartiers populaires de l'Alfama et de la Mouraria, du Bairro Alto et de Madragoa, décorés pour l'occasion, la *festa* bat alors son plein une bonne partie de la nuit. Vin, bière et sardines grillées se mélangent dans tous les estomacs durant ce que l'on appelle les *arraiais* (fêtes de quartier). Suivent les 23-24 juin la Festa de São João (la Saint-Jean) et les 28-29 juin la Festa de São Pedro (la Saint-Pierre).
www.egeac.pt

JANVIER-MARS

Ano Novo
Jour de l'an
1er Janvier

Carnaval
Mardi gras de Carême
Fête mobile

AVRIL-JUIN

Sexta-feira Santa
Vendredi saint

Dia da Liberdade
Jour de la Liberté (révolution des Œillets)
25 Avril

Festa do Trabalhador
Fête du Travail
1er Mai

Corpo de Deus
Fête-Dieu (Corpus Christi)
Fête mobile

Dia de Camões
Anniversaire de la mort de Camões, fête nationale.
10 Juin

Santo António
Saint Antoine, né à Lisbonne
Lisbonne 13 Juin (jour férié à Lisbonne)

São Pedro
Saint Pierre, patron de Sintra
Lisbonne 29 Juin (jour férié à Sintra)

AOÛT

Assunção
Assomption
15 Août

SEPTEMBRE-DÉCEMBRE

Implantação da República
Jour de la République (1910)
5 Octobre

Todos-os-Santos
Toussaint
1er Novembre

Restauração da Independência
Jour de l'Indépendance (1640)
1er Décembre

Imaculada Conceição
Immaculée Conception
8 Décembre

Natal
Noël
25 Décembre

TRANSPORTS

ALLER À LISBONNE

EN AVION

Des vols réguliers et directs vers Lisbonne sont assurés par toutes les grandes compagnies aériennes nationales européennes, par la TAP (compagnie nationale portugaise) et par des compagnies à bas prix. Informations sur l'ensemble des aéroports portugais actualisées toutes les 3min sur www.ana.pt.

TAP Air Portugal
La compagnie nationale portugaise propose des vols réguliers et directs au départ de Paris vers Lisbonne (8/j., env. 2h15 de vol).
Portugal ☎ 890 102 106 (de France, payant) ou 211 234 400 (du Portugal, gratuit) www.flytap.com
🕒 Tlj. 8h-0h (assistance Portugal)

Air France
Pour Lisbonne, 5 vols directs par jour depuis Paris.
☎ 36 54 (tlj. 6h30-22h heure de Paris) ou +33 09 69 39 36 54 (de l'étranger)
www.airfrance.com

Transavia
Cette compagnie du groupe Air France-KLM assure des liaisons directes vers Lisbonne au départ de Paris-Orly (2h30 de vol, 1 à 3 vols/j.) et Nantes (1 vol/j.).
☎ 01 76 24 06 05 (de France) holidays.transavia.fr 🕒 Lun.-ven. 8h-22h ; w.-e. 9h30-18h

easyJet
Vols vers Lisbonne au départ de Paris, Lille, Lyon, Nantes, Bordeaux et Nice.
☎ www.easyjet.com

Ryanair
Liaisons Paris-Beauvais vers Lisbonne.
☎ www.ryanair.com

EN CAR

FlixBus
De Paris Bercy, 4 à 6 voyages/j. vers Lisbonne, Gare do Oriente (départs entre 9h40 et 16h15). Trajets direct en 24h40.
Gare routière de Bercy 208-210, quai de Bercy ☎ 01 76 36 04 12 www.flixbus.fr

EN TRAIN

SNCF
Pour se rendre à Lisbonne, un TGV part tous les jours à 12h47 de Paris gare Montparnasse. Une correspondance, à Hendaye-Irun avant d'arriver le lendemain à 7h20 en gare d'Oriente, au terme de 19h30 de voyage.
☎ 09 77 40 82 99 www.oui.sncf

"ZAPPEZ" LIBREMENT DE TRAM EN BUS

Pour circuler librement en ville, le ticket unitaire (1,50€) est vite déboulonné par la carte de transports individuelle **Viva Viagem**. On l'achète pour 0,50€, dans les stations de métro ou aux points de vente de la Carris, puis on la crédite selon ses besoins. L'option "Zapping", valable dans tout le réseau des transports (métro, bus, tramways, *elevadores*, trains de la compagnie CP, ferries Transtejo...) consiste en un crédit dont on choisit le montant (de 3 à 40€) et que l'on consomme par simple validation (1,35€ pour 60min d'utilisation sur le réseau). L'option "Pass 24h" s'élève à 6,40€/pers. et permet un accès illimité aux transports en commun (sauf les ferries). Rens. sur le site Internet du métro (www.metrolisboa.pt) ou sur celui de la Carris (www.carris.pt).

NE RESTEZ PAS HORS PLAN
Les OT ne délivrant pas de plan détaillé des bus et tramways, trouver sa ligne et son arrêt pour se rendre à la destination souhaitée se fait parfois au petit bonheur la chance. Si vous êtes équipé d'un smartphone, utilisez les itinéraires préconisés par Google Maps et pour le plan des lignes et les horaires, rendez-vous sur le site Internet de Carris (carris.pt).

Pass Interrail
Les compagnies de chemin de fer de 30 pays d'Europe se sont unies pour proposer deux pass, One Country Pass (un seul pays) et Global Pass (l'ensemble des pays), qui permettent de voyager sans limite.
www.interrail.eu

SE DÉPLACER À LISBONNE

EN TRANSPORTS EN COMMUN

Métro
Direct et efficace, le réseau se résume à quatre lignes : bleue (*azul*), jaune (*amarela*), verte (*verde*) et rouge (*vermelha*). Ouvert de 6h30 à 1h du matin, il relie rapidement les principaux quartiers, et rejoint l'aéroport en 20min à peine. Coût d'un ticket (à créditer sur une carte rechargeable Viva Viagem) : 1,50€.

Metro Lisboa
213 500 115 www.metrolisboa.pt
Tlj. 6h30-1h

Bus et tramway
Géré par la société Carris, articulé autour du nœud de la Praça dos Restauradores, le réseau est composé de 78 lignes desservies par plus de 600 bus (*autocarros*) et près de 60 tramways (*elétricos*), auxquels il convient d'ajouter les *elevadores* et les *ascensores*. Les lignes de bus classiques (de 5h30 à 0h) sont numérotées sur la base du chiffre 7 et les 6 lignes nocturnes (*autocarros noturnos*) sur la base du chiffre 2. Nombre de ceux qui traversent la Baixa ont pour terminus les abords du Tage (gares de Santa Apolónia et Cais do Sodré, Praça do Comércio). Affublé d'un E majuscule, le tramway (*elétrico*) est une expérience indispensable pour faire connaissance avec la ville et se familiariser avec le tissu urbain du vieux centre.

Carris
213 613 000 www.carris.pt

ASSUREZ VOS APPUIS
Polis par le piétinement incessant de ses habitants depuis 150 ans, les célèbres pavés de Lisbonne peuvent vite se transformer en patinoire, surtout en descente un jour de pluie. Restez prudents sous peine de dévaler les pentes comme sur un toboggan.

EN TRAIN

Le train est idéal pour se rendre à Sintra de la gare d'Oriente (5€ AR), ou encore à Cascais de la gare de Cais do Sodré (5€ AR). Consultez les horaires sur le site de la société ferroviaire Comboios de Portugal (www.cp.pt).

GARDEZ L'ŒIL
Dès lors que vous empruntez l'un des fameux tramways de Lisbonne, gardez un œil sur vos effets personnels. Comme dans toutes les grandes villes, les voleurs rusés savent profiter de la distraction offerte par le paysage et le bercement du wagon pour chaparder sans être inquiété.

EN AUTOCAR

La société ferroviaire CP (Comboios de Portugal) propose un titre de transport combiné train + bus avec Scotturb, service public d'autocars. Vous pouvez ainsi relier Lisbonne, Sintra et Cascais.

Scotturb
214 699 100 www.scotturb.com

EN VOITURE

Sécurité routière

Le code de la route et les limitations de vitesse sont les mêmes qu'en France. Redoublez de vigilance sur le tronçon **Lisbonne-Cascais**, réputé pour sa dangerosité.

Location

Vous devez être âgé d'au moins 21 ans et disposer du permis de conduire depuis au moins un an. Plus compétitives que les agences internationales (Avis, Europcar, Hertz...), les agences de location portugaises offrent un éventail de prestations plus réduit. Pour bénéficier des meilleurs prix, louez plutôt auprès d'une agence de voyages lors de l'achat de votre billet d'avion.

À VÉLO

À première vue, les sept collines peuvent sembler inhospitalières aux cyclistes. Qu'à cela ne tienne ! Lisbonne se réconcilie avec les deux-roues, au fil des quelque 20km de pistes cyclables aménagées sur les berges du Tage, qui permettent de relier la capitale à la mer sur terrain plat. Depuis septembre 2017, la municipalité encourage la mobilité à pédales avec la mise en place d'un parc de vélos (classiques ou électriques) en libre-service : Gira.

GIRA www.gira-bicicletasdelisboa.pt
Application mobile en téléchargement pour obtenir le plan des stations et souscrire la location Tarif : 10€/24h

SUR PLACE

ARGENT

MONNAIE

Membre de la zone euro depuis 2002, le Portugal a depuis lors troqué l'*escudo* contre la monnaie européenne.

CARTES BANCAIRES

Les *cartões* (dites *visa*) les plus couramment acceptées sont les cartes Visa, Mastercard et American Express, bien que de nombreux commerces fassent encore de la résistance (restaurants, pensions familiales, petits hôtels).

Heureusement, le réseau de distributeurs automatiques Multibanco (MB) 24h/24 est dense, ce qui compense avantageusement ce désagrément. Si vous êtes citoyen de l'UE, aucune commission n'est prélevée sur vos retraits et paiements. En cas de perte, appelez le numéro ci-dessous :

Service interbancaire d'opposition à carte bancaire
(33) 442 605 303 (de l'étranger)

TAXE IVA

Le taux normal de l'IVA (l'équivalent de la TVA) s'élève à 23%. Il existe des taux réduits de 6 et 13% appliqués à certains services et produits agroalimentaires.

DÉCALAGE HORAIRE

Le Portugal règle sa montre avec une heure de décalage par rapport à la France, la Belgique et l'Espagne, quelle que soit la saison : GMT en hiver, GMT + 1 en été. Ainsi, lorsqu'il est 12h à Paris, il est 11h à Lisbonne. Comme en France, le changement horaire a lieu le dernier dimanche de mars et le dernier dimanche d'octobre.

HORAIRES

SERVICES ADMINISTRATIFS

Ils sont habituellement ouverts du lundi au samedi, de 9h30 à 12h30 ou 13h, et de 14h30 à 17h. Les **banques** sont ouvertes du lundi au vendredi (8h30-15h). Les bureaux de **poste** du lundi au vendredi, généralement de 9h à 18h, sauf le bureau de la Praça dos Restauradores, qui ferme à 22h les jours ouvrables et à 18h le week-end.

MUSÉES

Les musées nationaux sont fermés le lundi, certains jours fériés, et parfois le mardi matin. Sinon, ils ouvrent de 10h à 17h ou 18h, avec une possible interruption méridienne (1h ou 2h). Certains musées nationaux sont gratuits le 1er dimanche matin du mois.

COMMERCES

La plupart sont ouverts de 9h à 13h et de 14h30 à 19h ou 20h, du lundi au samedi. Les supermarchés sont en principe ouverts tous les jours jusqu'à 20h environ. Beaucoup de commerces traditionnels ferment le samedi à 13h, sauf dans les quartiers du Chiado, de la Baixa, du Bairro Alto et de Príncipe Real.

REPAS ET SORTIES

Peu perméable aux influences méditerranéennes, le rythme quotidien est relativement conforme aux habitudes françaises, avec un léger décalage à midi (entre 13h et 15h). Le service du soir bat son plein entre 19h et 22h. Nombre de cafés restent ouverts jusqu'à 2h, et les bars de nuit jusqu'à 3-4h du matin.

LE DIMANCHE, TOUT RECOMMENCE...

Comme nulle part ailleurs en Europe, le dimanche (*domingo*) marque le début d'une nouvelle semaine, annonçant la succession des jours suivants : *segunda-feira* pour lundi, *terça-feira* pour mardi, etc. De quoi vous aider à déchiffrer le type d'abréviation suivante : *seg.-sex. 10h-19h* ou *2°-6° 10h-19h*". Vous avez deviné ? Il s'agit de "lun.-ven. 10h-19h".

PLAGES

DANGERS

La puissance du ressac de l'océan Atlantique vous recommande la plus grande prudence. Préférez toujours les plages surveillées (*"Praia Vigiada"* ou *"Área Concessionada"*) à celles épinglées du panneau *"Praia Não Vigiada"*, où la baignade s'effectue à vos risques et périls. Si vous voyez un panneau rouge rond portant la mention *"Perigo"* (danger), contentez-vous de la plage et n'allez pas à dans l'eau. À vérifier avant toute baignade ! **Vert** : conditions optimales de sécurité, mais attention à bien rester dans la zone surveillée. **Jaune** : baignade autorisée, mais ne vous éloignez pas de la côte. **Rouge** : baignade rigoureusement interdite, même si l'on a pied. **Carreaux bleus et blancs** : plage temporairement sans surveillance.

PRATIQUES BALNÉAIRES

Autorisé, le naturisme demeure confidentiel. La plage du Meco, près de Sesimbra, comporte une zone pour les nudistes signalisée, mais on peut le pratiquer sans complexe sur des plages isolées. Sur la Costa da Caparica, au sud de Lisbonne, la Praia da Bela Vista (accessible par le petit train) est plutôt gay friendly.

CHOISISSEZ VOTRE BORD DE MER

À chaque bord de mer sa plage et ses usages. Près de la capitale, même si le temps est estival, vous ne trouverez pas un Lisboète sur le sable avant le mois de juin ou après le mois de septembre ! La *praia* est synonyme de déjeuner dans les nombreux restaurants de Caparica, au sud, de Sesimbra, de Carcavelos, de la côte d'Estoril, de Cascais ou du Guincho. Pour un vrai bain de mer, dans un bleu quasi méditerranéen, optez pour la petite plage merveilleusement abritée de Sesimbra.

POSTE

Un cavalier illustre le service de **Correios** (CTT). Les boîtes aux lettres rouges reçoivent le courrier ordinaire (*correio normal*) et le courrier par avion, tandis que les boîtes aux lettres bleues (*correio azul*) sont réservées au courrier prioritaire. On trouve les *selos* (timbres) partout où s'affiche le logo rouge et blanc des Correios (env. 17€ le carnet de 12). Plus de renseignements sur le site www.ctt.pt.

POURBOIRE

Les prix s'entendant service (*serviço*) compris, le pourboire (*gorjeta*) s'attribue plutôt à l'estime. Pour les taxis, restaurants, cafés, coiffeurs, pompistes et personnels des grands hôtels, il est ainsi d'usage de laisser en sus 5 à 10% de l'addition, si vous êtes satisfait. Une obole est bienvenue pour les personnes qui permettent la visite des églises. Si vous êtes en voiture, vous rencontrerez sans doute des *arrumadores*, "placeurs" de voitures qui, contre une pièce de 0,50€, vous indiqueront un emplacement, mais ne surveilleront pas votre véhicule une fois garé !

ACCOUDEZ-VOUS AUX COMPTOIRS !
Lisbonne est largement ouverte à la "fast-food" de bon goût, de ses traditionnelles *pastelarias*, où l'on s'accoude au comptoir dès le matin au petit déjeuner ou à la pause de l'après-midi, pour savourer un *bica* (expresso) et un de ces gâteaux dont le Portugal a le secret, aux ultra-tendance comptoirs des marchés de Ourique et de Ribeira qui voient affluer gourmets gourmands et pressés !

RESTAURATION

En l'espace de quelques années, Lisbonne a considérablement étoffé son offre en matière de restaurants. À la cohorte des tables familiales, sont venus s'ajouter des établissements haut de gamme et nombre de lieux branchés pour foodies.

LES TYPES DE RESTAURANT

Les *tascas*

Le bel esprit originel de ces petites gargotes familiales de quartier s'est quelque peu dissout à la faveur de l'essor touristique de Lisbonne. Flairant le filon, de nombreuses adresses se revendiquent de cette appellation typique et profitent du capital sympathie qu'elle draine, sans pour autant perpétuer ses valeurs de convivialité et généreuse simplicité. Une tendance qui se répercute sur les prix affichés.

CERVEJARIAS
La *cerveja* (bière) est une boisson nationale. On la boit à la pression (le verre s'appelle alors Imperial), généralement blonde, très fraîche (*gelada*). Cette passion a donné naissance à un style de restauration particulier, fait de plats un peu passe-partout mais aussi de fruits de mer, et à des établissements ouverts tards dans la nuit.

Les *casas de pasto*

Proches cousines des *tascas*, ces gargotes populaires présentent une carte allégée, qui permet de se sustenter simplement mais copieusement à un prix modique. On y mange d'office en compagnie de la télévision, qui s'allume et s'éteint avec l'ouverture et la fermeture du restaurant.

Les *cervejarias*

De catégorie supérieure, la *cervejaria* correspond à notre brasserie, où il est possible d'accompagner son breuvage favori d'un roboratif plat traditionnel.

Les *marisqueiras*

Comme son étymologie le laisse deviner, cette catégorie de restaurants abonde le long de la côte. On y sert du poisson et des fruits de mer bruts de criée, souvent grillés. Les amateurs de saveurs iodées en raffolent.

Les *churrascarias*

Ce sont les spécialistes de la viande grillée au barbecue ou à la broche. Importée du Brésil, cette tradition populaire fleurit à Lisbonne.

DÉCHIFFRER LA CARTE

Menu ou plat du jour ?

Ne prenez pas la tangente dès que vous lirez l'appellation *ementa*

SOIRÉE FADO

Qu'elles soient sélectes ou bon enfant, les maisons de fado adoptent toutes le même rituel emprunté à la tradition du cabaret : on mange, on pose ses couverts pour écouter, on applaudit, puis on reprend son repas jusqu'à la prochaine chanson. Inévitables (au sens propre du terme), les rabatteurs qui stationnent devant l'entrée font partie du décor et ne doivent pas vous faire rebrousser chemin. Néanmoins, vous préférerez sans doute vous mêler incognito à l'auditoire plus fourni des fins de semaine, pour ne pas ajouter à la tristesse du fado celle d'une salle à moitié vide. Comptez 25€ minimum pour boire et écouter (on rétribue les artistes) et jusqu'à 40-50€ lorsqu'il s'agit d'y dîner, sachant que la qualité de la cuisine est inégale.

turística (menu touristique) affichée en devanture ! Elle n'est en rien synonyme de piège, mais désigne un menu à bon prix incluant plat du jour, boisson, parfois dessert et café. Au déjeuner (*almoço*), le *prato do dia* (plat du jour) de viande est souvent accompagné de riz et à l'occassion d'une *salada mista* (laitue, tomate, oignon), ou constitué de poisson grillé servi avec des pommes de terre. Autre passage obligé du repas quotidien, la soupe, présente dans au moins l'un des repas de la journée d'un Portugais. La mention "*SP*" (*segundo o peso*) indique que la nourriture est vendue au poids (une pratique courante pour le poisson).

Portions

Les portions portugaises sont souvent copieuses. N'hésitez pas à demander *uma meia dose* (demi-portion), bien que souvent cette alternative ne figure pas sur les *listas* (cartes) en langue étrangère, mais uniquement sur les *ementas* (menus) portugais. Cette pratique, courante au déjeuner, vous coûtera en moyenne 30% de moins qu'une portion normale.

RÉSERVEZ

Traditionnellement frugal, le **petit déjeuner** (*pequeno almoço*) s'étoffe dans les grands hôtels. Plus consistante les jours de congé, la pause-**déjeuner** (*almoço*) se résume généralement, en semaine, à une soupe et divers en-cas commandés à l'unité, avalés sur le pouce debout près du comptoir (*balcão*). Le **dîner** (*jantar*) est plus substantiel et souvent synonyme, surtout le week-end, de sortie entre amis. N'hésitez donc pas à réserver ces jours-là. De même, il est recommandé de réserver pour trouver une place dans les bons restaurants du Chiado, du Bairro Alto et de Príncipe Real.

PICORAGE PAYANT

Souvent servis d'office en guise d'amuse-gueules, le pain et les *acepipes* (fromage, beurre, olives...) n'ont rien d'un cadeau de bienvenue et sont facturés dès lors qu'on en picore quelques-uns. Ils se révèlent même souvent assez chers en comparaison des plats. Si vous n'en voulez pas, refusez-les et contrôlez votre addition (*a conta*) car ils s'y retrouvent fréquemment, par pur automatisme.

SHOPPING

Parlez azulejo Artisanal ou industriel ? Pour reconnaître la confection d'un carreau d'azulejo, vous observerez la finition et la couleur du fond : plus il est blanc et régulier, moins vous pourrez douter de son origine industrielle. Pour le dater, sachez que les motifs jaune et bleu sont coutumiers du 17e s., que la palette bleu et blanc conjuguée aux dessins floraux ou d'oiseaux est une tendance courante de la fin du 17e au milieu du 18e s. : que le 19e s. était friand de la polychromie associée à des sujets de la vie quotidienne ; tandis que le 20e s. révèle un graphisme plus abstrait. Enfin, sachez distinguer un motif isolé (*figura avulsa*) d'un *painel* (panneau de plusieurs carreaux peints d'un seul tenant pour former un tableau).

URGENCES

En cas d'urgence, composez le **112** : un opérateur vous dirigera vers la *polícia*, les *bombeiros* (pompiers) ou un service d'*ambulância*. Sinon adressez-vous au **Serviço de Urgência** de l'hôpital le plus proche. Vous pourrez également trouver assistance dans l'un des **Centros de Saúde**, dispensaires ouverts entre 8h et 20h.

HÔPITAUX

Hôpital Saint-Louis-des-Français
Rua Luz Soriano, 182 Lisbonne
213 216 500

AMBASSADES ET CONSULATS

Ambassade de France
Rua de Santos-o-Velho, 5 Lisbonne
213 939 100 https://pt.ambafrance.org
Lun.-ven. 8h30-12h30 et 14h-17h (rens. tél.)

Consulat de France à Lisbonne
Rua Santos-o-Velho, 5 Lisbonne
213 939 294 Lun.-ven. 8h30-12h

TÉLÉPHONE

Tous les numéros locaux, exceptés ceux d'urgence, comportent 9 chiffres qui doivent être composés intégralement quel que soit l'endroit du Portugal d'où vous appelez. Pour épeler un numéro de téléphone, les Portugais ont coutume de prononcer chaque chiffre l'un après l'autre.

APPELS INTERNATIONAUX

Dans la majorité des cas, l'option “voyage” est activée automatiquement sur votre téléphone portable, dès que vous franchissez les frontières de votre pays, mais il est préférable de le vérifier auparavant. Les frais d'itinérance ayant été supprimés à l'intérieur de l'Union européenne, appeler un pays de la communauté depuis le Portugal pour un Européen n'entraîne plus de surcoût.

APPEL VERS LE PORTUGAL De France, composez le 00 + 351 (indicatif du Portugal) + numéro à 9 chiffres du correspondant.

APPEL DU PORTUGAL Composez le 00 + indicatif du pays + numéro du correspondant (sans le 0, sauf pour le Canada). Indicatifs internationaux : France 33 ; Belgique 32 ; Suisse 41 ;

Québec 1 ; Luxembourg 352 + indicatif régional.

APPELS NATIONAUX

Les numéros débutant par 800 sont gratuits, ceux par 808 sont facturés au prix d'un appel local. Les numéros de **téléphones portables** commencent systématiquement par un 9 et sont en principe précédés de la mention Telem (pour *telemóveis*).

Renseignements
118

Urgences
112

US ET COUTUMES

Plus réservés que leurs voisins espagnols, les Portugais n'élèvent la voix que pour parler de football ! De façon générale, les Portugais demeurent très attachés au respect des règles du savoir vivre en société. Faites honneur à leur fameuse courtoisie en adoptant leurs codes de bienséance, notamment en vous adressant à votre interlocuteur par un "*Senhor*" ou à votre interlocutrice par un "*Senhora*", et en gratifiant votre demande d'un *obrigado* (merci si vous êtes un homme) ou *obrigada* (si vous êtes une femme).

Boum touristique L'anglais international est désormais de mise dans les échanges de tous les jours, même aux caisses des supermarchés. S'appuyant sur leur aisance pour les langues et leur sens de l'hospitalité, les Portugais se sont vite adaptés à l'afflux des visiteurs. Dans le même temps, on sent poindre ici et là des signes de lassitude face à la demande d'une population de passage toujours croissante, qui transforme la ville et contrarie le quotidien des Lisboètes dans ses aspects les plus élémentaires. Dans les quartiers historiques par exemple, les habitants doivent désormais rivaliser avec les plateformes de location d'hébergements.

Héberge-ments

224 **Le centre et les Avenidas**
225 **Le Chiado, le Bairro Alto, Campo de Ourique**
226 **De Lapa à Belém**
227 **L'Alfama et l'est**
228 **Autour de Lisbonne**

SE LOGER

De la chambre en dortoir à partager en mode "auberge espagnole" ou "souvenir de ma jeunesse", au cocon douillet d'une belle demeure privée, en passant par les hôtels de la cité dont le charme pas encore trop aseptisé, voici nos meilleures adresses pour faire votre nid à Lisbonne et aux alentours.

GÉNÉRALITÉS

L'offre hôtelière s'est considérablement développée pour absorber la demande exponentielle d'une clientèle touristique avide de découvrir les attraits de la ville blanche. Des modestes **casas de hóspedes** (ou *hospedarias*) aux luxueuses **hoteis**, **albergarias** (hôtelleries) ou **estalagens** (auberges), en passant par les **pensões** (pensions) ou **residenciais**, l'hôtellerie lisboète affiche un large panel de niveaux de confort, répartis en trois catégories : 1ª, 2ª, 3ª. Ne vous fiez pas aux étoiles, leur signification est caduque. Le petit déjeuner (*pequeno almoço*) est souvent inclus dans les *pensões* et les hôtels de catégorie supérieure. La mention "*Conforto Moderno*" désigne des chambres standardisées avec chauffage, climatisation, télévision (souvent câblée), téléphone et parfois un minibar. Bon à savoir : certains hôtels haut de gamme louent à prix doux quelques rares chambres atypiques, pour une personne.

AUBERGES DE JEUNESSE

Lisbonne compte deux **pousadas de juventude**, l'une située au cœur des quartiers nord et l'autre près du Parque das Nações. Une troisième est établie sur l'autre rive, à Almada. Simples et bien tenues, elles offrent une alternative d'hébergement honorable et abordable (à partir de 13€/pers en dortoir). La carte de membre

MÉTHODE TRADITIONNELLE

À Lisbonne, les **pensions** constituent un mode d'hébergement typique et souvent compétitif, qui se perpétue principalement dans des appartements reconvertis (il y a belle lurette), à l'étage d'immeubles ou de vieilles maisons de ville. Pour hisser votre bagage jusqu'à votre chambre, point d'ascenseur mais des escaliers souvent étroits et tortueux, annonciateurs d'une ascension épique. Peu enclines à se refaire une beauté, ces pensions se voient aujourd'hui concurrencées par de petits établissements privés (sans évoquer les plateformes de location) qui soignent la décoration comme le service, proposent des dortoirs de 4 à 8 pers, et parfois des chambres doubles. Une très bonne option, à budget modéré, même si le bruit... de la rue, des va-et-vient dans l'escalier ou de la tuyauterie, est souvent inclus. Par ailleurs, toutes ne sont pas chauffées (et encore moins climatisées en été). N'hésitez pas à demander un chauffage d'appoint.

SELON LA COULEUR DE VOS NUITS

Pour une escapade en amoureux, visez les chambres avec terrasse, perchées sur les hauteurs de l'Alfama. La ville qui s'illumine à vos pieds à la nuit tombée est d'un romantisme imparable, absolument irrésistible. Mais si c'est la chaleur de la *noite* que vous convoitez, préférez une adresse au cœur du Bairro Alto. Vous pourrez vous écrouler sans délai, dès vos agapes terminées.

des auberges de jeunesse (*cartão de alberguista)* est partout exigée. Vous pouvez vous la procurer au tarif de 2,50€, auprès de la Fuaj ou de Movijovem. Pour réserver, connectez-vous sur www.pousadasjuventude.pt ou sur www.hihostels.com, le site Internet international de la Fuaj.

Fédération unie des auberges de jeunesse (FUAJ)
PARIS 27, rue Pajol ☎ 01 44 89 87 27
www.hifrance.org

Movijovem
LISBONNE Rua Lúcio de Azevedo, 27
☎ 217 232 100 (semaine ou 707 20 30 30 (w.-e.) juventude.gov.pt
www.cartaojovem.pt

Instituto Português do Desporto e Juventude
LISBONNE Rua Rodrigo da Fonseca, 55
☎ 210 470 000 ou 707 203 030 (rés.)
www.ipdj.pt ◷ Lun.-ven. 9h-18h

CHAMBRES CHEZ L'HABITANT

Pas toujours officielles ni bon marché, on les dégotte en général à la faveur d'une pancarte à la fenêtre mentionnant les mots magiques de *quartos* (chambres), *dormidas* ou encore *alugase* (parfois *alugam-se*, "à louer").

Solares de Portugal
Praça da República 4990
☎ 258 741 672 ou 258 931 750
www.solaresdeportugal.pt
www.turihab.pt www.center.pt

TURISMO DE HABITAÇÃO (TH)

L'occasion de dormir dans une demeure d'exception (manoir ou *quinta*), souvent meublée d'époque, et de faire une agréable rencontre avec les propriétaires. Comptez au minimum 65€, mais plus ordinairement entre 80 et 110€ (éventuellement plus). Il existe plusieurs associations de propriétaires, bien que tous les TH n'en dépendent pas.

LOCATION D'APPARTEMENTS

Pour ceux qui voyagent entre amis, pour les séjours prolongés ou pour ceux qui aiment garder leur indépendance, les offres se sont considérablement multipliées ces dernières années.

www.airbnb.fr
Chambres chez l'habitant ou appartements pour toutes les bourses.

www.booking.com
Des milliers d'adresses de chambres, d'appartements, mais aussi d'hôtels avec réservation facile et immédiate.

www.homelidays.com
Des milliers d'annonces, de la villa au studio en ville.

LE CENTRE ET LES AVENIDAS

ROSSIO

Hotel Portuense €

Proche du funiculaire de Lavra, une honnête pension qui réserve l'heureuse surprise d'une vue sur la colline de Sant'Ana, depuis les chambres des étages supérieurs. Double à partir de 74€, triple à partir de 94€. Petit déj. inclus.

Rua das Portas Santo Antão, 149-157
213 464 197 www.pensaoportuense.com

Residencial Florescente €€

Pour se mettre au lit immédiatement après un spectacle ou un verre dans le Rossio, un hôtel de 67 chambres classiques et bien tenues. Double de 80 à 125€ selon la saison pour un grand lit, de 100 à 145€ pour des lits jumeaux. Petit déj. 10€.

Rua das Portas de Santo Antão, 99
213 426 609
www.residencialflorescente.com

Lisbon Destination Hostel €

Aménagé dans la gare néogothique du Rossio, cet *hostel* convivial propose des dortoirs mixtes et non mixtes, clairs et contemporains avec des lits superposés et des casiers. Des chambres individuelles sont également à disposition. Le petit déjeuner est gratuit.

Largo do Duque de Cadaval, 17 213 466 457
www.destinationhostels.com

BAIXA

Pensão Praça da Figueira €

Une pension recommandée pour son rapport qualité-prix bien dosé. Vingt chambres colorées, toutes équipées d'une sdb (mais WC à l'extérieur). Comptez de 62€ (la double avec douche en basse saison) à 100€ (la double avec baignoire en haute saison). Également 2 suites pour 4-5 pers. avec petite cuisine (110-170€ selon la saison). Petit déj. inclus. Accès Internet.

Tv. Nova de São Domingos, 9 213 424 323
www.pensaopracadafigueira.com

Pousada de Lisboa €€€

Seul hôtel situé sur la Praça do Comércio, cet hôtel dispose d'une petite piscine intérieure, d'un spa et d'une terrasse. Situé à quelques mètres du café Martinho da Arcada, le café de Fernando Pessoa, le bâtiment a conservé ses murs anciens, l'intérieur étant très remanié. Les chambres sont petites pour la plupart, mais bien aménagées.

Praça do Comércio, 31-34 210 407 640
www.pousadas.pt

AVENIDAS

Pousada de Juventude de Lisboa €

En retrait du Parque Eduardo VII, une auberge de jeunesse dotée de toutes les commodités attendues par les juniors. Treize chambres doubles avec WC (de 36 à 57€), une chambre familiale avec WC (de 60 à 95€ env.), dortoirs de 4 ou 6 pers. (de 14 à 21€/pers.). Service de restauration (petit déj., repas 7€ sur rés.). Accès Internet.

Rua Andrade Corvo, 46 (M° Picoas, près de l'hôtel Sheraton, ou bus 90 du centre-ville et 44, 45 ou 91 de l'aéroport) 213 570 470
www.pousadasjuventude.pt
Accueil 24h/24

LE CHIADO, LE BAIRRO ALTO, CAMPO DE OURIQUE

CHIADO

Hotel Borges €€

Entièrement relooké dans un style néobaroque privilégiant les tons poudrés et mordorés, mis en conformité avec les standards du confort moderne (climatisation, ascenseur...), il n'en demeure pas moins l'un des plus vieux hôtels de la cité, installé depuis 1885 dans le même immeuble que le café traditionnel A Brasileira (p.74). Double à partir de 70€.

Rua Garrett, 108 ☎ 210 456 400
www.hotelborges.com

BAIRRO ALTO

The Independente Hostel ♥€

Cette grande maison insolite pour voyageurs contemporains combine les dimensions d'un palace avec la décoration vintage et le mobilier alternatif d'un hôtel branché, pour installer... des lits superposés en OSB dans 11 dortoirs ! Un concept hôtelier rafraîchissant, sans équivalent dans toute la ville, qui possède son versant luxe ainsi qu'un restaurant, The Decadente (p.85) et un bar très bien perché, The Insólito (p.88) ! Environ 10-15€/pers. avec petit déj. en dortoir.

Rua de São Pedro de Alcântara, 81
☎ 213 461 381 www.theindependente.pt

Anjo Azul €

Derrière la façade d'un bleu profond, palpite un cœur arc-en-ciel. Gay friendly, cet hôtel récemment remis au goût du jour dispose de 19 chambres distribuées sur 4 étages, bénéficiant de tout le confort attendu (air conditionné, sdb, accès Internet, télévision, lecteur DVD, minibar). Double de 60 à 120€ (avec balcon), twin 70€. Prix fixes toute l'année.

Rua Luz Soriano, 75 ☎ 213 478 069
www.anjoazul.com

Pensão Londres ♥€

Dans un immeuble cossu près du Miradouro de São Pedro de Alcântara, une douillette pension dont profiter "en langue anglaise", avec moquette et rideaux plissés. Sur 4 étages, les chambres confortables et impeccables sont toutes bien équipées (air conditionné, accès Internet, TV, téléphone). Rés. conseillée. Double à partir de 60€, triple à partir de 75€ et familiale à partir de 100€. Petit déj. inclus.

Rua D. Pedro V, 53 ☎ 213 462 203
www.pensaolondres.com.pt

LX Boutique Hotel €€€

L'hôtel a pris la place d'un établissement fermé depuis des années. Idéalement situé au cœur du quartier festif de Lisbonne, en face de la gare de Cais do Sodré d'où l'on rejoint Cascais, à proximité du Tage et du branché Mercado da Ribeira, en bas de la Rua do Alecrim (la "rue du Romarin" en français) qui conduit à la Praça Luís de Camões ... il est confortable, tendance et abordable. À chaque étage son thème, le dernier offrant une suite avec vue sur le fleuve.

Rua do Alecrim, 12 ☎ 213 474 394
www.lxboutiquehotel.com

The Independente Hostel & Suites ♥€€€

La bohème revisitée en version chic par la même fratrie que celle aux commandes de The Independente Hostel (p.225). Au compteur,

18 suites associant les moulures et parquets d'un hôtel particulier à une parfaite maîtrise de la déco seventies. Toutes aussi charmantes que spacieuses, elles sont équipées de sdb. De 80€ (en basse saison pour la suite la moins chère) à 300€ (en haute saison pour la plus luxueuse).

Rua São Pedro de Alcântara, 81 213 461 381 www.theindependente.pt Tlj.

Casa do Jasmim

Dans une rue calme à deux pas du paisible jardin du Príncipe Real, cette sympathique guesthouse installée dans deux immeubles rénovés en 2016 propose 22 chambres lumineuses, tout en blanc, bois, tissus et toiles chamarrés. Accueil attentionné. Petit déjeuner servi dans une agréable salle sur cour et jardins. Chambre double 90-150€, chambre familiale (4 places)150-250€, selon la saison.

Rua do Jasmim, 19 918 517 146 ou 218 062 096 www.shiadu.com

RATO

Casa de São Mamede €€€

Soucieux de perpétuer l'harmonie régnant dans cette élégante demeure de 1758, ses propriétaires ont meublé les 26 chambres dans un style 18e s. Double entre 90 et 120€. Préférez les chambres sur cour, plus calmes. Petit déj. inclus, servi dans une belle salle décorée d'azulejos ou à la chambre. Rés. conseillée.

Rua da Escola Politécnica, 159 (près de la Praça do Príncipe Real et du Jardim Botânico) 213 963 166 www.casadesaomamede.pt

Hotel da Estrela €€€

À proximité de la Basílica da Estrela, dans un quartier tranquille et bien desservi (le tram 28 passe à proximité), l'hôtel est une reconversion architecturale très récente de l'ancien palais des comtes de Paraty, devenu ensuite une école. Avec seulement 19 chambres et suites, c'est un espace intime. Il propose un restaurant, Cantina da Estrela, et des piqueniques à la belle saison sur sa pelouse, au déjeuner, de mardi à samedi.

Rua Saraiva de Carvalho, 35 211 900 100 www.hoteldaestrela.com

DE LAPA À BELÉM

Pensão Residencial Setubalense €

Entre le palais de Belém et le monastère des Hyéronimites, sa façade vieux rose ornée de jolis balcons annonce une pension d'un kitsch plaisant, néanmoins un peu bruyante côté rue en raison du trafic. Chambre de 50 à 60€/pers., de 60 à 75€/2 pers. (15€/enfants plus 10 ans).

Rua de Belém, 28 213 636 639

Hotel York House ♥€€€

Un ancien couvent carmélite du 17e s., transformé en hôtel de charme autour d'un patio fleuri. Les 33 chambres réinterprètent avec chic et brio, une certaine idée du dépouillement monacal. Double de 85 à 200€, suite de 110 à 250€ (lit supplémentaire 30€). Petit déj. 15€. Restaurant réputé et agréable. Évitez les chambres sur rue.

Rua das Janelas Verdes, 32 (près du Museu Nacional de Arte Antiga) 213 962 435 www.yorkhouselisboa.com

Altis Belém Hotel & Spa
Séjour idyllique et détente assurée dans ce superbe hôtel design pratiquement posé sur le Tage ! Vastes chambres décorées sur le thème des Grandes Découvertes, spa et bar ouverts sur le fleuve, ainsi qu'un restaurant gastronomique, le Feitoria, recompensé d'une étoile au Michelin. Chambres à partir de 250€, suites autour de 1 000€ en haute saison. Attention, réservez suffisamment à l'avance, l'hôtel ne loue que 50 chambres.

Doca do Bom Sucesso

L'ALFAMA ET L'EST

ALFAMA

Memmo Alfama – Bar

Niché au fond d'une longue impasse dans le lacis des ruelles du haut Alfama, au premier étage, ce bar à vin de l'hôtel 4 étoiles Memmo Alfama ouvert au public offre une vue imprenable sur le quartier ainsi que le Tage. L'hôtel de 42 chambres (entre 150 à 500€) bénéficie d'une élégante architecture contemporaine valorisant les immeubles anciens qu'il occupe.

Tv das Merceeiras, 27 ☎ 210 495 660
www.memmohotels.com/alfama
🕒 Tlj. 9h-23h Bar

Guesthouse Beira-Mar €

Au pied du quartier de l'Alfama, cette pension familiale, qui cible franchement la jeunesse, présente le grand avantage de loger près de la gare Santa Apolónia, en cas d'arrivée tardive et chargée. 12 chambres au confort rudimentaire (de la simple à la quadruple), mais convenables, ainsi que 8 suites. Certaines, hautes de plafond, offrent même une vue sur le Tage. Idéal pour de petits groupes. Pièce commune avec TV, wifi et cuisine équipée. Double 45-63€, suite 60-80€, triple 80-120€, quadruple 70-140€, chambres familiales avec lit double et lit simple 80-120€ selon le confort et la demande.

Largo Terreiro do Trigo, 16-17 1° ☎ 218 872 181
www.hostelbmar.com

Palacete Chafariz d'El Rei €€€

Voilà un bâtiment de style néomauresque assez incongru et unique, datant de la fin du 19e s., avec des intérieurs oscillant entre orientalisme et Art nouveau. Il a été construit par son propriétaire au retour d'un voyage au Brésil et rappelle l'extravagance de certaines villas de là-bas. Situé dans le bas d'Alfama, proche de la Casa dos Bicos, il dispose de six suites toutes différentes, à partir de 270 euros.

Tv Chafariz del Rei, 6 ☎ +351 218 886 150
www.chafarizdelrei.com

GRAÇA ET MOURARIA

Hotel Albergaria Senhora do Monte ♥ €€€

Derrière sa banale apparence, ce bâtiment réserve une vue panoramique absolument exceptionnelle sur la vieille ville. Quatre des 28 chambres disposent même de terrasses où lézarder à loisir. Reposantes pour qui souhaite se soustraire à l'agitation urbaine, mais un tantinet trop isolées pour qui souhaite en profiter. Double de 110 à 130€ en haute saison et de

70 à 80€ en basse saison (150€ avec terrasse, 190€ suite avec terrasse), petit déj. compris.

Calçada do Monte, 39 (à 10min à pied du terminus du tram 28) 218 866 002 albergaria-senhora-do-monte.lisbon-hotel.org

Solar dos Mouros ♥€€€

Conçu par l'artiste Luís Lemos, ce petit coin de paradis compile l'une des plus belles vues imaginables sur Lisbonne avec un aménagement intérieur aussi exquis que raffiné, émaillé de tableaux à tous les étages. 11 chambres (dont une suite duplex de 70m^2), de 109 à 179€ (avec vue sur le château) et 199€ (avec vue sur Tage). Petit déj. inclus.

Rua do Milagre de Santo António, 6 218 854 940 www.solardosmouroslisboa.com

Solar do Castelo €€€

La chaîne d'hôtels de charme Heritage a investi ce palais pombalin de 1765 établi dans l'enceinte du château Saint-Georges. Un décor contemporain rehaussé de vieilles pierres et d'azulejos. De 170 à 220€ la double et jusqu'à 360€ selon la saison. Petit déj. continental à 14€.

Rua das Cozinhas, 2 218 806 050 www.solardocastelo.com

PARQUE DAS NAÇÕES

Pousada de Juventude do Parque das Nações €

Une auberge de jeunesse très 21e s., abritée dans un bâtiment de l'Exposition universelle de 1998. Dix chambres doubles avec WC (dont 2 adaptées aux handicapés) de 36 à 57€, 18 dortoirs de 4 lits (de 14 à 17€/pers.) servant aussi de chambres familiales sans WC (de 52 à 84€ env.). Service de réfectoire (petit déj.), cuisine pour préparer ses repas.

Rua de Moscavide, 47-101 (env. 1km au nord de la gare Oriente) M° Oriente 218 920 890 www.pousadasjuventude.pt

AUTOUR DE LISBONNE

AU SUD DU TAGE

Pensão Residencial Mateus €€

Presque en face de la gare routière, la pension procure la sensation d'être en visite chez de vieux cousins de province. Dans un appartement au mobilier très portugais, un couple âgé vaque à ses occupations au premier niveau, tandis qu'il réserve les 5 chambres de son étage à ses convives. À partir de 30€ la double. Chambre pour 4 à 40€ (sans télévision, ni petit déj.). Compter 5€ de supplément au plus fort de l'été.

SESIMBRA Av. da Liberdade, 54 3° Dto 212 233 039

Hotel do Mar €€€

Immanquable depuis la plage, ce gigantesque paquebot moderniste comprend 160 chambres allant de 100 à 279€ (chambre double avec vue sur mer) et 5 suites (dont une avec piscine et jacuzzi privatifs) a été imaginé par Francisco da Conceição Silva entre 1958 et 1964. Ayant recouvré son lustre d'antan par la grâce d'une réhabilitation au début des années 1990, il offre un niveau de prestations conforme à son envergure (piscines, salle de sport, salons et restaurant...).

SESIMBRA Rua General Humberto Delgado, 10
212 288 300 www.hoteldomar.pt

ESTORIL ET CASCAIS

Hotel Baía €€

Des aménagements tirés au cordeau, une décoration standardisée et une architecture sans grand charme sont avantageusement compensés par un bel emplacement face au port de Cascais. Cent treize chambres de 65 à 185€ selon la saison, petit déj. inclus.

CASCAIS Passeio D. Luís I 214 831 033
www.hotelbaia.com

Hotel Inglaterra €€€

Sous ses faux airs de palace de Croisette, cet hôtel traditionnel bien situé est relevé d'une décoration pleine de fantaisie, sans sacrifier au confort qui sied à cette catégorie d'établissement. 70 chambres à partir de 80€ (160€ en haute saison), petit déj. inclus. Piscine extérieure

ESTORIL Rua do Porto, 1 214 684 461
www.hotelinglaterra.com.pt

Fortaleza do Guincho €€€

Pour dormir en rêvant de prendre la mer à la suite de Vasco de Gama, dans une forteresse édifiée en 1642 par João IV sur l'immense grève du Guincho. Dans un esprit médiéval (plafond voûté, mobilier ancien, ciel de lit...), les 27 chambres (certaines avec terrasse) sont très confortables. À partir de 130€ (jusqu'à 600€ en haute saison). Membre des Relais & Châteaux. Son restaurant est l'une des grandes tables de la région.

CASCAIS Estrada do Guincho 214 870 491
www.fortalezadoguincho.com

Palácio Estoril €€€

En face du casino, ce grand hôtel sélect a connu ses heures de gloire lorsque l'Europe des têtes couronnées en exil s'y pressait. Il offre des facilités pour le golf et possède une magnifique piscine en plein air. Cent soixante et une chambres à partir de 370€ (500€ la suite), petit déj. inclus.

ESTORIL Rua Particular 214 648 000
www.palacioestorilhotel.com

SINTRA

Chalet Relogio €€

Comme un chalet suisse posé sur du gazon anglais, cette maison est l'œuvre de Luigi Manini, scénographe du Teatro São Carlos de Lisbonne. Sur la route menant au palais de Pena, elle tient la promesse d'un dépaysement bucolique à moins d'un kilomètre du centre historique de Sintra. Certaines des chambres (toutes spacieuses et confortables) dévoilent une vue splendide sur les ruines du Castelo dos Mouros. Double 95-105€ (petit déj. inclus) en été.

Estrada da Pena, 22 219 243 539

Hotel Sintra Jardim €€

Un excellent rapport qualité-prix offert par cette vaste et plaisante maison bourgeoise, pourvue d'un agréable jardin et d'une sympathique piscine. Seize chambres sur 2 niveaux, avec sdb, hautes de plafond et très confortables. Comptez de 90 à 100€ la double en haute saison, petit déj. inclus. Rés. conseillée hors saison et indispensable en été.

Tv dos Avelares, 12 São Pedro de Sintra
219 230 738 hotelsintrajardim.pt

Lawrence's Hotel ♥€€€

Enfoui dans la verdure à quelques minutes à pied du palais national, cet hôtel de charme sublime son enveloppe 18e s. par une décoration inspirée des cottages anglais. Ses

16 chambres élégantes sont pour la plupart agrémentées de petites terrasses donnant sur un vaste jardin. Double 100€ env. en basse saison et 170€ en haute saison, petit déj. inclus.

Rua Consigliéri Pedroso, 38-40 219 105 500 lawrenceshotel.com

Tivoli Palácio de Seteais €€€

Dans le triangle d'or de l'hôtellerie de luxe portugaise, trône ce "palais des sept soupirs", construit au 18e s. Un logis prestigieux, à l'intérieur comme à l'extérieur, à l'image de l'arche monumentale qui relie les bâtiments. Si y passer la nuit met en péril votre budget, vous pourrez vous contenter d'y prendre un verre, voire un repas, avant de vous promener dans ses jardins à la française, qui offrent de somptueux paysages. Double de 330 à 650€ selon la saison, petit déj. inclus.

Rua Barbosa du Bocage, 8 (2km à l'ouest de Sintra) 219 233 200 www.tivolihotels.com

Arribas Sintra Hotel €€€

On lui pardonnera facilement son architecture impersonnelle typique des années 1950, dès qu'on aura goûté à sa situation exceptionnelle en bordure de la Praia Grande, à sa splendide terrasse et à son extraordinaire piscine de 100m de long choisie par Wim Wenders pour son *État des choses* (Lion d'Or à Venise en 1982). La piscine est ouverte au public pendant l'été (entrée 11-14,50€) et libre d'accès pour les clients de l'hôtel. Chambre double standard avec vue sur la mer à 85€ en basse saison et à 150€ - 180 en haute saison, petit déj. inclus.

PRAIA GRANDE Av. Alfredo Coelho, 28 (11km à l'ouest de Sintra) 219 289 050 www.arribashotel.com

ERICEIRA

Residencial Fortunato ♥€

Une grande maison "bien" tenue par la même famille depuis trois générations. Francophones et francophiles, le père et le fils sont d'une prévenance exquise, à l'origine du succès de cette pension de 21 chambres. En juillet et août, rés. indispensable, conseillée les week-ends hors saison. Double en haute saison de 67 à 87€ (petit déj. inclus), en basse saison autour de 40€ (sans petit déj.), garage payant (3€).

Rua Dr. Eduardo Burnay, 45 261 862 829 www.residencialfortunato.pt

Hotel Pedro O Pescador €€

Derrière une façade bleue se cachent 25 chambres fort plaisantes, claires et spacieuses, récemment rénovées. Bref, une agréable surprise, que l'on appréciera également pour ses parties communes et son bar-terrasse dans la cour, tout à fait propice à l'heure de l'apéritif. Double de 70 à 75€ avec petit déj.

Rua Dr. Eduardo Burnay, 30 261 869 121 www.hotelpedropescador.com

SE PRÉSENTER

Bonjour (jusqu'à 12h) Muito (avec déférence), Bom dia

Bonjour (après 12h) Boa tarde (bon après-midi)

Salut (familier) Olá ! Viva !

Bonsoir, bonne nuit Boa noite

Au revoir Adeus (long terme)/até logo (court terme)

À bientôt/tout de suite Até breve

S'il vous plaît Por favor/se faz favor

Merci/de rien Obrigado (homme), obrigada (femme), obrigadinho (a) (familier)/de nada

Excusez-moi Com licença (lorsqu'on passe devant quelqu'un et avant de raccrocher au téléphone)

Pardon Desculpe

Monsieur/madame/mademoiselle Senhor/senhora/menina

Comment allez-vous ? /très bien Como está ? /muito bem

Comme ci, comme ça Assim assim

Ça va/On fait aller Cá se vai andando

Aujourd'hui je ne me sens pas bien Hoje não me sinto bem

Je ne comprends pas Não entendo/ Não compreendo

Parlez-vous français ? Fala francês

Je ne parle pas portugais Não falo português

Oui/non Sim/não

Renseignements Informações

Je suis français(e) Sou francês (esa)

Comment vous appelez-vous ? Como se chama ?

Je m'appelle... Chamo-me...

Enchanté Muito prazer/muito gosto

Je suis malade Estou doente

Au secours ! Socorro !

Attention ! Cuidado !

Interdit Proibido

Beau/belle Bonito (a)/lindo (a)

Je t'aime Amo-te

S'ORIENTER / SE RENSEIGNER

Où est... ? Onde é... ?

Quand ? Quando ?

Combien ? Quanto ?

Peut-on visiter... ? Pode-se visitar... ?

Possible/impossible Possível/ impossível

Plan de ville Planta da Cidade

Adresse Morada

Près/loin Perto/longe

Tout droit A direito

À droite/à gauche À direita/à esquerda

Par ici/par là Por aqui/por ali

Entrée/sortie Entrada/saída

Ouvert/fermé Aberto/encerrado, fechado

Une personne, deux personnes Uma pessoa, duas pessoas

Pardon ! Quelle heure est-il, s'il vous plaît ? Perdão ! Que horas são, por favor ?

Il est 1h30 É uma e meia

Il est 4h30 São quatro e meia

Aujourd'hui/demain/hier Hoje/ Amanhã/Ontem

Matin/soir Manhã/tarde

Jour/nuit Dia/noite

Je voudrais... Queria...

Combien ça coûte ? Quanto custa ?

Prix/argent/monnaie Preço/dinheiro/ trocado

Retirer de l'argent Levantar dinheiro

Changer de l'argent Trocar dinheiro

C'est très cher/bon marché É muito caro/barato

Gratuit (entrée libre) Gratuito (entrada livre)

Il y a.../Il n'y a pas... Há/não há

Plus/moins Mais/menos

Beaucoup/peu Muito/pouco

Maintenant/jamais Agora/nunca

Encore Outra vez/Ainda

Tous les jours Todos os dias
Week-end Fim de semana
Jours ouvrables (lun.-ven.) Dias úteis
Jours fériés nationaux Dias feriados nacionais
Jours de congé/vacances Dias de férias

CALENDRIER

Lundi Segunda-feira
Mardi Terça-feira
Mercredi Quarta-feira
Jeudi Quinta-feira
Vendredi Sexta-feira
Samedi Sábado
Dimanche Domingo
Janvier Janeiro
Février Fevereiro
Mars Março
Avril Abril
Mai Maio
Juin Junho
Juillet Julho
Août Ahosto
Septembre Setembro
Octobre Outubro
Novembre Novembro
Décembre Dezembro

COMMUNIQUER

E-mail E-mail
Portable Telemóvel
Téléphoner Telefonar, ligar
Comment ça s'écrit ? Come se escreve ?
Épeler Solectrar
Nom de famille Apelido
Arobase Arroba
Point Ponto

SE DÉPLACER / VOYAGER

Bagage Bagagem
Papiers d'identité Documentos de identidade
Train Comboio
Gare Estação
Quai Plataforma
Bateau Barco
Avion Avião
Aéroport Aeroporto
Autobus Autocarro
Arrêt Paragem
Voiture Carro
Louer une voiture Alugar um carro
Taxi Táxi
Route Estrada
Autoroute Auto-estrada
Essence Gasolina
Sortie Saída
Rue Rua
Chemin Caminho
Quartier Bairro

VISITER

Billet Bilhete
Église Igreja
Monument Monumento
Musée Museu

COMPTER

Un/premier Um/primeiro
Deux/deuxième Dois (duas fém.)/ Segundo
Trois/troisième Três/terceiro
Quatre/quatrième Quatro/quarto
Cinq/cinquième Cinco/quinto
Six/sixième Seis/sexto
Sept/septième Sete/sétimo
Huit/huitième Oito/oitavo
Neuf/neuvième Nove/nono
Dix/dixième Dez/décimo

Onze Onze ; **Douze** Doze ; **Treize** Treze ; **Quatorze** Catorze ; **Quinze** Quinze ; **Seize** Dezasseis ; **Dix-sept** Dezassete ; **Dix-huit** Dezoito ; **Dix-neuf** Dezanove

Vingt Vinte ; **Trente** Trinta ; **Quarante** Quarenta ; **Cinquante** Cinquenta

Cent/deux cents/cinq cents/mille Cem/duzentos/quinhentos/mil

Un million Um milhão

MANGER ET BOIRE

Manger Comer ; **Boire** Beber

VIANDE (CARNE)

Bife Steak
Borrego Agneau
Cabrito Chevreau
Chouriço Saucisson piquant
Chouriços, enchidos Farcis
Coelho Lapin
Fiambre Jambon cuit
Fígado Foie
Frango Poulet
Galo Coq
Galinha Poule
Javali Sanglier
Leitão Cochon de lait
Lombo Filet
Pato Canard
Perú Dinde
Porco Porc
Presunto Jambon fumé
Rojões Carrés de porc frits
Salsicha Saucisse
Tripas Tripes
Vaca Bœuf
Vitela Veau
Mal passado Saignant
Ao ponto À point
Bem passado Bien cuit

POISSONS / FRUITS DE MER (PEIXE / MARISCOS)

Amêijoa Palourde
Atum Thon
Bacalhau Morue
Caldeirada Ragoût de poisson
Camarão Crevette
Carabineiro Grosse crevette
Carapau Épinoche
Cherne Perche de mer
Choco Seiche
Enguia Anguille
Espadarte Espadon
Gambas Crevettes roses
Lagosta Langouste
Lampreia Lamproie
Lavagante Homard
Linguado Sole
Lula Calamar
Ostra Huître
Peixe-espada Poisson-épée
Pescada Merlan, colin, lieu
Polvo Pieuvre, poulpe
Raia Raie
Robalo Bar, loup
Safio Congre
Salmão Saumon
Salmonete Rouget
Santola Crabe
Sardinha Sardine
Sável Alose
Tamboril Baudroie, lotte
Truta Truite

FRUITS / LÉGUMES (FRUTAS / HORTALIÇAS)

Alface Laitue
Arroz Riz
Azeite Huile d'olive
Azeitonas Olives
Batatas Pommes de terre
Cebolas Oignons
Cenouras Carottes
Cogumelos Champignons
Couve Choux

Damasco Abricot
Espargos Asperges
Feijão Haricot
Grão Pois chiche
Laranja Orange
Limão Citron
Maçã Pomme
Melão Melon
Morango Fraise
Pepino Concombre
Pêra Poire
Pimento Poivron
Tangerina Mandarine

BOISSONS (BEBIDAS)

Água Eau
Água com gás Eau gazeuse
Bica (cheia, pingada, pintada) Café (allongé, tassé, au lait)
Cerveja Bière
Chá Thé
Galão Verre de café au lait
Garrafa (meia) Bouteille (1/2)
Leite Lait
Sumo de fruta Jus de fruit
Vinho tinto/branco/verde Vin rouge/blanc/vert

DIVERS

Acepipes Hors-d'œuvre (apéritifs)
A conta L'addition
Açorda Soupe de pain de l'Alentejo agrémentée d'herbes aromatiques, d'ail, de sel et d'huile d'olive
Açúcar/doce, açucarado Sucre/sucré
Assado Rôti
Bolo Gâteau
Brasa Braise
Cartão de crédito Carte bancaire
Cozido Bouilli, cuit
Ensopado Ragoût
Espeto Brochette
Fresco/gelado Frais/glacé
Grelhado Grillé
Manteiga Beurre
Meiadose Demi-portion
Ovos Œufs
Pão Pain
Petiscos Tapas
Pimenta/sal/salgado Poivre/sel/salé
Prato do dia Plat du jour
Queijo Fromage
Quente/frio/morno Chaud/froid/tiède
Saúde ! Santé ! À la vôtre !
Sobremesa Dessert
Tosta Sorte de croque-monsieur

S'HABILLER

Chaussures Sapatos
Chaussettes Meias
Pantalon Calças
Chemise Camisa
Tee-shirt T-shirt
Veste Casaco
Jupe Saia
Robe Vestido
C'est trop grand É muito grande
C'est trop petit É pequeno demais
Taille Tamanho
Sac à main Bolsa
Combien cela coûte-t-il ? Quando custa ?
C'est trop cher É muito caro

DIVERS

Pharmacie Farmácia
Hôpital Hospital
Pourriez-vous appeler un médecin, s'il vous plaît ? Pode chamar um médico, por favor ?
La poste Uma estação de correios
Timbre-poste Selo de correio
Carte postale Cartão postal

INDEX

A

Academia das Ciências et Museu Geológico **80**
Alcantâra **106**
Alfama **130**
Almada **158**
Aqueduto das Águas Livres **57**
Ascensor da Bica **71**
Ascensor da Glória **76**
Ascensor do Lavra **47**

B

Bairro Alto **76**
Baixa **44**
Barcarena **165**
Basílica da Estrela **91**
Beato **142**
Belém **112**

C

Cabo da Roca **174**
Cabo Espichel **161**
Cais das Colunas **48**
Cais do Sodré **80**
Campo de Ourique **90**
Casa do Alentejo **45**
Casa dos Bicos **131**
Casa Fernando Pessoa **92**
Casa-Museu Amália Rodrigues **91**
Casa-Museu Dr. Anastácio Gonçalves **55**
Cascais **166**
Castelo de São Jorge **132**
Centro Cultural de Belém (CCB) **113**
Chiado **70**
Claustro **115**
Convento do Beato **143**
Costa da Caparica **159, 161**

E-F

Elevador de Santa Justa **48**
Ericeira **178**
Estoril **166**
Experiência Pilar 7 **108**
Fundação Arpad Szenes-Vieira da Silva **90**
Fundação Calouste Gulbenkian **43, 54**

G

Galeria Francisco Fino **128**
Galeria Underdogs **144**
Galeries d'art **143**
GAU (Galeria de Arte Urbana) **78**
Graça **136**
Guincho **168**

H-I

Hub Criativo do Beato **144**
Igreja de Santa Engrácia – Panteão Nacional **137**
Igreja de Santa Maria de Belém **114**
Igreja de São Roque **77**
Igreja e Convento da Graça **137**

J-K

Jardim Botânico **78**
Jardim Botânico da Ajuda **117**
Jardim Botânico Tropical **115**
Jardim da Estrela **91**
Jardim e Parque Hortícola Aquilino Ribeiro Machado **43**
Jardim Zoológico **58**
Kunsthalle Lissabon **129**

L

Lapa **106**
Largo das Portas do Sol – Largo de Santa Luzia **132**
Largo do Intendente Pina Manique **138**
Largo do Martim Moniz **138**
LX Factory **108**

M

Mãe d'Água das Amoreiras **90**
Mafra **178**
Marvila **142**
Miradouro da Senhora do Monte **138**
Miradouro de Santa Catarina **76, 82**
Miradouro de São Pedro de Alcântara **77**
Miradouro Sophia de Mello Breyner Andresen **136**
MNAC – Museu Nacional de Arte Contemporânea do Chiado **70**
Monumento (ou Padrão) dos Descobrimentos **112**
Mosteiro de São Vicente de Fora **136**
Mosteiro dos Jerónimos **114**
Mouraria **136**
MUDE – Museu do Design e da Moda **47**
Museu Arqueológico do Carmo **70**
Museu Coleção Berardo **113**
Museu Condes de Castro Guimarães **167**
Museu da Água **142**
Museu da Carris **107**
Museu da Marioneta **106**
Museu de Arte, Arquitetura e Tecnologia (MAAT) **116**
Museu de Lisboa – Palácio Pimenta **57**
Museu de Marinha **114**
Museu do Aljube **130**
Museu do Dinheiro **47**
Museu do Fado **132**
Museu do Oriente **106**
Museu do Teatro Romano **131**
Museu Marítimo **161**
Museu Nacional de Arqueologia **115**
Museu Nacional de Arte Antiga **104, 106**
Museu Nacional de Etnologia **116**
Museu Nacional do Azulejo **142**
Museu Nacional dos Coches **115**

O

Oceanário de Lisboa **146**
Ordem dos Arquitectos **71**

P

Palácio dos Marqueses de Fronteira **57**
Palácio Nacional da Ajuda **116**
Panteão Nacional - Igreja de Santa Engrácia **137**
Parque das Nações **144**
Parque Eduardo VII **54**
Parque Florestal de Monsanto **57**
Planetário Calouste Gulbenkian **117**
Ponte 25 de Abril **108**
Ponte Vasco da Gama **146**
Praça do Comércio – Terreiro do Paço **47**
Praça Dom Pedro IV / Praça do Rossio **44**

Praça do Príncipe Real **78**
Praça dos Restauradores **44**

Q

Queluz **164**

R

Rato **90**
Ribeira das Naus **81**
Rossio **44**
Rua das Portas de Santo Antão **45**

S

Santuário Nacional de Cristo Rei (Almada) **158**
Sé Patriarcal **130**
Sesimbra **160**
Sintra **170**

T

Tapada das Necessidades **107**
Telecabine Lisboa **147**
Torre de Belém **112**

X

Xabregas **142**

ADRESSES

PAUSES

A Brasileira **74**
Antiga Confeitaria de Belém **118**
Casa da Sapa (Sintra) **176**
Casa Piriquita (Sintra) **176**
Clara Clara Café **140**
Confeitaria Nacional **49**
Cozinha Popular **140**
Esplanada do Príncipe Real **81**
Fábrica de Pão **89**
Gelados Santini (Cascais) **169**
Gelataria Marina (Sesimbra) **162**
Grão de Café & Folha de Chá (Queluz) **165**
Martinho da Arcada **49**
Miradouro de Santa Catarina **82**
Nannarella **92**
Nicola **49**
O Melhor Bolo de Chocolate do Mundo **92**
Osteria **110**
Padaria O Caseiro (Sesimbra) **162**
Pão de Canela **82**
Pastelaria Garrett (Estoril) **169**
Pastelaria Nau de Belém **119**
Pastelaria Salvador (Ericeira) **180**
Quiosque Praça Luís de Camões **73**
Quiosque Príncipe Real **81**
Restaurante d'El Rei (Lisbon) **165**
Santini **73**
Sr. Vinho **111**
Topo Martim Moniz **140**
Versailles **58**

RESTAURANTS

A Cevicheria **85**
Adega do Saloio (Sintra) **176**
A Licorista O Bacalhoeiro **50**
Amarra Ó Tejo (Almada) **162**
Antiga Casa Marítima (Lisbon) **156**
A Provinciana **59**
Azenhas do Mar (Azenhas do Mar) **177**
Bar do Peixe – Meco (Sesimbra) **163**
Bar Restaurante Padaria (Sesimbra) **163**
Beira Mar (Cascais) **169**
Belcanto **74**
Bica do Sapato **133**
Bistro 100 Maneiras **85**
Café Buenos Aires **50**
Café de São Bento **68**
Canastra (Ericeira) **180**
Cantinho de São Pedro (Sintra) **176**
Cantinho do Avillez **74**
Casa Chineza **50**
Casa Ideal (Lisbon) **156**
Casanova **133**
Cervejaria da Trindade **74**
Chafariz do Vinho **85**
Confraria (Cascais) **169**
Damas **128**
Isaías (Sesimbra) **163**
Lost in Esplanada **82**
Marisqueira Modesto Sesimbra **157**
Mercado da Ribeira – Time Out Market **83**
Mercado de Campo de Ourique **95**
Mestre André **133**
Nune's Real Marisqueira **119**
O Galeto **59**
O Mercado **104**
Pap'Açorda **69**
Peixaria da Esquina **95**
Pharmácia **69**
Ponto Final (Almada) **162**
Porto Santa Maria (Cascais) **156, 169**
Restaurante da Adraga (Almoçageme) **177**
Sete Praias da Baleia (Ericeira) **180**
Solar dos Presuntos **59**
Tacho Real (Sintra) **177**
Tasca da Esquina **94**
Tasca do Manel **85**
Toma Lá Dá Cá **82**
Último Porto **104**

SHOPPING

A Carioca **74**
Amazingstore **111**
A Vida Portuguesa **75**
Bettina & Niccolò Corallo **86**
Cafélia **42**
Calaferrim (Sintra) **177**
Casa Manuel Tavares **51**
Chapelaria Azevedo Rua **50**
Conserveira de Lisboa **134**
Discoteca Amália **51**
Discoteca Carmo **75**
Embaixada **86**
Feira da Ladra **141**

Flur Discos **135**
Galeria Tereza Seabra, Jóias de Autor **86**
Henrique Teixeira (Sintra) **177**
Livraria Ler Devagar **110**
Luvaria Ulisses **51**
Maison Nuno Gama **86**
Manteigaria **87**
Mercado de Alvalade **42**
Mercearia Criativa **43**
Mercearia Pérola do Arsenal **75**
Panificação São Roque **86**
Rua Augusto Rosa **134**
San Giorgio **141**
Sant'Anna/showroom **75**
Solar **86**

SORTIES
A Tasca do Chico Bairro Alto **88**
A Tendinha do Rossio **52**
Bar 38° 41' **119**
B.Leza **68**
Café da Garagem **135**
Casa do Alentejo **52**
Casa Independente **59**
Chapitô **135**
Chill-Out Limão **59**
Clube da Esquina **89**
Culturgest **129**
Espaço Espelho d'Água **105**
Ferroviário **129**
Ginjinha Rubi **52**
Ginjinha Sem Rival - Eduardino **52**
Lux **135**
Maria Caxuxa **89**
Mascote da Atalaia **88**
Ministerium Club **53**
Musicbox **89**
Parreirinha de Alfama **135**
Pavilhão Chinês **88**
Pensão Amor **89**
Portas Largas **89**
The Insólito **88**
Village Underground Lisboa **105**
Wine Bar do Castelo **135**
Albufeira
Lagoa de Albufeira **161**

Crédits photographiques

ILLUSTRATION RÉALISÉE EN PARTENARIAT AVEC hemis.Fr

Couverture - Franck Guiziou / hemis.fr **4e de couverture** - Pierre Jacques / hemis.fr **3** - © Goran Bogicevic/ Shutterstock.com **4** - haut à gauche ©, Jean-Claude /Amiel/hemis.fr, haut à droite © Peter Herbert/Alamy/hemis.fr, bas à droite © Jon Arnold Images/hemis.fr , bas à gauche © Pierre Jacques/hemis.fr **6** - © Steiser /Shutterstock.com **10** - © Jon Arnold Images/hemis.fr **11** - haut © Pierre Jacques/hemis.fr, bas © Jon Arnold Images/hemis.fr **12** - haut © Martin Thomas Photography/Alamy/hemis.fr, bas © Paul Abbitt rml /Alamy/hemis.fr **13** - © Westend 61/hemis.fr **14** - haut © Benny Marty/Alamy/hemis.fr, bas © Jose Pedro Fernandes/Alamy/hemis.fr **15** - haut © John Kellerman/ Alamy, bas © Joyt /stock.adobe.com **16** - haut © Peter Herbert / Alamy Stock Photo, bas © Andrea Pistolesi/ hemis.fr **17** - © Dmitri Ma/Shutterstock.com **19** - © Westend 61/hemis.fr **20** - © Bertrand Rieger/ hemis.fr **23** - © Jean-Claude Amiel/hemis.fr 24-**25** - © SF/Shutterstock.com **26** - © Bertrand Rieger/ hemis.fr **27** - © Jon Arnold Images/hemis.fr 28-**29** - © Lukasz Janyst/Alamy/hemis.fr **29** - © Pierre Jacques/hemis.fr 30-**31** - © StockPhotosArt/ Shutterstock. com 32-**33** - © Tuul et Bruno Morandi/ hemis.fr **34** - © Tuul et Bruno Morandi/ hemis.fr **40** - haut © Val Thoermer/ Alamy/hemis.fr, bas à gauche, © Yasemin Olgunoz Berber/Shutterstock.com, bas à droite © SF/Shutterstock.com **41** - haut © Art Kowalsky/Alamy/hemis.fr, bas © Anton Ivanov/Shutterstock.com **42** - © Pedro Sadio Photography **43** - © Martin Thomas Photography/Alamy/hemis.fr **45** - © Pierre Jacques/hemis.fr **46** - © JACQUES Pierre / hemis. fr **48** - © David Litschel/Alamy/hemis.fr **51** - © JACQUES Pierre / hemis.fr **53** - © AMIEL Jean-Claude / hemis.fr **55** - © Zambad/Shutterstock.com **56** - © Peter Horree /Alamy/hemis.fr **57** - © Jon Arnold Images/ hemis.fr **59** - © Benoit Daoust/Shutterstock.com **60** - © Gregory Gerault/hemis.fr **66** - haut © Geoffrey Taunton/Alamy/hemis.fr, bas à gauche ©, Luis Elvas / Alamy Stock Photo, bas à droite © John Kellerman/Alamy/hemis.fr **67** - haut © Chris Cameron / Alamy Stock Photo, bas © Tuul et Bruno Morandi/hemis.fr **68** - © José Cabra **69** - © Tuul et Bruno Morandi/hemis. fr **71** - © Alvaro German Vilela/Alamy/hemis.fr **72** - © Jon Arnold Images/ hemis.fr **75** - © Imagebroker/hemis.fr **77** - © Pierre Jacques/hemis.fr **79** - © Bertrand Rieger/ hemis.fr **80** - © HAUSER Patrice / hemis.fr **83** - © Tuul et Bruno Morandi/hemis.fr **84** - © StockPhotosArt/Shutterstock.com **87** - © Tuul et Bruno Morandi/hemis.fr **88** - © Martin Thomas Photography/Alamy/hemis.fr **91** - © John Frumm/hemis.fr **93** - © Cge/Shutterstock.com **94** - © Ros Drinkwater / Alamy Stock Photo **96** - © Bill Perry/Shutterstock.fr **102** - haut © Zdenek Kajzr/Alamy/hemis.fr, bas à gauche © McPhoto/Protze / Alamy Stock Photo, bas à droite © dov makabaw / Alamy Stock Photo **103** - © MATTES RenÈ / hemis.fr **104** - DR **105** - © Tuul et Bruno Morandi/hemis.fr **107** - © saiko/stock.adobe.com **109** - © Tuul et Bruno Morandi /hemis.fr **111** - © Luca Quadrio/Alamy/hemis.fr **113** - © Imagebroker/hemis.fr **115** - © GeoTravel/ Alamy/hemis.fr **116** - © John Warburton Lee / hemis.fr **118** - © Jean-Claude Amiel/hemis.fr **120** - © Paolo Querci/ Shutterstock.com **126** - haut © Marco Pires, bas à gauche © Sergio Azenha/Alamy/hemis.fr, bas à droite © Jon Arnold Images/hemis.fr **127** - haut © Jam World Images/Alamy/hemis.fr, bas © Tuul et Bruno Morandi /hemis.fr **128** - DR **129** - © Zoonar GmbH/Alamy/hemis.fr **131** - © Ainara Garcia/Alamy/hemis.fr **132** - © Ken Welsh / Alamy Stock Photo **134** - © MORANDI Tuul et Bruno / hemis.fr **137** - © Ilpo Musto/Alamy/hemis.fr **138** - © trabantos/Shutterstock. com **139** - © Bertrand Gardel/hemis.fr **141** - © RIEGER Bertrand / hemis.fr **143** - © Bertrand Rieger/hemis.fr **145** - © Camille Moirenc/hemis.fr **146** - © RIEGER Bertrand / hemis.fr **148** - © Cantinho do Vintage **150** - © Sergio TB/ Shutterstock.com **154** - haut © Inacio Pires/Alamy/hemis.fr, bas © Pierre Jacques/hemis.fr **155** - haut © Pierre Jacques/hemis.fr, bas © Sean Pavone/Alamy/hemis.fr **156** - DR **157** - © Pierre Jacques/hemis.fr **159** - © Westend 61 GmbH/Alamy/hemis.fr **161** - © Mauricio Abreu/Alamy/hemis.fr **163** - © Helissa Grundemann/Shutterstock.com **165** - © Jose Ignacio Soto/Fotolia.fr **167** - © Bjanka Kadic/Alamy/hemis.fr **168** - © Bertrand Rieger/ hemis.fr **171** - © Benny Marty/Shutterstock.com **173** - © Pierre Jacques/hemis.fr **174** - © Ionut David/Fotolia.fr **177** - © Natalia Mylova/Shutterstock.com **179** - © Studio Ricardo Rocha/Shutterstock.com **181** - © Homydesign/Shutterstock.com **182** - © Dimbar/Shutterstock.com **185** - © Westend 61/hemis.fr **187** - © Patrice Hauser/hemis.fr **189** - © Cultura/ hemis.fr **191** - © Alamy/hemis.fr **193** - © Rik Hamilton/Alamy/hemis.fr **194** - © Jon Arnold Images/hemis.fr **197** - © Shutterstock / Kalinka Georgieva **199** - © Franck Guiziou/hemis.fr **201** - © Jean-Claude Amiel/ hemis.fr **203** - © Javi Az/Shutterstock.com **204** - © Cultura /hemis.fr **220** - © Tiago Ladeira/Shutterstock.com

Lisbonne

Auteurs Anne-Cécile Chavois-Riblier, Jean François Chougnet, Jean-François Breuiller, Michel Fonovich, Maxime Audinet, Joana Cabral, Erika Campelo, Mathias Clamens, Georges da Costa, Saskia Leblon, Isabel Lechner, Pierre Léglise-Costa, Cristina Agbaba

Directrice éditoriale Hélène Firquet
Responsable éditoriale Christina Beckers
Responsable artistique Flora Monnin
Presse Sophie Gallet
Fabrication Julien Recurt, Christine Lopes
Responsable des coéditions internationales et des partenariats B2B
Mathilde Barrois (mathilde.barrois@gallimard-loisirs.fr)
Chargée de partenariats B2B Manon Aveline (manon.aveline@gallimard-loisirs.fr)

Conception graphique Elhadi Yazi
Infographie Stéphane Jungers
Cartographie EdiCarto

Gallimard Loisirs 5, rue Gaston-Gallimard 75328 Paris Cedex 07
Tél. 01 49 54 42 00 coupsdecoeur@gallimard-loisirs.fr
La collection GEOGuide a été créée en association entre Prisma Presse/GEO et Gallimard Loisirs

Numéro d'édition 553588 - ISBN 978-2-7424-6472-2

Impression Lego (Italie) **Photogravure** Nord Compo (Villeneuve-d'Ascq)

Avis aux GEOVoyageurs Entre l'enquête effectuée sur le terrain et la parution du guide, les établissements mentionnés peuvent avoir fermé et certaines informations s'être périmées. Renseignez-vous auprès des prestataires pour organiser vos déplacements et votre séjour et pensez à réserver. N'hésitez pas à nous faire part de vos commentaires et de vos corrections à : coupsdecoeur@gallimard-loisirs.fr !

PEFC
PEFC/18-31-280

Légende des plans

- Axe urbain principal
- Voie ferrée
- Escalier
- Espace vert
- Cimetière
- Bâtiment
- Site remarquable
- Gare ferroviaire
- Gare maritime
- Ascenseur
- Station de métro
- Station de tramway